노력론

노력론

내 안의 잠재력을 깨워야 할 때

고다 로한 지음 | 김욱 옮김

비전코리아

옮긴이의 말

　　현대 일본의 대표적 석학이자 문학가로 불리는 고다 로한幸田露伴
의《노력론努力論》을 번역하는 일은 개인적으로 큰 영광이었으며, 다
시없을 인생 공부이기도 했다. 1960~70년대 일본의 경제 부흥기 및
사회 발전의 토대가 되었다고 평가받는 이 명저의 내용을 축약해보
면 다음과 같다.

　　이 책에서는 인생의 성공과 실패는 대체 어디서 오는 것일까, 과
연 끝없는 노력과 인내만으로 우리는 인생의 승리자가 될 수 있는
것일까, 똑같이 노력했는데 누구는 거두고 누구는 빼앗기는 것을 보
면 노력의 양보다는 노력의 질과 노력해야 될 때를 아는 지혜가 먼
저 아닐까, 라고 고민해보자고 말한다. 이런 고민이야말로 이 책이
말하고자 하는 '노력'의 정수이기도 하다. 보이는 노력이 아닌 보이

지 않는 노력에의 추구인 것이다.

　인생을 위한 노력은 험난한 세상과 더불어 성공적으로 공존하는 것을 목표로 삼는다. 무엇하나 내 뜻대로 이루어지지 않는 짓궂은 세상이 나를 긍정적으로 바라봐주게 만들고 싶지만, 인내와 열정을 텃밭으로 수확된 무분별한 노력만으로는 턱없이 부족하다는 것을 우리는 알고 있다.

　저자의 말을 빌리자면 노력에는 정신이 깃들어야 한다. 저자의 그 같은 주장에 큰 감명을 받았다. 자연계의 순리나 이치와 마찬가지로 결과가 보장되는 노력과 그렇지 못한 노력이 있음을 가르치는 대목에서는 내가 좀 더 젊었을 때 이 책을 읽고 깨달았더라면 지금의 삶이 현재의 이 모습보다는 나아지지 않았을까, 하는 아쉬움이 들면서 생존 경쟁에 내몰릴 기회조차 빼앗긴 주위의 숱한 청년들에게 이 책이 다가가기를 간절히 소망하게 되었다.

　특히 석복惜福의 참된 의미에 대한 고찰은 이제껏 그 어떤 책과 멘토들로부터도 들어보지 못한 자제自制를 통한 성공의 미덕이었다. 저마다 자기 몫을 누리는 것만으로도 부족해 남의 몫까지 차지해야만 성공할 수 있다고 말해지는 현대 사회에서 손에 쥐어진 복을 아껴 훗날의 더 큰 복으로 되돌아오게끔 발판을 마련해둬야 한다는 지혜는 많은 생각을 하게 만들었다. 그리고 그간 유행처럼 번졌던 수많은 경쟁 기술들이 왜 우리 모두를 성공으로 인도하지 못했는지 깨닫게 되었다.

내가 누리는 복을 남에게도 나눠줄 수 있는 마음, 내가 누려야 될 성공의 결과물에 이웃의 참여를 허락하는 마음 또한 크나큰 노력이라는 저자의 철학에서 노력은 더 이상 삶의 방편, 성공의 열쇠에 머물지 않는다. 노력이야말로 인생의 가장 큰 축복이며, 반드시 수긍해야 될 유일한 가치라고 생각하게 되었다.

부디 이런 마음이 책을 먼저 접한 나에게만 국한되지 않고 독자 여러분의 가슴속에서도 동일하게 지속되기를 바란다. 노력이 타인의 것을 빼앗고 내 것을 지키는 수단으로 전락한 이 시대에, 성공이라는 명사가 더 많은 것을 움켜쥐고 더 높은 곳에서 아래를 내려다보는 자기과시욕으로 해석되는 이 불행한 시대에, 부족하나마 이 한 권의 책으로 마음의 눈이 떠져 지나온 세월들을 반성하며 앞으로 다가올 미래를 설계하는 계기가 되기를 희망해본다.

2014년 4월
김욱

목　차

3부 세상을 움직이는 다섯 가지 이치, 인생론

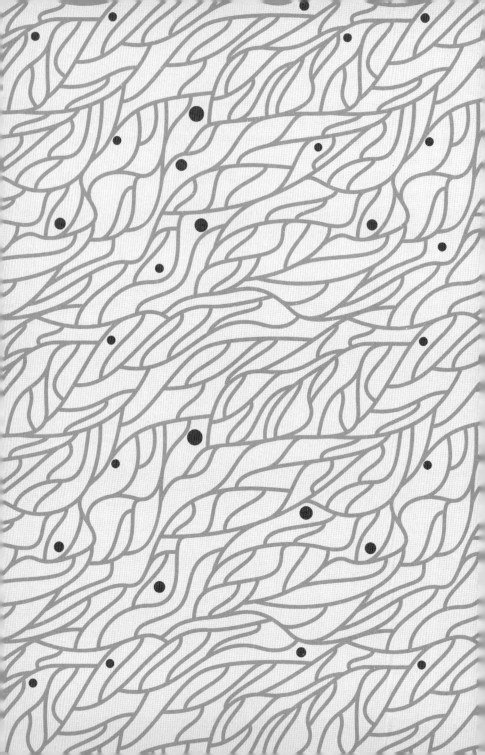

1부

운명을 바꾸는 힘

노력론

努
力
論

스스로의 힘만으로는 결코 이해할 수 없기에,
혹은 아무리 노력해도 손에 잡히지 않기에
운명이라는 존재를 위대한 신의 섭리인 양
착각하고, 오판하는 것이다.

01

노력과 운명

○

○

○

만일 운명이라는 개념이 세상에 존재하지 않는다면, 혹은 운명이 실제로 우리 삶에 존재한다고 가정한다면 무엇보다 먼저 개인이나 단체, 국가 혹은 세계처럼 운명의 거대한 힘에 지배당할 수밖에 없는 존재들과의 관계부터 정립하는 것이 마땅하다. 물론 지난날의 영웅호걸들처럼 "나는 운명에 지배당하기를 바라지 않으며, 내 운명은 오직 나만이 지배한다"라고 생각하는 사람들도 많다.

영웅호걸들은 인생을 가리켜 일종의 '의지'라고 정의 내렸다. 그리고 자신의 의지에 반하는 운명 따위는 결코 용납하지 않았다. 과거의 영웅들은 "천자天子(왕)는 명령을 만들되, 명령을 따르지는 않는다"라고 했다. 이 말은 "왕은 인간을 지배하는 권력의 주인이므로 조물주가 절대적인 권력을 통해 이 세상을 창조하듯 자신만의 명령을 만들어내야 한다. 그 명령이 훗날 어떤 결과로 되돌아오든 두려워해서는 안 된다"라는 뜻과 일맥상통한다.

소위 시대를 풍미한 '영웅'으로 각광받는 이들의 삶은 대부분 이 같은 감정에 사로잡혀 있었다. 따라서 현재 자신이 이들 영웅의 모습처럼 격렬하고 용맹스러운 감정에 매력을 느낀다면 어느 정도 '영웅'이 될 소지가 충분함을 반증한다고도 할 수 있다.

타고난 운명이 좋지 않다고 푸념하며 타인에게 일말의 동정을 기대하는 것은 소인배들이 즐겨 쓰는 처세술이다. 이는 거짓되고 미천한 자신의 본성을 드러내는 데 지나지 않는다.

자고로 영웅적인 기상이 충만하고 호걸의 기개를 품은 자들은 열이면 열, 한결같이 도끼와 끌을 쥐고 세상 밖으로 뛰쳐나갔다. 그리고 스스로의 힘으로 운명을 개척하는 데 추호의 멈춤도 없었다. 쓸데없이 점쟁이나 관상을 좀 본다는 사람들을 찾아다니며 복채나 내밀고, 그들이 지껄이는 말에 현혹되어 일희일비一喜一悲하는 것은 '운명전정설運命前定說', 즉 운명이란 미리 정해진 데 불과하다는 이설異說의 포로가 되어 행운이 나무에서 떨어지듯 자신의 머리 위로 떨어져주기만을 기다리는 어리석은 심사와 다를 바가 없다.

운명, 과연 타고난 것인가

세상의 많은 사람이 십간십이지+干+二支 등에 의해 어느 정도 운명의 결과가 정해진다고 믿는다. 혹은 타고난 체격이나 관상, 혈색을 보면 삶의 길이 어떤 모습일지 알 수 있다고 말한다.

이런 어리석은 믿음에 의해 자신의 삶이 뜻대로 풀리지 않는다고 한탄하는 것만큼 불쌍하고 애처로운 인생은 없다. 어리석은 미신과 감정, 사상에 인생을 맡기는 것이야말로 비운이 시작되는 출발선이며, 삶에서 행운이 도태되는 원인이라는 점을 명심하기 바란다. 태어난 연월, 용모 등이 사람의 운명과 관련 있는가는 명확하지 않지만, 그 여부를 떠나 인간이 아무리 애를 써도 밝혀낼 수 없는 숨겨진 이치에 인생을 탕진하거나 상처를 받는 것은 결코 권할 만한 일이 못 된다는 점은 확실하다.

《순자荀子》에는 용모와 운명은 아무런 관련이 없다고 기록되어 있다. 중국 전국시대의 사상가인 순자가 이 책을 쓴 시기는 지금으로부터 약 2000년 전이다. 이밖에도 《논형論衡》의 명허론命虛論을 살펴보면 태어난 생년월일과 운명은 아무런 상관관계가 없다고 기록되어 있는데, 왕충王充이 이 책을 지은 때는 한漢이 중원을 지배하던 시절이다. 만에 하나 이 같은 논리가 오류여서 실제로는 용모가 운명과 관련 있고, 생년월일에 의해 타고난 명운이 결정된다 하더라도 지극히 인습적인 틀에 박히기를 좋아하는 중국인들마저 운명이 이미 정해져 있다는 기존 사상에 반기를 들고, 《순자》와 《논형》을 통해 이를 타파하고자 했음을 볼 때 오늘날 우리의 모습이 참으로 부끄럽기 짝이 없다. 분명 현대는 중국 한나라가 천하를 다스리던 시절보다는 여러모로 발전된 사회다. 그럼에도 불구하고 '운명전정론'에 대한 믿음은 세월이 지날수록 연약한 인간의 심성을 더욱 어지럽히고 있으니, 개탄할 일이 따로 없다고 하겠다.

순자의 말처럼 겉모습이 덕스러운 사람이 있는가 하면, 또 그렇지 않은 사람도 있다. 겉모습이 덕스럽다고 해서 그의 삶에 덕이 따르는 것도 아니다. 왕충이 말한 바와 같이 커다란 구덩이에 함께 파묻혀 죽은 조나라의 수십 만 병졸들이 모두 같은 생년월일에 같은 용모를 지녔던 것은 아니다. 이처럼 운명이란 눈앞에 닥치기 전까지는 어떤 수를 써도 인간의 힘으로 그 진위를 알아낼 수 없다.

그러나 인간의 본성이 나약하여 운명이 정해져 있다는 운명전정론에서 쉽게 헤어 나오지 못하는 것 또한 현실이다. 대다수의 인간은 운명이 정해져 있다는 환상에서 허우적거리는 동시에 운명을 지배하고 싶다는 욕망에 괴로워하는 모순을 내포하고 있다. 그렇다면 이 상반되는 두 가지 혼동에서 인간은 무엇을 선택해야 되는 것일까? 단언컨대, 스스로 자신의 운명을 만드는 것이야말로 인간에게 허락된 유일한 선택이라고 확신한다. 이것이야말로 영웅들의 기상이며, 이 같은 기상을 통해 자신의 앞날을 뜻있게 펼쳐나가는 사람이 바로 영웅이라 할 것이다.

그렇다고 무조건 운명이 존재하지 않는다고 말할 수도 없다. 왜냐하면 운명은 존재하기 때문이다. 만일 운명이라는 것이 존재하지 않는다면 인간의 삶은 수학의 공식과 다를 것이 없다. 3×3=9가 되고 5×5=25가 되듯, 오늘의 행위가 곧 내일의 뻔한 결과를 불러올 뿐이다. 다시 말해 그 이상도 기대할 수 없고, 그 이하로 추락하지도 않는 지루한 공회전에 머물 것이 분명하다.

그러나 인간이 보여주는 삶의 형태는 끝이 없고, 세상은 하루가 멀다 하고 분열을 반복하므로 수학공식처럼 행위가 결과로 이어지기란 사실상 불가능하다. 그러므로 모든 인간은 운명이라는 미지의 존재를 자신도 모르게 의식하며 살아가게 되는 것이다. 스스로의 힘만으로는 결코 이해할 수 없기에, 혹은 아무리 노력해도 손에 잡히지 않기에 운명이라는 존재를 위대한 신의 섭리인 양 착각하고, 오판하는 것이다. 그래서 A씨는 타고난 운이 좋아 성공했고, B씨는 그렇지 못해 실패했다는 말이 공공연히 회자된다. 인생을 살다 보면 뜻하지 않은 경우에 큰 성공을 맛보는 경우가 있는데, 이럴 때 사람들은 운이 좋았다고 말한다. 마찬가지로 공들여 추진한 사업이 뜻하지 않은 역풍을 맞아 돛을 내리게 되는 경우에는 운이 나빴다고 말한다. 이처럼 '운명'이라는 단어가 일종의 권위처럼 인생을 지배하고 있다.

과연 이런 견해가 타당할까? 단지 운이 좋아 성공하고, 운이 나빠 실패하는 것이 삶의 진리라면 대체 이 삶에서 인간이 차지하는 비중은 얼마나 된단 말인가. 이 같은 궁금증을 확인하기 전에 먼저 살펴볼 것이 있다. 운명이 실제로 인생에 얼마나 큰 비중을 차지하고 있느냐에 관한 정립이다. 우리가 단 한 번이라도 인생을 있는 그대로 살펴본다면 그동안 간과해왔던 커다란 구점灸點(뜸을 뜰 수 있도록 먹으로 表시한 점)을 발견할 수 있을 것이다. 이 세상에서 성공한 인생으로 기억되는 삶의 주인공들은 한결같이 자신의 의지를 통해 앞날을 개척했고, 지려智慮(앞일을 꿰뚫어보는 지혜)와 근면이라는 두 발판을 딛고 일어나 원하는 결과를 얻어냈다. 반면에 실패한 인생들은 자신의 실수를 인정치 않고, 단지 운이 따르지 않아 결국 쓴잔을 마시게 되었다고 한탄하는 경우가 많았다. 즉 성공한 사람은 자신의 노력이 운명보다 더 큰 작용을 했다고 생각하는 반면, 실패한 사람은 정해진 운명에 따라 자신이 실패했다고 해석한다. 이토록 상반된 두 가지 견해 중 어느 한쪽이 진실인지는 밝혀낼 수 없으나, 다만 확실한 것은 성공한 사람에겐 자신의 노력이 더욱 크게 느껴지고, 실패한 사람에겐 운명의 힘이 더 크게 보인다는 점이다.

이 같은 사실을 통해 우리가 깨달아야 될 진리는 무엇일까? 어쩌면 이 두 가지 견해는 모두 진실일 수도, 또 모두 거짓일 수도 있다. 혹은 절반씩 진실이므로 양쪽 견해를 병합할 때 비로소 삶의 진리가 완성되는지도 모른다. 즉 운명이라는 이름의 보이지 않는 힘도 존재하고, 노력이라는 개인의 힘도 분명 존재한다고 생각하는 것이 정확한 이론이다. 이 둘이 적절한 조화를 이룰 때 인간은 진정한 행복을 맛볼 수 있다. 그러나 대부분의 경우 성공한 사람은 운명을 잊고, 실패한 사람은 개인의 노력을 잊는다. 이로 인해 인생의 균열이 발생한다.

예를 들어, 두 농부가 강의 양쪽 둔덕을 일궈 밭을 만든 후 똑같이 콩을 심었다. 그런데 수확할 무렵 갑작스레 강물이 범람해 하필 왼쪽 둔덕만 물에 잠겨버렸다. 덕분에 오른쪽 둔덕은 수해를 피할 수 있었다. 이때 왼쪽 둔덕에 콩을 심은 농부는 운명이 자신을 빗겨갔다며 하늘을 원망했고, 오른쪽 둔덕에 콩을 심은 농부는 여름내 흘린 땀과 노력의 대가라며 기뻐했다. 서로 상반된 처지이기는 하나 누가 허위고, 누가 진실이라고 말할 수 없는 상황이다. 천운이 성실을 따르고, 인력도 성실을 따랐다는 말 외엔 덧붙일 해설이 없다. 결과적으로 왼쪽 둔덕의 농부는 인력을 잊고 운명을 탓했으며, 오른쪽 둔덕의 농부는 운명을 잊고 인력만 이야기했다. 위의 경우에서 볼 수 있듯이 인력과 운명은 서로 끊임없이 교차하는 관계다.

운명이 존재할 수밖에 없다면, 또 우리가 깨닫지 못하는 사이에 우리 주변을 맴돌고 있다면, 운명의 원칙을 삶에 적용하여 행운을 거머쥐는 것이 현명한 태도라고 생각된다. 그러나 점쟁이들처럼 인간의 욕망을 자극하거나 신비스런 감언으로 사람을 현혹시키는 짓거리는 철저히 부정하고자 한다. 우리는 어디까지나 지성의 촛불을 통해 눈에 보이지 않는 진리를 비추고자 한다. 우리의 이성은 이미 지혜를 수반하고 있다. 그리고 지혜는 우리에게 운명이 삶에 어떤 영향을 미치는지, 또 어떻게 해야만 원하는 운명을 손에 쥘 수 있는지 알고 있다.

운명을 바꾸는 힘

운명이란 대체 무엇인가. 그것은 시계초침의 진행과 다를 바 없다. 1시가 지나면 2시가 시작되고 2시가 끝나면 3시가 시작되듯이 4시, 5시, 6시가 이어지고, 또 7시, 8시, 9시가 지나면 하루가 끝난다. 이렇게 하루가 끝나 한 달이 되고, 한 달이 지나 여름과 가을, 겨울이 이어진다. 사람은 태어나고 죽기를 반복하며, 그 사이에 지구도 나름대로 생성과 소멸을 반복한다. 이처럼 반복되는 무한한 시간들이야말로 우리가 말하는 운명의 참된 본질일 것이다.

세계나 국가, 단체 및 개인이 체험하는 행운과 불행은 운명이 보여주는 단편적인 파편에 지나지 않는다. 우리가 알고 있는 운명은 운명의 참된 본질이 아니라 이 같은 파편을 통해 인식된 인간의 개인적인 평가에 불과하다. 그러나 이미 행운으로 지칭되는 '성공'과 불운이라 불리는 '실패'를 목격한 이상, 행운을 바라고 불운을 두려워하는 것은 인간의 당연한 심리다. 만일 운명을 자신에게 이로운 방향으로 움직이게 할 수 있는 끈이 존재한다면, 그 끈을 잡는 행위야말로 인간의 노력이다. 즉 노력을 통해 운명을 변화시키고자 우리가 실천하는 모든 계획, 이것이야말로 운명의 본질이자 삶의 본질이다.

우리가 살아가는 세상을 한번 세심하게 관찰해보기 바란다. 인생에 대한 가르침을 원한다면 어리석은 학문이나 타인의 조언에 기대지 말고 위의 방법을 활용하는 것이 최선이다. 실패한 자와 성공한 자를 관찰하는 것 또는 행복한 자와 불행한 자의 삶을 비교하는 것만으로도 우리는 누가 어떻게 운명의 끈을 잡고 어떤 행운을 삶에 적용시켰는지, 또 누가 어떻게 자신의 삶을 비극으로 몰아갔는지를 확인하게 된다. 이보다 더 큰 교훈과 더 큰 가르침은 세상에 존재하지 않는다. 미리 그 결과를 이야기한다면, 운명의 끈을 붙들고 성공을 누린 자들은 한결같이 손바닥에 핏물이 맺혀 있었다는 점이다. 반대로 인생의 파국을 맛본 자들의 손바닥은 땀방울 하나 없이 매끈거렸다. 우리가 기대하는 행운이란, 또는 하늘이 예비한 천운이란 바로 거칠게 못이 밴 나의 손바닥이다. 바로 지금 내 손끝에 맺힌 붉은 핏방울이 천재일우千載一遇의 기회인 것이다.

결과에 상관없이 잘못이 발견될 때 오직 자기 자신을 책망하는 정신이야말로 올곧음의 가장 확실한 본보기다. 자신의 어긋남과 부족함과 졸렬함과 어리석음은 뒤돌아보지 않고 부하를 나무라거나 친구를 탓하는 것 또는 타인을 괴롭히며 운명을 원망하는 것은 실패한 사람들에게서 찾을 수 있는 공통점이다. 단지 내 팔의 힘이 부족해 행운을 놓쳤을 뿐이라고 웃으며 말할 수 있는 용기야말로 성공한 사람들의 타고난 행운인 것이다. 그러나 자신의 잘못을 깨닫는 것보다 더욱 중요한 문제는 잘못을 바로잡는 보완이다. 아무리 반성해도 이를 바로잡지 못한다면 인생의 성공은 사전에서나 들출 수 있는 단어에 지나지 않는다.

운명은 내가 흘린 땀의 결과다

앞서 살펴본 농부들의 이야기로 다시 한 번 돌아가 보자. 왼쪽 둔덕에 콩을 심은 농부가 수해 때문에 추수에 실패했을 경우, 운명을 원망한들 달라지는 것은 없다. 그러나 강둑에 작물을 심은 자신의 어리석음을 탓하며, 내년 봄에는 좀 더 높은 지대에 콩을 파종하고 낮은 둔덕에 수수를 심어 올해의 손실을 만회하겠다는 계획을 세웠다면 실패는 결국 성공을 위한 시작에 불과했음을 깨닫게 될 것이다.

위인들의 일생이 담긴 전기문을 읽어보기 바란다. 누구 한 사람 실패의 원인을 타인에게 전가하는 인물이 없다. 내 삶의 주인은 '나'뿐이라고 떠드는 것이 중요한 게 아니라 내 삶의 실패 역시 '내 것'이라고 말하는 용기가 필요하다.

그런 의미에서 역사에 오점을 남긴 인물들의 삶은 좋은 사례다. 그들은 자신을 책망하기보다는 항상 타인에게 책임을 떠넘기기 바쁘다. 단 한 번의 실패로 자신뿐 아니라 온 세상을 원망한다. 늘 나는 재수가 없다고 말하는 사람이 주변에 있다면 그의 생활을 찬찬히 관찰해보라. 아마도 자기 자신에 관해서는 이야기하지 않고 타인에 관해 떠들고 있을 것이다. 그에게 인생의 주인은 자기 자신이 아니다. 그렇기 때문에 늘 재수를 바라고 타인을 원망한다.

내 손바닥에서 흐르는 핏물이 바로 내 삶을 지배하는 운명이다. 매끄러운 손바닥으로 세상을 살아가며 세상이 뜻대로 되지 않는다며 넋두리를 늘어놓는 것은 패배자의 전형적인 자기기만이다. 즉 지금 당장 운명을 개선하고, 운명을 지배하고 싶은 욕망이 들끓는다면 노력을 통해 땀을 흘리는 방법밖에 없음을 명심하기 바란다.

노력의 필요성

인간의 행위는 여러 가지로 분리할 수 있는데, 이중 가장 고귀한 것은 다름 아닌 노력이다. 우리가 흔히 사용하는 말로 분투奮鬪라는 단어가 있다. 분투는 노력과 비슷한 뜻을 지녔으나 그 쓰임새는 조금 다르다. 분투란 정확한 의미로 가상의 적을 상정해놓았을 때 가능한 쓰임이며, 노력은 어떤 대상의 유무와 관계없이 그저 최선을 다한다는 뜻이다. 그런 의미에서 분투가 지닌 의의보다 훨씬 숭고하며 인간의 진정한 가치를 드러내는 단어는 바로 노력이다. 인류가 이룩한 세계 문명은 노력이라는 두 글자에서 시작되었고, 노력이라는 대지 위에 뿌리를 내렸으며, 그 속에서 싹을 틔우고, 가지를 내고, 잎을 만들어 꽃을 피우는 과정에 불과했다.

노력이란 단어는 두 음절에 불과하나, 이 단어 속에는 많은 의미가 내포되어 있다. 먼저 노력은 하고 싶지 않은 일도 견디고, 괴로운 순간도 버텨내며, 목표한 바를 이루는 데 그 뜻이 있으므로 인내와도 일맥상통한다. 이 노력과 일견 비슷해 보이면서도 그 의의는 전혀 상반되는 단어로 기호嗜好(즐기고 좋아함)가 있다. 기호는 한마디로 의지와 감정의 협력이다. 어떤 일을 할 때 괴롭지도 않고 싫지도 않다. 반면에 노력은 의지와 감정이 서로 어긋나도 의식이라는 불을 피워 감정이라는 물에 의지가 젖지 않도록 관리하는 것을 뜻한다.

어떤 일을 할 때 자신도 모르게 그 일에 전력을 다하는 경우, 우리는 이를 노력한다고 표현하지 않고 일을 즐긴다고 말한다. 그렇다면 이 세계의 문명은 인간의 노력으로부터 창출되었을까, 아니면 진정 마음으로부터 우러나는 기호를 통해 이룩되었을까?

필자의 짧은 소견으로는 인간의 문명은 노력과 기호의 혼합체다. 이를테면 오늘날과 같은 문명을 이룩하는 데 선구적인 역할을 수행한 은인들, 즉 각 시대의 호걸들과 성인들의 삶을 자세히 살펴보면 노력의 결과뿐 아니라 아무런 보상도 기대치 않는 기호에서 이룩된 것이 있고, 또 시작은 즐기는 마음에서 비롯되었으나 결과적으로는 각고의 노력이 더해진 경우도 많다. 따라서 노력이 기호보다 우선이다, 혹은 강제로 노력하기보다는 즐길 수 있는 일을 해야 한다는 기호론 등은 앞뒤가 전혀 맞지 않는 발상이라 하겠다.

아무리 내가 즐겨하는 일일지라도 어느 선에서는 노력을 필요로 하며, 그야말로 의지에 기대지 않고는 소화할 수 없을 만큼 힘겨운 고생일지라도 마음 한구석에서는 그 과정을 즐기는 기쁨도 필요하기 마련이다. 둘 중 어느 한 가지만 고집해서는 일의 과정을 끝마칠 수 없다. 그 예로 콜럼버스의 신대륙 발견을 들 수 있다. 만일 그가 고단한 항해를 즐기지 못했다면 망망대해에서 낯선 대륙을 찾아내지 못했을 것이고, 또 반드시 항해의 성과를 거둬들이겠다는 의지가 수반되지 않았다면 단순한 뱃놀이에 불과했을지도 모른다.

또 다른 예로 어떤 유복한 사람이 원예를 즐겨 농사를 짓는다고 가정하자. 비록 농사를 즐긴다고 말할지라도 육체의 피곤까지 항시 즐겁다고는 말할 수 없을 것이다. 때로는 타는 듯한 불볕더위에 물을 주는 수고도 필요할 것이며, 또 때로는 차가운 북풍을 맞으며 관리도 해야 할 것이다. 이밖에도 매일 같이 해충을 잡아주고 꽃의 생장을 기록하는 등 많은 노력이 뒤따를 수밖에 없다. 제아무리 꽃을 좋아한들 이 같은 육체적 고통을 감내하지 않고서는 내 힘으로 꽃을 피울 수 없는 게 세상 이치다. 이를 환원해보면 내가 좋아하는 일일지라도 이를 즐기기 위해서는 노력이라는 고통이 수반되어야만 한다.

여행에 대해 생각해보자. 여행의 목적은 분명 즐기는 데 있다. 그러나 때로는 갑작스레 눈이 내려 고생을 하는 경우도 있고, 험한 산길을 올라야 하는 고역도 겪어야 한다. 또 산길에서 푸른 이끼를 밟아 미끄러지는 등 여러 가지 고생을 감수해야 한다. 물론 봄바람을 느끼며 말 타고 한가로이 산책하는 여행도 있으나, 이 경우에도 말안장에 앉아 중심을 잡아야 하는 노력이 뒤따른다. 다시 말해 모든 사람의 부러움을 살 만큼 재물이 넉넉하고 지위가 높더라도 하늘의 때, 땅의 상태에 따라 많은 어려움을 겪으며 인생을 살아가는 것이다.

따라서 어떤 일을 시작할 때 내가 그 일을 즐기고 좋아하더라도,

또 그 일을 수행하는 데 충분한 재능을 소유하고 있더라도 평생 그 같은 즐거움을 동반하며 일을 수행할 수는 없다. 인생에서 여러 장애와 차질은 부득이하게 따라붙는다. 그러므로 어떤 일을 시작하든 노력은 필수다.

주공周公(주나라를 세운 문왕의 아들로 《주례周禮》를 지었다)과 공자孔子 같은 성인, 혹은 나폴레옹과 알렉산더 같은 영웅, 혹은 뉴턴과 코페르니쿠스 같은 학자는 분명 각 분야에서 성공할 만한 재능을 타고난 인물들이다. 그러나 이들이 그 같은 재능을 꽃 피우고자 얼마나 많은 땀을 쏟았겠는가. 모두들 노력한 덕분에 오늘날과 같은 명성을 남길 수 있었고, 그 노력 덕분에 목표한 대로 대성할 수 있었다.

하물며 재능이 부족하고 덕이 모자란 일반인의 경우, 노력의 필요성에 대해서는 더 이상 말할 가치도 없다. 돈이 없고 지위가 낮은 여행자가 말이나 차를 구하지 못해 하는 수 없이 목표한 곳까지 무작정 걷는 것과 같은 이치다.

천재를 만드는 노력의 힘

어리석게도 우리는 간혹 위인들이 아무런 노력 없이 오늘날의 성공을 이뤘다는 오해에 사로잡힐 때가 있다. 그러나 이런 관찰은 다분히 피상적이다. 말을 타고 길을 가더라도 내리는 눈은 맞을 수밖에 없고, 기차를 타고 이동하더라도 황량한 역에서는 고생을 피할 수가 없다. 재능이 많고 덕이 넘쳐도 인생은 안일하게만 이어지지는 않는다. 천리를 달리는 준마는 그 능력 때문에 그렇지 못한 말보다 많이 걸어야 하고, 재능이 많은 인물은 일반인보다 더 많은 일에 시달린다. 오히려 재능 때문에 남보다 쉽게 가는 것이 아니라 더 많이 가야 되는 강박에 시달리는 셈이다. 그의 목적이 일반인의 그것보다 원대한 만큼 과정에서 겪게 되는 불쾌함과 불안, 장애 등은 일반인이 겪는 것보다 훨씬 심각할 수 있다.

위인들의 전기를 읽어보면 그들의 삶이 결코 순탄치만은 않았음을 알게 된다. 특히 발명가나 새로운 견해의 창조자, 진리의 발견자 등은 타고난 재능만큼이나 힘든 노력을 통해 그 같은 일생을 쌓아올렸다고 해도 과언이 아니다.

이에 반해 동양의 전기물이나 역사는 소위 천재에 대해 상당히 부정확한 견해를 나타내고 있다. 전통적인 동양 사상은 어떤 위인을 기록할 때 그가 태어나면서부터 지략과 용맹이 출중했고 무엇이든 손쉽게 해낸 것처럼 묘사하고 있는데, 이는 일반인들의 오해를 살 수 있으므로 삼가야 한다. 그렇다면 천재는 어떻게 만들어지는 것일까? 실제로 타고나는 것일까? 천재란 한마디로 '노력의 퇴적'이라고 할 수 있다. 이 말은 천재의 조상들이 각고의 노력을 실천한 결과 어느 대에 이르러서 마침내 그 결과물이 탄생된다는 뜻이다.

천재라는 말 때문에 자칫하면 노력하지 않고도 모든 지식을 얻는 재능이 실제로 존재한다는 그릇된 인식이 사람들 사이에 퍼질 수도 있다. 그러나 앞서 말한 대로 이는 분명 잘못된 생각이다. 천재에 관한 이 같은 관찰은 다분히 피상적인 관찰에 머물 수밖에 없다. 천재는 조상의 노력들이 한데 쌓인 결과라고 보는 것이 타당하다.

만년초萬年草라는 식물을 생각해보기 바란다. 다도를 즐기는 사람 치고 만년초의 매력에 빠지지 않은 사람이 없다. 그런데 이 만년초를 만나기가 호락호락하지 않다. 마치 천재처럼 어느 날 불쑥 생각지도 못한 시기에 튀어나오기 때문이다. 그러나 이 만년초의 생장에 대해 자세히 연구해보면 결코 우연한 발생이 아님을 알게 된다. 그 윗대의 계통 속에 훗날 만년초가 탄생할 수밖에 없는 어떤 원인이 반드시 존재한다. 하찮은 초목도 이러하건대, 하물며 인간 사회에서 어느 날 갑자기 천재들이 나타날 수는 없는 노릇이다.

시각장애인의 손가락은 지폐를 식별할 수 있을 만큼 경이적이다. 이 같은 감각은 그저 우연히 얻어진 결과물이 아니다. 앞을 볼 수 없는 결함을 보완하기 위한 노력의 결과로서 손가락 끝의 신경세포가 치밀해진 덕분이다. 바꿔 말하면 단순히 손가락의 감각이 타인보다 조금 월등한 것이 아니라 해부학적으로 눈의 결함을 손가락으로 만회하려는 노력이 뒷받침되었기에 가능해진 것이다. 즉 '기능'이 탁월해진 것이 아니라 그 '기질器質'이 변화한 셈이다. 이처럼 끊임없는 노력의 퇴적은 정해진 인체의 감각마저 바꿀 수 있다.

결론을 내리자면, 재능이 뛰어난 천재는 우연히 그 같은 재능을 하늘로부터 얻은 것이 아니다. 뛰어난 재능의 유전, 즉 조상 대대로 부단한 노력이 퇴적된 결과이며, 그 상속자에 불과하다는 표현이 더 적당하다. 이 같은 견해는 '영웅과 성현의 삶이 조상 덕분이라는 말인가' 하는 반박에 부딪힐 수도 있다.

분명한 것은 영웅과 성현을 만든 힘은 그 타고난 재능이 아니라 부단한 노력이다. 우리는 이 점을 명심해야 한다. 왜냐하면 재능을 타고나지 못한 자가 영웅이 되고 성현으로 기억되는 반면, 모두가 부러워하는 재능을 타고난 인물 중에는 영웅과 성현은커녕 인류를 사악한 길로 유도하는 배덕자背德者로 기억되는 인물도 많기 때문이다. 그런 의미에서 인생을 결정짓는 가장 중요한 요인은 타고난 재능이 아니라 바로 후천적인 노력이라 할 것이다.

야만인이 숫자 계산에 어두운 까닭은 아직 셈에 대한 노력이 쌓이지 못했기 때문이다. 즉 대대로 수에 민감하지 못했기에 세대가 거듭되어도 기본적인 수학 지식이 부족할 수밖에 없다. 이는 현대 문명에도 적응할 수 있는 사례다.

많은 사람이 노력 없이 얻은 성과를 부러워하는데, 사실상 노력 없이 인생에서 얻어지는 결과물은 없다. 노력이야말로 생활을 알차게 만드는 유일한 기틀이며, 각 개인의 발전을 이룩하는 원동력이다. 따라서 삶의 의의가 곧 노력이라 할 수 있다.

02

본성과 자기혁신

○

○

○

사람의 타고난 본성, 즉 성정性情은 매우 다
양하다. 이처럼 다양한 성정이 다양한 환경을 만나 다양한 모습으로
펼쳐지는 것이 인생이다. 따라서 사람이 한때 견지했던 사상과 언설
과 행위만으로 그의 일생이 보여줄 결말을 미리 예단해서는 안 된다.
왜냐하면 현재 그의 모습은 타고난 그의 참된 본질이 아니라 현재
그가 처한 환경에 상당 부분 영향을 받은 결과이기 때문이다.

성현이 아니고서야 대부분의 인생은 환경의 영향을 상당히 받는
다. 그러므로 한 사람의 일시적인 생각이나 행동이 그 사람의 전체라
고 평가하는 것을 삼가야 한다. 물론 타인의 정당한 주장을 옳다고
말하며, 또 부당한 행위에 대해서는 잘못이라고 지적하는 것까지 비

난하려는 뜻은 아니다. 세상에는 자신도 모르게 옳은 것을 잘못이라 말하고, 잘못을 옳다고 주장하는 사람들도 많다. 주변 여건뿐 아니라 그의 타고난 본성이 원래 이렇듯 어긋나 있는 경우도 있고, 타고난 것은 아닌데 환경이 사람의 성정을 비뚤어지게 만든 경우도 있다. 즉 인생을 결정짓는 요소 중에는 본래의 성정뿐 아니라 생활환경도 상당한 비중을 차지하고 있음을 알 수 있다.

이 같은 생활환경은 비단 재물의 격차나 학벌에만 국한되는 문제가 아니다. 소소한 일상에서의 버릇이나 친구, 가정교육 등도 환경에 포함된다. 따라서 현재 자신의 환경이 좋지 못하다고 생각된다면, 이러한 환경이 성정에 스며들지 못하도록 노력해야 한다.

인간의 두 가지 천성

환경이 사람의 일생을 결정짓는 중요한 요소이기는 하나, 성정의 힘으로 이를 극복할 수도 있다. 다시 말해 불합리한 여건과 생활에 굴복하지 않는 것, 혹은 본래의 좋지 못한 성정을 좋은 성정으로 변화시키는 힘 또한 인간의 타고난 능력이라는 뜻이다.

이렇듯 사람마다 각기 다르고, 또 환경에 영향을 받거나 환경에 영향을 미치는 인간의 성정에는 모든 사람이 공통적으로 동일하게 부여받는 천성天性이라는 것이 있다. 이 천성은 크게 두 가지로 나뉜다. 바로 '조장助長'과 '극살剋殺'이라는 형태다.

조장은 글자 그대로 '자라도록 돕는 것'을 말한다. 극살은 말 그대로 '눌러 죽임'을 뜻한다. 이해를 돕기 위해 한 가지 예시를 살펴보기로 하자. 지금 막 나팔꽃 모종이 땅에서 고개를 내밀었다고 가정하자. 이 나팔꽃 모종에 적당량의 물을 주고, 썩은 생선과 찌꺼기, 석회 등의 비료를 양껏 뿌려주며, 벌레가 끼지 않도록 정성을 다해 돌보는 것은 인간의 천성 중 '조장'에 해당된다. 이에 반해 보기 흉하다며 싹을 뽑아내거나 다른 식물들의 생장에 방해가 된다며 줄기를 비트는 행위는 '극살', 즉 눌러 죽이고자 하는 인간의 천성에 해당된다.

소나 말, 개, 돼지 같은 가축을 기를 때도 인간의 천성은 조장과 극살이라는 극단적인 이중성을 보인다. 가축을 사랑하고 인간에게 유용한 방향으로 기르는 것이 조장이라면, 애꿎은 짐승을 굶기거나 잔인하게 죽이는 등의 행위는 극살이다. 이 같은 조장과 극살의 이중적인 천성은 비단 초목과 금수에 대해서만 해당되는 사례가 아니다. 책상과 도자기, 식기, 책장처럼 일상생활에서 마주치는 사물에 대해서도 얼마든지 적용이 가능하다. 아무리 하찮고 사소한 물건일지라도 매만지고 정성을 쏟아주면 심정적으로 값비싼 보화에 버금가는 요긴한 물품이 되는데, 이는 곧 조장의 결과다.

예를 들어 뽕나무로 만든 책상을 생각해보자. 뽕나무로 만든 책상은 처음 구입했을 때는 담황색을 띤다. 그러나 수십 년간 매일 아침 깨끗이 닦고, 손질하고, 그 위에 훌륭한 서적들을 펼쳐 놓고 학업에 정진하다 보면 어느새 처음의 특질은 사라지고 갈색의 아름다운 빛깔로 변해간다. 이렇듯 아름다운 연한 갈색으로 변한 뽕나무 책상은 구하기도 어렵거니와 그 주인의 인품을 드러내는 표시로서 귀한 대접을 받는다.

이번에는 도자기를 예로 들어보자. 손으로 정성껏 빚어 저온에서 구운 도자기의 경우 처음에는 군데군데 흙의 잔 기운이 남아 있어 거칠고 투박하다. 그러나 곁에 두고 오래 매만지면 빛깔도 날로 고와지고, 자기의 면도 유리처럼 매끄러워진다. 옻나무 책장도 마찬가지다. 옻나무로 만든 책장은 검은 빛깔과 특유의 고린내로 대부분의 사람들이 회피하는 물건이다. 그러나 책장에 훌륭한 양서들을 꽂은 후 날마다 책을 읽고 손질하다 보면 특유의 고린내는 책 향기와 섞여 난초향이 되고, 검붉은 빛깔은 고색창연한 고동빛으로 변해간다. 검劒은 또 어떤가. 아무리 하잘것없는 검일지라도 게으름 피우지 않고 날마다 날을 세운다면 세월이 흘러도 녹슬기는커녕 더욱 예리해질 것이다. 이는 모두 조장의 결과다.

이에 반해 값비싼 책상을 구입한 후 한 번도 닦지 않고 방치해두거나 지루한 시간을 견디기 위해 칼로 모서리를 긁어대는 일, 도자기에 때가 묻어도 닦지 않고 그냥 내버려두는 일, 책장에 책 대신 무거운 짐들을 쌓아 다리를 부러뜨리는 일, 검을 제대로 관리하지 않아 녹슬게 만드는 일 등은 사물의 본연을 훼손시키는 극살에 해당된다. 옛사람의 필적과 화법 등에 대해서도 마찬가지로 적용할 수 있다. 조각난 문서를 새롭게 짜맞춰 단장하는 것이 조장이라면, 무심하게 먼지 속에 방치한 채 영원히 세상에서 잊히게 하는 것은 극살이다.

따라서 일생을 아름답게 보내고 싶다면 나의 성정 속에 포함된 천성을 아름답게 활용하는 방법을 찾아야 한다. 즉 조장의 미덕을 좇아야 하는 것이다. 그러기 위해서는 어떤 경우에도 극살만큼은 되도록 피하려는 마음자세를 가져야 한다. 항상 조장의 덕을 유념하며 살아가는 사람의 경우 키우는 꽃마다 아름답게 피어나고, 기르는 새마다 명랑하게 지저귀며, 양은 들판에 방목해도 살이 오르고, 말은 올라타지 않아도 늠름해지며, 기물과 집기는 세월이 흐를수록 화려함과 귀티를 더한다. 이와 달리 극살을 품고 살아가는 사람은 남의 손에서는 잘 피던 꽃들도 시들해지고, 새는 아침저녁으로 구슬프게 울어대며, 양은 먹일수록 살이 빠지고, 말은 이유 없이 야위며, 무쇠로 만든 가마솥도 아궁이에 올려놓기 무섭게 닳아버린다.

사람의 성정이 제아무리 다양할지라도 그 타고난 천성은 조장과 극살, 둘 중 하나로 나뉠 수밖에 없다. 자신도 모르는 사이에 극살을 품고 살아가는 경우가 종종 있는 것이다. 이처럼 서로 다른 성정을 가진 사람들이 동일한 현실에 대해 조장과 극살의 형태로 반응하는 까닭은 어린 시절의 가정교육이 발현된 결과라고 생각된다. 조장과 극살이라는 인간 성정의 천성은 무의식처럼 스스로 판단하고 분별할 수 있는 덕목이 아니다. 그런 까닭에 세상에는 자신의 편벽하고 비뚤어진 성격을 드러내고자 극살에 열중하는 사람들이 의외로 많은데, 이들은 명화名畵에 주홍색을 마구 덧칠하거나 귀중한 기물을 함부로 매만져 훼손시키는 등 파괴적인 행동을 서슴지 않는다. 또 이런 사람들을 가리켜 어리석은 대중은 독창적이라든가 개성이 있다는 식으로 미화하는 경우도 많다. 이 같은 극살은 자신에게 아무런 이익이 없을뿐더러 타인에게 상처를 주거나 세상을 해롭게 하는 결과를 초래하기 마련이다. 이런 사람들로 인해 인류는 그간 얼마나 많은 손해를 입어왔는지 모른다.

인간의 삶이 조장과 극살로 나뉠 수밖에 없다면 당연히 성정을 변화시켜서라도 조장의 삶을 살아야 한다. 왜냐하면 조장과 극살은 단순히 조장과 극살에서 그치는 것이 아니라 극살이 조장이 될 수도 있고, 조장이 극살이 될 수도 있기 때문이다. 다시 말해 어떤 사람의 인생이 극살의 형태를 띠었을 때, 이것이 다른 사람의 성정에 감춰진 극살의 천성을 깨워 사회에 극살을 부추길 수 있다는 뜻이다.

조장을 해치는 극살

지금까지 동물과 식물, 기물 등을 통해 조장과 극살이라는 인간의 두 가지 천성을 살펴봤다. 이번에는 인간관계에서의 조장과 극살에 대해 한번 살펴보자. 다른 사람의 사상이나 언어, 행위에 대해 그 진위를 가리지 않고 함부로 비난하는 것은 분명 인간관계에 있어서의 극살이다. 누군가 어떤 일을 새롭게 시작하고자 준비를 할 때 그 일이 불량하거나 흉악하다면 즉시 중단할 것을 촉구하고, 그렇지 않다면 그 뜻이 실현되어 사회에 큰 공을 세울 수 있도록 돕는 것은 조장이다. 반면 내게 아무런 도움도 청하지 않았음에도 불구하고, 곁에서 이를 말살시키고자 방해하는 것은 극살이다. 참으로 안타까운 것은 이 세상에는 극살의 사상에 정통하여 상대방의 감정은 아랑곳하지도 않고, 비정상적인 행위를 서슴지 않는 사람들이 점점 늘어나고 있다는 점이다.

언젠가 실제로 겪은 일이다. 이삿짐을 잔뜩 실은 수레가 언덕길 앞에 멈춰 서 있었다. 짐을 끌고 언덕을 오르기에는 인부의 나이가 너무 많아 힘이 모자랐던 것이다. 그때 언덕길 아래에서 올라오던 두 학생 중 한 명이 이를 보다 못해 수레 뒤로 다가가 밀어주었다. 그제야 수레는 천천히 움직이기 시작했다. 그런데 가만히 지켜보고만 있던 한 학생이 "늦었어, 빨리 가자!"라고 소리를 질렀고, 수레를 밀던 학생은 그 소리에 깜짝 놀라 수레를 놓고 어디론가 부리나케 가버렸다. 순간 뒤에서 밀어주던 힘을 상실한 수레는 언덕 아래로 질주하기 시작했다. 하마터면 큰 사고가 생길 뻔했는데, 때마침 주변을 지나가던 두 청년이 수레를 잡아준 덕분에 인부는 무사히 위험에서 벗어날 수 있었다. 당시 나는 언덕 위에서 이 광경을 지켜보고 있었다. 얼마나 아찔한 순간이었는지, 내 손바닥에 식은땀이 흥건히 밸 정도였다. 이런 일은 현실에서 얼마든지 발생할 수 있는 사소한 일이기에 조장과 극살에 대한 사례로서 부족할지 모르나, 이와 비슷한 정황이 우리 삶 곳곳에서 나타나고 있음은 말할 나위도 없다.

분명 그 학생은 지친 노인이 무거운 수레를 끌고 언덕을 올라가는 모습에 측은함을 느꼈을 것이다. 그래서 수레를 밀어주기로 결심했으며, 이를 실천에 옮겼다. 따라서 그 학생은 조장의 덕을 실천한 셈이다. 이에 반해 다른 학생은 극살적인 언행을 통해 자신의 행위뿐 아니라 친구의 선한 행위까지 극살로 이끌었다. 마치 힘겹게 피어난 나팔꽃 모종을 흙발로 짓이기듯 자신뿐 아니라 친구의 착한 마음과 애꿎은 노인까지 위험에 빠뜨렸던 것이다. 이는 단순한 극살이 아닌 극살의 선동이므로 안타깝기 그지없다.

동물과 식물과 기물을 훼손하는 것이 사람을 훼손하는 것보다 작은 일이기는 하나, 이 또한 엄연한 극살이므로 당연히 멀리해야 한다. 사람이 선을 이루고, 미를 완성시킬 때도 단순히 자신의 삶에만 한정시키는 것이 아니라 다분히 조장적인 태도를 견지해야 마땅하다. 누군가가 종교를 믿기 시작했을 때 과학을 신봉하는 사람들은 미신에 빠졌다며 비웃기 일쑤다. 이는 분명 극살적인 태도이며, 지양해야 할 행동이다.

앞서 밝혔듯이 사람의 성정은 다양하고, 사람이 살아가는 환경 또한 다양하다. 그러나 성정과 환경에 따른 인생의 결과는 조장과 극살로 나뉜다. 자신이 옳다고 믿는 사상을 내세우는 단순한 행동도 다른 사람에게는 극살적인 행위로 비춰질 수 있으므로 유념해야 한다.

본성을 변화시키는 자기혁신

세월에 머리가 있고 꼬리가 달린 것은 아니지만, 섣달그믐날과 설날을 보면 꼭 그렇지만도 않은 것 같다. 섣달그믐은 세월의 꼬리 같고, 설날은 머리처럼 느껴지는 게 사실이다. 세월의 꼬리라 할 수 있는 섣달그믐이 되면 우리는 지난 1년간의 세월을 정리하고, 새해가 되면 올 한 해 살아갈 계획을 구상한다.

연말의 감회라든가, 연초의 희망 등은 평범한 인간이라면 누구나 경험하는 인정상의 도리다. 게다가 인생은 내 뜻과는 정반대로 흐를 때가 많으므로 연말의 낙월落月을 바라보며 '세월이 흐르는 물과 같다'는 옛말을 새삼 절감할 수밖에 없다.

누구나 한 번쯤 경험했듯이 연말에는 아쉽게 이루지 못한 계획들을 상기하며 무상한 세월의 감회에 젖는 것이 보통이고, 연초에는 술상 앞에 앉아 술잔을 들며 금년에야말로 지난해 못 이룬 희망을 이루겠노라 다짐하는 것 또한 상례다. 인간이라면 어느 누구를 따질 것 없이 이런 감정에 휩싸이므로 이는 지극히 정당하다고 볼 수 있다. 이 같은 감정의 발동이 정당하듯 연말에 겪게 되는 한탄을 올해에는 되풀이하지 않기 위해 연초에 다시금 희망을 품는 것 또한 정당한 인간의 본성이라고 하겠다.

사실 거의 모든 인간이 해마다 이 같은 감정을 반복한다. 새해 첫날 다진 의지가 그 해의 마지막 날에는 한탄이 되어 돌아오는 것은 마치 연말에 지는 해가 해_年가 바뀌어 다시 다음 해의 첫날을 비추듯 끊임없이 반복되는 통과의례라고 할 수 있다. 잠시 눈을 감고 나라는 존재와 멀찍이 떨어져 스스로를 객관적으로 돌아볼 때마다 아쉬움의 한숨이 절로 나온다. 1년 내내 서툰 배우가 동일한 줄거리로 동일한 무대에서 동일하게 연기해온 것에 지나지 않음을 깨닫는 것이다. 이를 확인할 때마다 웃음이 나오기도 하고, 인생이란 참으로 어리석은 경주에 불과하다는 쓸쓸함도 배어나온다.

그러나 이 같은 반성은 결코 자신의 미래에 약이 되지 않는 사고라는 것을 기억해야 한다. 아무리 달관한 인생관일지라도 결국 속세를 떠나서는 현실이 될 수 없는 것처럼, 반복되는 시도가 어리석게 보일지라도 다시 한 번 희망의 싹을 틔우고자 언 땅에 괭이질을 하는 농부의 마음이 곧 삶이라는 것을 받아들여야 한다.

중요한 것은 인생을 달관하고 제자리에 가만히 앉아 있는 것이 아니라, 내년 이맘때쯤 스스로의 삶에 후회가 없도록 최선의 노력을 쏟아 부을 기회를 만드는 데 있다. 지금과는 다른 나를 만들고자 노력하는 것만큼 달관한 인생은 없다. 나는 이것이 바로 진정한 깨달음이라고 확신한다. 지금까지 어리석었던 자아를 새롭게 만들기 위해, 예전처럼 후회만 반복하는 나로 남지 않기 위해 땅속에 묵혀뒀던 자아를 끄집어내 개조하는 것이 필요하다.

새로운 나로 다시 태어나는 방법

많은 사람이 오늘과 다른 '새로운 자아'를 만들기 위해 노력한다지만, 새로운 나를 만든다는 것이 말처럼 쉬운 일은 아니다. 말처럼 쉬웠다면 연말의 한숨소리가 그토록 커지지는 않았을 것이다. 그렇다고 실망할 필요는 없다. 많은 사람이 새로운 나를 만드는 데실패했다고 해서 새로운 내가 만들어지지 않는다는 법도 없기 때문이다.

작년의 나와 다른 금년의 나를 만들기 위해, 또는 재작년의 나와다른 올해의 나를 만들기 위해, 연말의 탄식 대신 승리와 만족의 기쁨으로 남몰래 환호성을 지르기 위해서라도 우리는 끊임없이 노력해야 한다. 만에 하나 새로운 나를 만드는 데 실패했더라도, 그것은새로운 나를 만들 수 없었기 때문이 아니라 새로운 나를 만드는 데적합한 방법을 찾지 못한 채 세월만 무심히 흘려보냈기 때문임을 알아야 한다. 즉 새로운 나를 만들기 위해서는 먼저 새로운 방법부터찾는 것이 순서다. 이것이 실천이고, 곧 노력이다.

동일한 두 개의 화폐는 동일한 두 개의 가치를 지닌다. 마찬가지로 작년과 재작년에 비해 달라진 게 전혀 없는 나라면 자신이 받아들여야 할 운명 또한 어제의 몫과 같을 수밖에 없다. 새로운 자아를만들지 못한 이상 새로운 운명도 기대해서는 안 된다. 동일한 인간은 동일한 상태밖에 지속시킬 수 없다. 그리고 이렇게 동일한 인생은 헐거워진 시계태엽처럼 언젠가는 영원히 멈춰버리게 될 것이다. 여기서 영원히 멈춰버린다는 뜻은 죽음을 의미하는 것이 아니다. 인간에게 죽음보다 더 두려운 것은 살아있음에도 더 이상 자기 자신에게 희망을 기대할 수 없는 자포자기다. 이것이 바로 영원한 멈춤이다. 따라서 현재 자신의 위치가 불만족스럽거나 연말만 되면 한탄이 절로 나오는 사람이라면 반드시 분발하여 자신을 새롭게 만들고, 새로운 운명을 개척하는 데 인생을 바쳐야 할 것이다.

그렇다면 어떻게 해야 닫힌 자아를 혁신하여 새로운 나를 만들 수 있을까? 먼저 무엇에 의해 나를 혁신시킬 것인가부터 생각해야 한다. 이 문제가 해결되어야만 다른 문제들도 해결된다. 나를 혁신시키는 방법에는 두 가지가 있다. 내면의 변화에 의해 나를 새롭게 만들 것인가, 아니면 타인과의 교류를 통해 나를 새롭게 할 것인가이다.

예를 들어 커다란 바위에 대해 생각해보자. 이 바위는 그 자체로 어떤 현상이며, 어떤 성질이다. 이 바위는 한곳에 박혀 오랜 세월 동안 동일한 운명만을 반복해왔다. 이 바위가 지금과 다른 새로운 운명을 품에 안으려면 먼저 새롭게 다시 만들어질 필요가 있다.

그렇다면 어떤 방법을 통해 다시 만들어질 수 있을까? 그중 한 가지 방법이 타인의 힘을 빌리는 데 있다. 바위는 건축가를 통해 집 짓는 재료가 될 수 있고, 아니면 조각가의 손길에 의해 위대한 작품이 될 수 있다. 표면은 여전히 예전의 바위에 불과하지만, 형태와 성질은 예전의 그 바위가 아니다. 이는 타인의 힘을 빌려 자기를 혁신하고, 스스로 새로운 운명을 개척하는 방법이다.

또 한 가지 예를 살펴보자. 수년간 자격시험에 응시해온 의대생이 있다. 그는 같은 시험을 몇 년째 반복했다. 즉 몇 년째 동일한 운명을 반복해온 셈이다. 그런데 어느 해인가, 이 의대생은 매년 똑같이 반복되는 자신의 삶을 혁신시키고자 그동안 해왔던 노력보다 몇 곱절의 노력을 더 보태 마침내 시험에 합격해 병원을 개업하는 데 성공했다. 이것은 타인의 힘을 빌리지 않은 자기 내면의 혁신을 통해 성공한 경우다.

위의 사례처럼 자신을 혁신하는 방법에는 타인의 힘을 빌리는 것과 오직 자신의 힘만 동원하는 것, 두 가지 길이 있다. 이 세상에는 타인의 힘을 빌려 자신의 운명을 새롭게 개척한 사람도 많다. 특히 사회적으로 존경받을 만한 사람이나 어떤 분야를 대표하는 전문가에게 의지하는 것은 아주 좋은 방법이다. 비록 그들을 위해 일하는 것 같지만, 결과적으로는 그들의 발전에 참여함으로써 자신을 한 단계 더 성장시킬 수 있다. 다시 말해 그의 운명이 지닌 몫을 나눠 갖는 것이다. 그렇다고 타인의 성공에 기대어 자신의 이득을 취하자는 말은 아니다.

우리는 가끔 그다지 능력 없던 사람이 어떤 집단이나 성공한 사람 밑에서 몇 년간 동고동락하는 사이에 자신이 가진 재능을 발굴하여 두각을 나타내는 경우를 심심찮게 목격한다. 이것이 타인의 힘을 빌려 자신의 운명을 개척한 전형적인 사례다.

타인의 힘을 빌린다는 것은 타인을 이용하는 것과는 근본적으로 다르다. 타인에 의해 새로운 나를 만든다는 것은 내가 본받고 싶고, 내가 존경할 만한 사람의 운명에 참여함으로써 그와 더불어 나의 새로운 운명을 획득함을 말한다.

이처럼 타인의 힘을 빌려 새로운 나를 만들고자 할 때 가장 주의할 점은 최대한 나를 억제해야 한다는 것이다. 나를 드러내기보다는 그를 드러내고, 나의 이득을 취하기보다는 그의 이득을 먼저 생각해야 한다. 내 삶을 그의 삶처럼 성공한 인생으로 변화시키는 것이 목적이므로 눈앞의 작은 이득에 연연해서는 안 된다.

타인에 의해 나를 혁신하고 싶다면 어제의 나는 버려야 한다. 타인에 의해 새로운 나를 만들고 싶다면 어제까지 지녔던 감정과 습관을 떨쳐내야 한다. 타인의 힘을 빌린다는 것은 나의 삶을 잠시 버리는 것과 마찬가지다. 따라서 나만의 개성이나 독창성을 쥐고 있어봤자 아무런 도움도 되지 않을뿐더러 오히려 상호간에 무익한 수고만 반복하는 원인이 될 뿐이다. 만일 나 자신에게 집착할 수밖에 없다면 누군가를 의존할 필요 없이 지금까지 유지해왔던 상태와 운명을 지속하는 편이 더 낫다.

나무를 한번 예로 들어보자. 내가 만일 등나무라면 어떤 나무에 얽혀도 휘어지는 것이 가능하다. 그러나 내 본래적 생태가 화석이라면 아무리 노력해도 휘어질 수 없다. 그러므로 내가 화석적 자아인지, 아니면 등나무적 자아인지부터 확실히 짚고 넘어가야 한다. 만일 자신이 화석적 자아라고 생각된다면 타인의 힘을 빌려도 그 효과를 기대하기 힘들다. 반대로 등나무 같은 자아라면 대나무처럼 올곧게 뻗은 나무와 섞여 똑바로 펴질 수 있다. 이런 사람들은 자기 자신의 길을 찾아 방황하기보다는 존경할 만한 어떤 인물을 찾아 그가 걸어 온 길을 답습하는 것이 훨씬 현명한 선택이다. 예로부터 어진 신하들은 대부분 이런 부류의 사람들이 아니었나 싶다. 이처럼 타인의 힘을 빌려서도 충분히 자신의 삶을 새롭게 혁신시킬 수 있다.

타인의 힘을 통해 자신을 혁신하기 위해서는 내 고유한 자아를 타인이 걸어온 삶 속에 매몰시키는 용기가 필요하다. 섣불리 결과를 예측하거나, 나는 나만의 개성이 있으므로 그와는 다를 수 있다는 식의 얄팍한 지식을 앞세워서는 곤란하다. 만에 하나 아무리 노력해도 자신을 어느 한곳에 매몰시킬 수 없다면, 좀 더 고단하고 힘든 길이 지만 스스로 새로운 나를 만들도록 노력하지 않으면 안 된다.

타인의 힘에 의지하는 것은 분명 스스로 모든 길을 개척하는 것 보다 훨씬 수월하다. 그 반면 인내가 필요한 고행이기도 하다. 왜냐하면 타인에게 의존하면서도 결국은 나만의 개성, 나만의 성공을 만들어내야 하기 때문이다.

바둑을 떠올려보자. 아무리 좋은 소질을 타고난 사람일지라도 혼자 바둑판을 노려본다고 해서 특출한 실력이 완성되지는 않는다. 오히려 훌륭한 기사들의 기보(바둑을 둔 내용의 기록)를 조금씩 내 것 으로 만들어가는 과정을 통해 타고난 소질이 빛을 발한다.

마찬가지로 세상은 자기 힘만으로 살아갈 수 있는 곳이 아니다. 나 혼자 이 세상을 내 뜻대로 변화시키겠다는 것은 어린 소년들의 억지에 불과하다. 사람들이 한데 어울려 살아가는 세상이므로 그들과 공존해나갈 수 있도록 나를 조금씩 완성시켜야 하는 것이다.

따라서 타인의 힘을 빌려 발전하는 것이 바로 인생의 본질이라고 말할 수 있다. 그러나 새로운 나를 스스로의 힘으로 만들려는 시도 또한 무시해서는 안 된다. 비록 험난한 여정이지만 인간으로서 시도할 수 있는 가장 위대한 사업이다. 가령 그 결과가 예상보다 부진할지라도 과감히 그 길에 들어섰다는 것만으로도 그의 삶은 성공적이다. 강이 바다로 흘러들어도 변하지 않는 것은 물이라는 성질이다. 즉 그 본래의 뜻만 잃지 않는다면 어떤 방법을 선택하든 목적을 달성하는 것이 중요하다.

나 자신의 이상을 실현하려는 노력

나를 혁신하는 것은 바꿔 말해 개인의 이상을 실현하려는 노력이다. 그리고 이 같은 노력은 단지 개인의 삶만이 아니라 그가 속한 사회의 발전과도 연관된다. 만일 이상을 상실한 개인들이 모여 어떤 사회를 구성했다면 그 사회의 이상 또한 구현될 수 없는 것과 같은 이치다. 눈앞의 현상에 만족했을 때 더 이상의 발전은 기대할 수 없다. 이것은 개인과 사회를 막론하고 모두 동일하다. 현재가 불만이라면 미래를 바라봐야 하듯이 새롭게 변화되고 싶다면 의지를 키우는 것이 필요하다.

또 한 가지 명심할 점은 타인의 힘에 의지해 자기혁신에 성공했을지라도 결국 나 자신을 혁신한 것은 타인이 아니라 나 자신에 대한 신뢰와 노력을 경주한 결과라는 점이다. 즉 타인의 힘에 의지하는 가운데서도 중요한 것은 스스로의 노력이다. 반대로 자신의 힘으로 혁신에 성공했을지라도 그것은 온전히 나만의 힘으로 이룬 게 아니라 타인의 도움도 포함되어 있음을 기억해야 한다.

반성은 내 안의 결과가 아니라 외부와의 마찰에서 비롯한다. 거울만 바라봐서는 내가 어떤 옷을 잘못 입었는지 알 수 없다. 거리로 직접 나가서 사람들의 옷차림을 관찰해야만 나의 실수를 깨달을 수 있다. 이와 마찬가지로 비록 나 혼자만의 힘으로 인생을 개척했다고 자부하더라도 실상은 타인과의 비교를 통해 나를 발전시켰으므로 일정 부분 타인의 힘이 미쳤다고 볼 수 있다. 이처럼 자신의 힘과 타인의 힘을 구별한다는 것은 상당히 어렵다.

타인에게 의지한다고 말하면 사람들은 배를 타거나 차에 오르는 것을 떠올리지만, 그 와중에도 배까지 혹은 차가 있는 곳까지 가기 위해서는 보행이 필요하다는 사실은 간과한다. 타인의 힘에 의지하더라도 내가 해야 할 몫은 엄연히 존재함을 잊어서는 안 된다.

"그동안 내가 걸어온 길을 되돌아보건대, 여태 내가 세운 목표를 향해 매진한 적이 결코 없었다. 그러나 지난 일에 대해서는 더 이상 이야기하고 싶지 않다. 앞으로는 새로운 나를 만들기 위해 더욱 노력할 뿐이다."

많은 사람이 어떤 목표를 정한 후 이렇게 다짐한다. 이런 다짐들이 말 그대로 다짐으로만 끝날지라도 아직 희망을 버리기에는 이르다. 세상에는 이와 같은 다짐조차 멀리 한 채 타고난 운명만을 탓하는 사람들도 많다.

무언가를 새롭게 시도할 때 반드시 이 목표를 이루고야 말겠다는 다짐보다 더 중요한 것이 있다. 바로 실천이다. 그렇다면 대체 무엇부터 실천해야 할까? 너무 광범위한 실천 분량을 책정할 필요 없이 먼저 낡은 습관부터 버려야 한다.

한 예로 잡초가 무성한 밭이 있다고 가정하자. 그리고 올해부터 이 밭에 곡식을 심겠다는 목표를 책정했다고 가정하자. 먼저 지금까지 밭 관리에 소홀했던 자신을 반성한 후 올 한 해 최선을 다해 밭을 일구겠다고 다짐하는 것은 누구나 할 수 있는 일이다.

그러나 잡초가 우거진 밭을 보면 쉽게 엄두가 나질 않는다. 이때 대부분의 사람들은 잡초를 제거하고, 밭을 일구고, 씨를 뿌리고, 물을 대고, 자랄 때까지 기다리고, 다 자란 곡식을 베어 수확하기까지 그 긴 시간을 떠올리며 또다시 좌절한다. 이렇게 생각하면 할 수 있는 일은 아무것도 없다. 이럴 때 밭을 일구는 것은 나중 일이고, 잡초부터 조금씩 베어나가는 것이다.

일을 시작할 때, 혹은 어떤 목표를 설정했을 때 결과를 생각해서는 안 된다. 지금 당장 할 수 있는 일에만 최선을 다할 뿐이다. 그렇게 한 가지씩 주어진 과제들을 해결하다 보면 어느새 여름이 가고 가을이 와서 수확의 기쁨을 누리는 시절이 도래하게 된다. 결과적으로 목표는 달성되고, 운명은 바뀐다.

이처럼 무엇인가 새롭게 시도할 때 가장 먼저 할 일은 그 어떤 다짐이나 거창한 계획을 세우는 것이 아니다. 그보다는 옛것을 버리는 일부터 시작해야 한다. 옛것은 무조건 적이다. 내 삶에 끼어든 습관 중 오래된 것은 무조건 적이다. 잡초를 베어버리지 않으면 씨를 뿌릴 희망조차 가질 수 없다. 그러므로 예전의 생활습관을 모조리 다 뜯어고치는 것이야말로 일의 시작이라고 할 수 있다.

이를테면 지금까지 겪어온 삶의 습관이나 사상처럼 쉽게 버리지 못하는 것들도 새로운 나의 시작과 더불어 과감히 끊어내야 한다. 물론 이런 경우 미련이 남을 수 있다. 혹은 버리기 아까운 것들도 있다. 이때 많은 사람이 아직은 버릴 때가 아니라고, 이것 때문에 내 삶이 잘못된 것은 아니라고 스스로를 세뇌시킨다. 하지만 썩은 이를 빼지 않으면 성한 이들까지 함께 썩는 것처럼 작년의 나를 버리지 않고는 올해의 나도 없다. 밭을 가득 메운 잡초는 바로 과거의 나다. 과거의 나를 잘라버리지 않고는 새로운 나라는 씨를 파종할 수 없다. 무엇을 잘라버려야 하는지는 사람에 따라 다를 수 있으나, 이에 대해서는 누구보다도 자기 자신이 가장 잘 알고 있다.

어제의 나와 이별하기 위해선 건강이 필수

늘 같은 자리만 맴도는 자신을 혁신하기 위해서는 제일 먼저 건강이 뒷받침되어야 한다. 만일 지금까지 건강과는 담쌓고 살았던 사람이라면 지금부터라도 건강을 되찾도록 최선을 다해야 한다. 건강하지 못한 사람이 건강해지기 위해서는 앞서 살펴봤던 것처럼 건강하지 못했던 이유를 찾아내야 한다. 대부분의 경우 사람이 건강을 잃는 가장 근본적인 원인은 자신의 몸을 제대로 관리하지 못한 데서 비롯하므로 새로운 나를 만들기 전에 새로운 육신부터 만드는 것이 순서다. 그리고 오늘날까지 자신이 살아왔던 생활습관을 꼼꼼히 살펴본 후 그 폐단을 찾아내 잘라버리면 그만이다. 진정한 자기혁신은 그다음에 계획해도 시간적으로 충분하다.

여기서 또 한 가지 예를 들어보자. 그동안 탐식貪食으로 위장병을 앓아온 사람이 있다. 그가 새롭게 변화된 삶을 꿈꾼다면 먼저 탐식이라는 적부터 제거해야 한다. 탐식을 위해 변명하거나 아무리 게걸스럽게 많이 먹어도 운동만 하면 괜찮다는 식으로 과거의 나를 합리화해서는 아무것도 할 수 없다. 잡초는 그냥 둔 채 비료만 마구 뿌린다고 해서 수확이 늘 수 없듯이, 이는 근본적인 치유법이 되지 못한다.

어제와 같은 행동은 어제와 같은 상태로 이어지며, 어제와 같은 상태는 어제와 같은 삶의 결과로 귀착된다는 점을 다시 한 번 명심하기 바란다. 예전과 다른 삶을 살고 싶다면 예전의 행위에서 벗어나야만 한다. 예전과 다른 결과를 얻고 싶다면 예전과 반대되는 행동을 시작하면 된다. 탐식으로 위를 버리고, 다시 약의 힘을 빌려 병을 고치고, 또다시 탐식에 젖어 병을 얻는 것은 어리석음의 극치다.

탐식에 길들여진 어제의 나를 잘라버리면 내일의 나에게 위장병은 감히 고개를 들지 못한다. 탐식과 위장약을 반복하는 생활은 잡초에 비료를 주는 농부의 어리석음과 다르지 않다. 탐식이 없으면 위장약도 필요 없다. 이들 두 가지를 모두 잘라버렸을 때 비로소 육체는 건강을 되찾는다. 위장병에 시달리는 자신의 건강을 한탄하는 사람들을 유심히 관찰하면 대부분 탐식에 집착하거나, 시도 때도 없이 먹어대거나, 밤새도록 술을 퍼마시는 등 자기 자신이 병의 원인인 경우가 많다. 이런 사람들일수록 자신의 나쁜 습관에 대해 변명하기 일쑤다. 마치 잡초는 뽑을 생각도 않고, 비료만 많이 뿌려주면 아무 문제없이 생육할 수 있다고 주장하는 농부와 무엇이 다른가.

자기혁신은 어제의 나와 결별하는 데서 시작된다. 그러기에 단칼로 어제의 나를 베어버릴 수 있는 단호함이 요구된다. 그리고 무슨 일을 시작하든 건강이 필수이므로 내 삶을 바꾸기 전에 먼저 건강부터 확인하는 것이 필요하다. 만에 하나 지금 건강하지 못한 육신 속에 갇혀 있다면 최대한 빨리 그 원인을 찾아내 제거해야 한다. 물론 개중에는 부모님으로부터 물려받은 체질이 허약한 경우도 있을 것이다. 그러나 이를 타고난 운명으로 돌린 채 아무 일도 하지 않기보다는 어떻게 해서든 개선시키려는 자세를 가져야 한다. 혹시라도 허약한 체질을 더욱 악화시킨 나쁜 습관은 없었는지 자신의 삶을 반성한다면 최소한 지금보다는 더 건강해질 수 있다.

그렇다고 지나치게 위생에 집착해 쓸데없는 일에 마음을 두는 것은 잘못이다. 예를 들어 칫솔과 비누처럼 사소한 물품에 신경을 쓰거나 효능이 확인되지 않은 식품을 약처럼 과용하는 것은 쓸데없는 일이다. 그보다는 술을 멀리하거나 담배를 끊는 것처럼 불규칙한 현재의 생활을 개선하는 편이 훨씬 더 효과가 크다.

특히 예전부터 건강 때문에 여러 가지 불이익을 받았다고 생각한다면 지금 당장 건강을 회복하는 데 매진해야 한다. 진심으로 어제와 다른 삶을 살아보고 싶다면, 또 진정 새로운 나로 거듭나고 싶다면, 어제까지 내 몸을 다루던 습관부터 제거해야 한다. 오늘도 어제처럼 내 몸을 함부로 다루면서 내일은 오늘과 다를 것이라고 기대한다면 스스로를 속이는 위선일 뿐이다.

앞서 예로 든 위장병을 다시 한 번 거론해보자. 평소 위장병이 있음에도 간식을 즐겼다면 당장 간식을 중단해야 한다. 폭음을 자주 했다면 술병과 작별해야 하고, 폭식을 즐겼다면 잘 차린 밥상과 절연해야 한다. 혐오스러운 음식들만 즐겨 먹는 습관이 있었다면 더 이상 그런 음식들을 찾지 않으면 된다. 만일 하루 종일 집 안에서 빈둥거렸다면 밖으로 뛰쳐나가 운동을 시작해야 한다. 차를 너무 많이 마셨다면 찻잔을 내던져버리고, 담배에 중독되었다면 담뱃갑을 구겨버려야 한다. 생활환경을 새롭게 만들면 신체는 반드시 달라진다.

물론 오래된 습관을 버린다는 것이 얼마나 힘든 고통인지 잘 알고 있다. 그러나 내게 이롭지 않은 습관을 버리지도 못하면서 내게 없는 새로운 삶을 획득하겠다는 망상은 나를 후퇴시키는 원인 중의 원인이다. 오른쪽으로 갈 수 없다면 왼쪽으로 가고, 왼쪽으로 갈 수 없다면 오른쪽으로 가서라도 지금 서 있는 그곳에서 벗어나야만 한다. 의사의 도움이 필요한 경우에는 주저 없이 의사를 찾아도 상관없다. 수단과 방법을 가리는 것은 그만큼 아직 절실하지 않다는 뜻이다. 스스로의 힘으로, 스스로의 판단으로 생활을 개선할 수 있다면 더 이상 바랄 것이 없다. 그러나 이미 활력이 소모되어 나 자신을 억제할 자신이 없다면 의사든, 누구든 붙잡고 일어서야만 한다.

이는 단순히 위장병에만 국한되는 얘기가 아니다. 자극적인 식품을 지나치게 많이 섭취해 탈이 나지는 않을까 뒤늦게 후회하는 것도, 또 늦은 밤까지 일을 계속해 눈을 상하게 만드는 것 등도 모두 위장병과 마찬가지로 습관에서 오는 생활의 불균형이다. 때로는 돈 버느라고 운동할 시간을 따로 내지 못해 근육이 이완되기도 한다. 이 때문에 몸이 허약해져 맥없이 누워만 있는 딱한 처지도 있다. 또는 부모에게서 좋지 못한 체질을 물려받아 항상 병에 시달리는 가여운 청춘도 있다.

중요한 것은 지금의 나 자신이 불만스럽다면 이 같은 상황에 처하게 된 이유가 어떻든 간에 내일을 위해 일어서야 한다는 점이다. 상황을 탓하며 주저할 시간이 없다. 그런데 새로운 삶을 꿈꾸면서도 정작 어제의 습관에 미련을 두고 버리지 못하는 사람이 우리 주변에는 의외로 많다. 그 좋은 예가 바로 술이다. 술이 몸을 상하게 한다는 것은 이제 모두가 아는 상식이다. 그럼에도 불구하고 여전히 사람들은 술에 취해 인생을 허비한다.

인간의 본성상 어제의 잘못에 대해서는 온갖 변명으로 합리화시키고, 내일의 삶에 대해서는 기대를 버리지 못한다. 정작 생활을 변화시키려는 아무런 노력도 없이 그저 내일은 달라질 거라 기대한다. 결국 새로운 삶을 살기 위해서는 이 같은 본성도 타파해야만 한다.

새로운 나는 공짜로 주어지는 선물이 아니다. 결단이 필요하다. 대부분의 불행은 허약한 신체에서 시작되므로 먼저 불행의 뿌리가 될 수 있는 허약한 신체부터 바로잡아야 한다. 진정 자기혁신을 하기 위해서는 어떤 괴로움도 감내하면서 어제의 나와 싸워 반드시 승리해야만 한다.

신체가 허약하다고 해서 아무 일도 하지 못한다는 것은 아니다. 몸은 결국 의지의 표현이다. 타고난 몸이 약하더라도 의지가 굳건하면 거의 대부분의 일을 해낼 수 있다. 이것이 동물과 인간의 차이점이다. 그러나 건강이 나쁜 주변 사람들을 관찰해보면 대부분 박약한 의지로 인해 건강을 해친 경우가 많다. 그야말로 최악의 결과다. 이런 경우 어제의 나로부터 벗어날 방법은 사실상 전무하다. 그러므로 자기혁신에서 가장 중요한 요소는 바로 의지다.

03

목표와 교육

한평생을 살면서 사람에게 가장 중요한 것은 바로 마음속에 간직한 뜻이다. 아무 의미 없이 그냥 주어진 날들을 살아갈 수도 있지만, 이는 단 한 번뿐인 인생을 헛된 삶으로 이끌 뿐이다. 따라서 마음속에 아무리 작고 보잘것없는 것일지라도 무언가 뜻을 세우고 살아가는 삶과 그렇지 않은 삶은 평생을 두고 관찰했을 때 결과적으로 참으로 많은 차이를 보인다.

이른바 뜻을 세워야 한다는 말은 내 마음이 나아갈 방향을 확정한다는 의미로 해석할 수 있다. 다시 말해 마음속 깊은 곳에 간직해야 할 미래의 내 모습을 미리 책정하는 것과 같다. 그러므로 항상 좋은 생각과 좋은 감정을 마음속에 품고 살아가는 것이 매우 중요하다.

어떤 뜻을 세우기 위해서는 결과를 내다보기보다는 먼저 자신이 이루고자 하는 목표를 높이 설정하는 것이 바람직하다. 실패한 인생을 살아가는 사람들을 관찰해보면 대부분이 뜻, 다시 말해 목표를 세우기에 앞서 원하는 결과부터 정해놓는 경우가 허다하다.

그렇다면 인생의 목표는 어떻게 세워야 할까? 단순히 높은 곳만 바라보면 되는 것일까? 그 전에 한 가지 유념해둘 사실은 모든 사람이 같은 뜻을 가슴에 품고 살 수는 없다는 점이다. 따라서 인생의 목표는 각자의 성격에 따라, 혹은 개성에 따라 그 사람이 최선을 다할 수 있는 곳에 집중시켜야 한다. 정치적으로 최고의 지위를 얻어 큰 공덕을 세상에 남기는 것, 종교적·도덕적으로 최상의 가치에 도달하여 열악한 인생들에게 한 줄기 빛이 되어주는 것, 또는 학문과 예술이 도달할 수 있는 최고의 경지를 개척해 그 성과를 인류문명에 돌려주는 것 등은 각기 분야는 다르더라도 사람이 품을 수 있는 최고의 뜻이자 목표다.

그러나 한 인간의 삶이 종교적으로, 정치적으로, 학술적으로, 예술적으로 최고의 순간들을 살아갈 수는 없다. 따라서 어떤 인생을 설계하고 개척할 것인가에 대한 방향 설정이 매우 중요한데, 이 경우 각자의 성격을 따르는 것이 최선이다. 인생의 결과만 바라보고 자신의 성격과 동떨어진 분야를 무턱대고 고집하는 것은 헛된 인생의 시작이다. 그러므로 나의 성격에 부합되는 뜻을 책정하는 지혜가 성공하는 인생의 첫 번째 시작이라고 할 수 있다.

자신에게 어울리는 목표는 따로 있다

그렇다면 모든 사람이 자신의 성격에 맞게 분야를 선택함으로써 인류 역사에 길이 남을 수 있는 최선의 삶을 살 수 있을까? 물론 이론적으로는 가능하다. 그러나 앞서 살펴본 정치·도덕·종교·예술·학술 등의 길에서 최고가 되기란 일반인으로서는 쉽지 않은 일이다. 왜냐하면 이 분야들은 특출한 재능을 요구하기 때문이다. 더없이 평범한 인생들로서는 성격적으로도 쉽게 접근하기 힘든 삶이므로 자신의 성격적 특성에 맞는 분야에서 최고가 되기를 바라는, 좀 더 현실적인 대안에 접근하는 것이 바람직하다.

사람의 성격이란 생김새가 모두 다른 것처럼 가지각색이다. 하다못해 쌍둥이도 외모로는 구별이 안 되지만 성격만큼은 서로 다르다. 어떤 사람의 키는 5척 6촌(169.68센티미터)에 해당되고, 또 어떤 사람은 5척 3촌(160.59센티미터)에 머물며, 또 대다수의 사람은 5척(151.5센티미터)을 조금 넘긴다는 식으로 구별할 수는 있다. 그러나 5척 6촌이 5척 3촌보다 더 나은 삶을 살고, 5척 3촌이 5척보다 더 나은 삶을 산다고 말할 수는 없는 것처럼 성격 또한 어떤 성격이 더 좋은 인생을 산다고 말하기는 힘들다.

굳이 성격을 분리하자면 각자의 개성을 배제한 채 단순히 고상하다, 평범하다, 혹은 성격이 지나치게 이기적이다, 라는 식으로 구별할 수는 있다. 물론 고상한 성격이 평범한 성격보다 더 뛰어나다는 말은 아니다. 하지만 자신의 성격이 고상하다면 평범한 분야보다는 고상한 분야에, 마찬가지로 자신의 성격이 조금 이기적이라면 고상한 분야보다는 타인과의 경쟁이 필요한 분야에 뛰어드는 것이 바람직하다. 고상한 분야가 사회적으로 존경받는다는 이유만으로 자신의 이기적인 성격은 무시한 채 일생을 바쳐 도전한다는 것은 어리석은 과욕에 지나지 않는다.

예를 들어 화가의 삶을 한 번 떠올려보자. 화가들 중에는 예로부터 지금까지, 그리고 미래까지도 자신이 최고가 되려는 생각에 작은 성공만으로는 성에 차지 않는 사람이 있는가 하면, 옛 화가 중 누구 정도만 돼도 만족한다는 사람이 있고, 또 겸손하게 그저 붓을 쥘 수 있다는 데 만족한다는 사람도 있다. 사람의 키가 각기 다르듯 살아가는 모습도 천양지차다. 그러므로 인생의 성공은 자기의 마음에 합당한가를 따질 뿐 실제로는 규격을 정할 수 없다.

큰 뜻을 품어야 최고가 된다

중국 남송南宋의 무장, 악비岳飛는 입버릇처럼 관우關羽와 장비張飛에 견줄 수만 있어도 만족한다고 말해왔다. 실제로 악비의 업적은 관우, 장비와 어깨를 나란히 할 정도가 아니다. 오히려 관우와 장비보다 더 많은 업적을 쌓았다. 그러나 악비는 평생토록 자신이 관우와 장비를 뛰어넘는 명장이라고 자부하지 않았다. 또 삼국시대의 제갈공명諸葛孔明은 관중管仲(중국 춘추시대 제나라의 재상)과 악의樂毅(중국 전국시대 연나라의 무장)가 자신의 이상이라고 밝혔으나, 공명의 인품은 관중과 악의와는 거리가 멀었다.

이들 두 사람은 예외로 치더라도 많은 사람이 척尺을 얻고자 노력했지만 결국 촌寸을 얻는 데 그쳤고, 또 촌을 얻고자 노력했지만 그 끝은 촌의 절반에도 미치지 못한 경우가 많았다. 그 이유는 뜻을 품기보다 결과를 먼저 품었기 때문이다. 모든 위인들이 큰 결과를 얻은 것은 아니다. 악비와 공명도 평생 뜻을 이루지 못했던 사람이다. 그러나 오늘날 후세들이 이 둘을 위인으로 존경하는 까닭은 큰 결과가 아니라 큰 뜻을 마음에 품고 살았기 때문이다.

일생을 맡길 만한 사업은 잠시 접어두고, 먼저 일상생활에서부터 큰 뜻을 펼쳐야 한다. 보잘것없는 취미라도 내가 혼자 누리고 즐길 때는 가장 큰일이다. 따라서 내가 즐기는 그 순간만큼은 최고요, 최선이어야 한다. 어떤 사람은 꽃을 키우더라도 값싼 것만 찾고, 새를 기를 때도 좋지 않은 품종을 고른다. 물론 잠깐의 휴식에 불과한 취미에 그토록 많은 정성과 돈을 쏟기가 아깝다는 생각이 들 수도 있으나, 취미도 엄연한 삶의 일부다. 이왕이면 큰 뜻을 품어 취미일지라도 최고의 경지를 누려봄이 마땅하다. 옛사람들이 남긴 글 중에 현대에도 본보기가 될 만한 구절 한 토막을 옮겨보겠다.

"화분에 식물을 기르는 취미가 있을 뿐 다른 것은 좋아하지 않는다. 대부분의 사람들이 화분에 풀을 심지만, 나는 풀보다 나무를 더 좋아한다. 나무에도 여러 종류가 있으나, 나의 경우 석류를 최고로 여긴다. 남들은 석류만 심어서 뭘 할 수 있겠느냐고 빈정거리지만, 석류에 관한 지식과 재배 경험은 누구보다 깊이 터득하고 있다. 그리고 누구보다 좋은 석류를 기르고 있다."

이 글처럼 비록 한가롭게 즐기는 취미일지라도 그 분야에서 최고가 되려는 큰 뜻을 품었을 때 나머지 인생도 최고의 수준에 도달할 수 있다. 최근에 어떤 시민이 지렁이의 생식 작용을 연구해 전문가에게 도움을 주었다는 신문기사를 본 적이 있다. 매우 흥미로운 사례가 아닐 수 없다. 지렁이처럼 작은 생물을 주목해서 오랜 세월 마음을 쏟고 연구해보려는 뜻을 품다 보면, 전문적인 동물학자가 아님에도 불구하고 전문가인 학자에게 도움을 줄 수 있는 데까지 도달할 수 있다. 이 정도 수준에 도달한 취미라면 단순한 여가가 아니라 사회에 도움을 주는 공익이라고 봐야 한다.

마지막으로 당부할 점은 큰 뜻을 품는 것도 중요하지만, 도저히 미칠 수 없는 범위를 책정해 함부로 도전해서는 안 된다는 것이다. 자신의 성격을 정확히 파악해서 그 성격이 유용하게 작용할 수 있는 좁은 범위 안에서 큰 뜻을 세운 후 최고의 수준에 도달하기까지 최선을 다한다면 아무리 평범한 인생이더라도 세상을 위해 크게 공헌할 수 있다.

무엇을 하며 일생을 보내든 사람의 한평생은 매한가지다. 일생

동안 오이를 재배하거나, 일생을 바쳐 젓가락을 만들며 살아도 다 같은 한평생이다. 무엇이든 그 분야에서 최고 수준에 도달할 수 있다면 한 번뿐인 인생도 가치를 지니게 되고, 세상을 위해서도 많은 공헌을 하게 된다. 사람이 살면서 품어야 할 큰 뜻은 사회적인 지위나 재력에 있지 않다. 아무리 협소한 분야일지라도 그 안에서 최고가 되려는 마음가짐, 이것이 바로 큰 뜻의 진정한 의미다.

교육의 표적

궁술을 배우기 위해서는 반드시 표적이 필요하다. 배를 바다에 띄우기 위해서는 반드시 목적지라는 표적이 필요하다. 길을 가기 위해서는 반드시 도착하고자 하는 장소가 준비되어야 한다. 사람이 글을 배우고, 몸을 단련시키기 위해서는 그럴 만한 이유가 있어야 한다.

따라서 일상적인 교육, 다시 말해 세상으로 나가 공을 세우는 데 필요한 교육의 기초란 바로 교육의 목적을 두고 하는 말이다. 교육을 받는 데는 표적이 필요하다. 표적 없이 궁술을 배우면 그 궁술은 헛된 시위가 된다. 목적지라는 표적 없이 배를 띄우면 배는 바다를 표류하게 된다. 정처 없이 나선 길에 목적이 있을 리 만무하다. 굶주림과 추위가 뒤따를 뿐이다. 교육이 목적을 상실했을 때, 교육을 받아야 할 표적이 될 만한 가치를 상실했을 때, 반딧불 밑에서 책을 읽는 노력은 그 보람을 상실하게 되고 몸과 마음만 피곤해질 뿐이다. 그렇다면 기초 교육이 표적으로 삼을 만한 대상은 과연 어떤 것일까? 또 교육의 표적을 삼기에 앞서 착안해야 될 점은 무엇일까?

오늘날 교육은 전 세기에 감히 상상도 할 수 없을 만큼 발달했다. 세밀한 점에 있어서도 지난날의 교육과는 판이하게 다를 정도로 진보를 거듭했다. 지식의 육성에만 치우쳤던 과거와 달리 도덕의 이해에도 충실하고, 체력 향상에도 힘을 쏟고 있다. 많은 교육자들이 교육 방침을 연구하고, 교육 설비를 원만하게 이루고자 노력한 결과 교육의 질적 향상이 이뤄졌다. 물론 아직도 많은 결함이 해결되지 못한 상황이나 여러 가지 점에서 많은 보완이 이루어진 것도 사실이다.

오늘날 교육이 안고 있는 가장 큰 문제점은 마땅히 지향해야 할 표적이 어디서도 확인되지 않는다는 점이다. 교육을 받는 어린 학생들은 자신이 교육을 받아야 하는 이유와 교육을 받음으로써 이룩해야 하는 표적을 제시받지 못하고 있다. 그러므로 지금부터는 이 같은 문제에 대해 살펴보고자 한다.

교육의 첫 번째 목표, 정(正)

교육의 표적을 제대로 인식하기 위해서는 먼저 네 가지 목표가 선행되어야 한다. 첫째는 '정正'이다. 정은 올바름을 뜻한다. 둘째는

'대大'이다. 대는 원대한 꿈을 뜻한다. 셋째는 '정精'이다. 정은 원대한 꿈을 이루는 데 필요한 정밀함을 뜻한다. 넷째는 '심深'이다. 심은 정밀함의 깊이를 뜻한다. 이 네 가지는 학문을 익히고, 입신하고, 공을 세우고, 덕을 쌓고자 하는 모든 학생들이 반드시 마음속 깊이 새겨야 할 학문의 의의다. 이를 학업의 목표로 삼는다면 때론 차질이 생기더라도 마침내 크게 뜻한 바를 이루기에 부족함이 없을 것이다.

현대의 젊은이들에겐 정正, 대大, 정精, 심深 같은 학문의 표적들이 고리타분하게 들릴 수도 있다. 문명이 개화된 현대 사회에서 더 이상 이 같은 관념들이 통용되지 않는다고 반론을 제기할 수도 있다.

실제로 이런 이야기들은 옛 시대의 고상한 가르침이다. 오늘날 전혀 새로울 게 없다. 그러나 덕을 쌓고 배움에 필요한 표적을 삼는 데 있어 이보다 더 적절한 가르침은 현재에도 없다. 진부하다는 이유로 이를 배척하고, 새로운 것만 바라서는 경박한 구태에서 벗어나기 힘들다. 아침마다 내리쬐는 햇살을 두고 오늘 또 해가 떴다며 귀찮아하는 사람들이 없듯이, 높은 산과 강물의 흐름이 언제까지나 변하지 않듯이 배움의 표적 또한 그러하다. 3×3=9와 2×5=10이 수리상의 불변하는 이치임을 알기에 사람들은 이를 진부하다고 표현하지 않는다. 그 이유는 3 곱하기 3의 결과와 2 곱하기 5의 결과를 대신할 만한 숫자가 없기 때문이다. 이처럼 오래되어서 낡아지는 것도 있지만, 이치처럼 세월이 가도 결코 변치 않는 법칙들도 있다.

이는 교육에서도 마찬가지로 통용되는 법칙이다. 무엇인가 새로운 것을 발굴해 세상 사람들을 놀라게 하는 것도 나쁘지는 않으나, 오직 이것에만 연연한다면 세상의 환영은 곧 야유로 바뀔 것이다. 따라서 올바름正, 원대한 꿈大, 정밀함精, 깊이深, 이 네 가지 표적을 진부하다는 이유만으로 배척해서는 안 된다. 비록 옛것일지라도 말이다. 해와 달은 옛것일지라도 아침저녁으로 새롭고, 산과 강은 오래되었을지언정 봄가을이면 또다시 새로워진다. 이 같은 만물의 이치를 따져볼 때 세상에는 낡을수록 새로워지고, 세월이 오래될수록 낯선 것들이 존재한다.

여기서 정正이란 바로 중정中正을 뜻한다. 쉽게 말해 한쪽으로 치우치지 않는 올바름이다. 학문의 길에서 편파적이지 않음이 곧 중정의 덕이다. 학문을 수양할 때 남보다 앞서려는 집념은 죄가 아니다. 하지만 남보다 앞서려는 집념 때문에 중정의 도리를 잃는다면 이는 스스로에게 죄가 된다.

세상이 모르는 것을 알고, 세상이 생각지 못하는 것을 생각해내며, 세상이 할 수 없는 것을 해내려는 집념으로 인해 자신도 모르게 중정과 공명에서 벗어나 좁은 길과 그릇된 방향에서 헤매는 경우가 우리 주변에서 하루가 멀다 하고 반복된다. 만일 시기를 놓쳐 이를 바로잡지 못할 경우 결국은 커다란 손실로 되돌아올 확률이 높다.

한쪽에 치우친 편벽한 주장이 기록된 책을 즐겨 읽는 것 또한 중정에서 어긋나는 행위다. 색다른 이설異說을 고집하는 것 역시 중정을 잃게 되는 원인이다. 일상적으로 흔히 보는 것들을 싫증내고, 오로지 괴기함만을 추종하는 나쁜 버릇 또한 중정을 상실하는 지름길이다. 이를테면 음식만 해도 그렇다. 가령 평소와 다른 밥맛을 내겠다며 물의 양과 불을 달리 조절해 설익은 밥을 짓는 경우가 있는데, 이는 중정을 상실한 결과다.

일견 단순해 보이는 학문의 길에도 큰문이 있고, 정도가 있다. 스승은 이를 제자에게 가르쳐 후세 사람들에게 본보기가 되도록 길러낼 의무가 있다. 그런데 애써 사견을 내세워 작은 지혜에만 사로잡힌다면 제자의 인생마저 해치는 결과가 발생할 수 있다. 최근 들어 사람들이 이기는 데 너무 몰두한 나머지 궤모詭謀, 즉 남들을 함정에 빠뜨리는 계략을 즐기며, 만인을 위해 준비된 큰길을 거부하고 그야말로 돌로 가득 메워진 좁은 길을 머리로 들이받으려는 경향이 강하다. 그 기상은 비록 가상할지라도 그 결과의 참혹함은 피할 도리가 없다.

학문이 어느 정도 궤도에 오른 후 충분히 사색하여 색다른 길을 취한다면 그 누가 탓하겠는가. 물론 이 경우에도 올바름을 잃지 않도록 노력해야 한다. 하물며 읽은 책이 만 권에 이르지 못하고 지식이 고금古今을 아우를 수 없는 상황에서 자신의 미미한 역량을 앞세워 정을 무시하고 기이함만 좇으려는 호기심에 굴복한다는 것은 큰길을 버리고 좁은 길로 내달리는 위험천만한 행동이 아닐 수 없다. 아무쪼록 학문의 길에 들어선 사람이라면 정을 잃지 않고, 항상 바르게 처신하려는 일념으로 배움의 길을 헤쳐 나가야 할 것이다.

교육의 두 번째 목표, 대(大)

이번에는 대大가 무엇인지 알아보도록 하자. 대의 가장 큰 특징은 대부분의 사람들이 좋아한다는 점이다. 이 세상에는 스스로 작은 것을 얻고자 대를 포기하는 사람들도 있다. 몇 가지 예를 들어보자. 어떤 사람이 시문詩文과 산수算數와 법의학과 공업기술에 대한 지식을 거부한 채 여러 가지 색다른 물건을 수집하는 데만 몰두한다고 가정하자. 성냥갑에 바르는 종이를 수집한 지는 이미 1년이 지났고, 그동안 모은 종이만 수천 장에 달하며, 언젠가는 이것들을 한데 모아 세상 사람들에게 자랑할 계획이라고 한다.

이를 무조건 잘못이라고 할 수는 없다. 사람마다 취미와 개성이 다르고, 목표한 설정이 다를 수 있으므로 이를 무조건 세상의 틀에 맞춰 잘잘못을 가려서는 안 된다. 그러나 이런 취미는 나중에도 얼마든지 할 수 있다. 휴식시간에 잠시 머리를 식힐 요량으로 시도해볼 만한 가치는 있으나, 이를 천직으로 알고 자신의 모든 것을 바치기에는 한 번뿐인 인생이 너무나 아깝다.

사람들 중에는 자기만의 야망을 갖는 대신 어느 정도 학업을 마친 후 직장을 얻어 적당한 돈을 모으는 게 꿈이라는 사람도 있다. 또한 조상의 은혜로 얼마 안 되는 논밭과 공채를 물려받았으므로 배움 따위는 집어치우고 자신이 좋아하는 책이나 보고 그림이나 그리며 한평생 살겠다는 사람도 있다. 이런 식으로 무기력하게 인생을 허비하는 사람들이 세상에는 의외로 많은데, 마치 삶을 달관한 양 뛰어나게 보이기도 한다.

그렇다고 이들을 나무랄 생각은 없다. 성냥갑을 감싸는 종이를 수집하는 것도 좋고, 몸을 낮춰 재산을 쌓는 데 매진하는 것도 좋으며, 하다못해 앉아서 헛된 죽음을 겪는 것도 타인에게 죄를 짓는 것보다 낫다. 그러나 학업을 쌓아야 할 시기에 나중에도 얼마든지 할 수 있는 일 때문에 배움을 등한시하거나 자신의 뜻을 크게 키울 시간을 낭비하는 것은 지양해야 한다. 적어도 학문을 닦아야 할 시기만큼은 인생의 여분으로 준비해두는 지혜가 필요하다. 내가 하고 싶은 일을 하기 위해서라도 어떤 일들은 포기할 줄 알아야 한다. 무조건 커다란 야망과 야심을 갖도록 힘쓰라는 이야기가 아니다. 성냥갑에 종이를 바르는 일 따위를 집어치우라는 이야기도 아니다. 다만, 어느 정도 학문을 쌓은 후에 혹은 나이를 먹어 기력이 쇠한 후에 이런 일들을 해도 늦지 않는다는 이야기다.

일고여덟 살 때 간신히 들어 올린 돌덩이도 나이가 들어 성장한 후에는 쉽게 들어 올릴 수 있다. 일고여덟 살 때의 내가 열다섯에서 스무 살가량의 나를 능가하지 못함은 명백한 사실이다. 따라서 현재의 내가 여러 면에서 미흡할지라도 스스로를 책망해서는 안 된다. 지금 당면한 일에 열중하면 언젠가는 해결될 것이기 때문이다. 남보다 조금 뒤떨어진다는 이유만으로 '학문은 내 길이 아니야'라고 결단을 내려 자신의 인생을 제한시킬 필요가 없다. 쓸데없이 자존심을 내세우며 뽐내는 일도 피해야겠지만, 무엇보다 가장 중요한 마음가짐은 대人, 즉 큰 뜻을 품는 일이다. 하다못해 성냥갑 수집에 평생을 바치겠다고 결심했더라도 그냥 수집하기보다는 무언가를 배우며 수집하는 것이 현명하다. 이 경우 알찬 지식까지 쌓을 수 있기 때문이다.

사람은 배움으로써 커진다. 따라서 배우지 못하면 작아진다. 비록 글이나 문장으로 배우지 않더라도 모든 배움은 사람을 성장시키는 도구라고 볼 수 있다. 결코 스스로를 작게 만들어서는 안 된다. 스스로 자신을 크게 만들도록 힘써야 한다. 이것이 바로 대人가 지닌 표적이다.

대人라는 단어에는 크기 외에도 넓음의 의미가 담겨 있다. 바야흐로 세계의 지식은 서로 뒤섞이고 있다. 지금이야말로 학문은 광대함을 목표로 삼아야 한다. 눈도 크게 떠야 하고, 담력도 키워야 한다. 높은 봉우리에 말을 세워놓고, 그 위에 올라타 전 세계를 바라보는 기개가 있어야 한다. 한 권의 해로운 책에 눈이 멀어 세월을 낭비할 때가 아니라는 이야기다.

교육의 세 번째 목표, 정(精)

정精은 자세하고 정밀하다는 뜻으로, 이와 반대되는 개념은 거칠고 조잡함이다. 거칠고 조잡하다는 말은 자세하고 정밀하지 않음을 가리킨다. 정을 한마디로 정의하면 조잡하거나 조략하지 않음을 뜻한다고 할 수 있다. 치밀하지 못하고 절차탁마切磋琢磨(옥이나 돌 따위를 갈고 닦아서 빛을 낸다는 뜻)에 소홀하며, 짜임새가 없는 중구난방의 조략함이 정精과 반대되는 조粗의 개념이다. 벼 껍질을 깨끗하게 벗겨내지 못한 거친 쌀은 조粗이다. 이와 달리 실리가 좋고 치밀하며, 탁마에 열심이어서 짜임새도 이미 구색을 맞추었다면 이는 자세하고 정밀한 정이다.

　정에 대해 좀 더 자세히 살펴보기로 하자. 만일 누군가 책상을 만든다고 가정하자. 이때 정을 표적 삼아 책상을 만들었다면, 그 책상은 반드시 이를 구입한 사람에게 만족감을 줄 뿐 아니라 오래 보존하겠다는 생각을 갖게끔 할 것이다. 책상 재료부터 충분히 고민해서 선택했기에 습기가 차서 휘어지거나 쪼개지거나 일그러지는 일이 없을 터이고, 짜임새도 훌륭하여 약간의 충격을 받더라도 다리가 부러지는 등의 일이 발생치 않을 것이다. 또한 구조가 치밀해 손상되는 일도 없고, 갈고 다듬기가 충분해 외관상 보기에도 사람들이 매력을 느낄 만큼 손질이 잘되어 있으므로 오랫동안 사용할 수 있을뿐더러 보존 기간도 길다. 이 책상을 구입한 사람은 항상 만족을 느낀다. 쌀도 이와 마찬가지여서 만일 심중에 정精이라는 단어를 새기고 농사를 지었다면 그렇지 않은 경우와 비교했을 때 감히 비교도 할 수 없는 가치를 지니게 된다.

　이에 반해 정의 표적이 사라진, 즉 조잡하고 조략한 기운으로 책상을 만들었다면 그 책상을 대하는 사람은 늘 심기가 불편할 것이다. 책상을 사용할 때마다 불쾌감으로 인해 짜증이 생기고, 결국 얼마 못가 그 책상은 파손되어 못 쓰게 될 확률이 높다. 재질부터 조악하고, 짜임새도 형편없으며, 갈고 다듬기는 염두에 두지도 않은 상태에서 만든 책상이라면 누가 사용하든 간에 저해된 품질에 불만을 느낄 수밖에 없다. 게다가 조그마한 충격에도 손상될 것이 뻔해 사용하는 이에게 불편을 줄 것이 틀림없다. 이는 쌀도 마찬가지다. 조악한 품질의 쌀은 다른 너절한 곡물보다 못할 정도다. 이는 비단 농부의 수고가 무익해지는 것뿐 아니라 이런 품질의 쌀을 구입한 소비자에게까지 피해를 입힌다는 점에서 사회악이라 볼 수 있다. 어떤 분야든 정조精粗, 다시 말해 정밀함과 조잡함의 차이는 확연하다.

이는 학문의 길에서도 마찬가지다. 학문 역시 정精과 조粗로 나뉘는데, 당연히 정의 길을 존중하는 것이 바람직하다. 그런데 이 학문에서만큼은 정精과 조粗에 대한 평가가 간혹 혼동되기도 한다. 책상이나 쌀에 대해서는 누구든지 그 정밀함과 조잡함을 눈치챌 수 있으나, 학문처럼 정신적인 수양에 있어서는 때로 이의가 제기될 수 있기 때문이다. 옛 책들을 읽다 보면 우리가 잘 아는 위인들이 때때로 정밀하고도 정교하지 못한 방법으로 학문을 닦은 것처럼 묘사된 경우가 있는데, 이를 잘못 해석한 게으른 자들이 이런 위인들을 빙자하여 함부로 무책임한 말을 쏟아내 일반인들을 혼란에 빠트리곤 한다. 이같은 주장은 분명 오해에서 빚어진 것으로서 사실이 아니다.

이처럼 학문의 길에서 정精의 표적이 중요치 않다고 주장하는 자들의 의견 중 대다수가 자구字句(문자와 어구)를 해석하는 구두훈고句讀訓詁(읽기 편하도록 글에 문장부호를 표시하는 것과 자구를 해석하는 것)의 무용론無用論이다. 물론 그들의 주장처럼 글자에 대한 판독이 학문의 진정한 요체는 아니다. 그러나 옛사람들도 이 같은 의미에서 구두훈고를 애써 무시했다는 점을 들어, 뜻이 높은 자들은 구두훈고 따위를 무시해야 한다는 주장은 분명 잘못된 견해다.

글월의 의미를 해석하는 데 급급해 그 진위는 확인하지 않고 단지 구두훈고에만 정통해진다면, 이는 학문의 진정한 길에서 벗어난 오류일 것이다. 그러나 문자의 해독이라든가, 문장에 대해서는 전혀 관심을 기울이지 않고 입으로만 마음에 품은 뜻이 중요하다고 떠드는 것은 매우 무책임한 행위다. 문자의 활용이 학문의 본위는 아니겠으나, 문자를 활용치 않고 어떻게 마음에 숨겨진 큰 뜻을 나타낼 수 있단 말인가. 또 문자로 기록된 책을 이해하지 못하는 가운데 어떻게 옛사람들의 큰 뜻을 이어 현세에 대성할 수 있단 말인가.

분명 구두훈고에만 몰두하는 것은 좋지 않은 풍습이다. 글자의 판독에 온 정신을 기울이느라 실제로는 그 본체를 잃고 겉모양만 그럴싸한 학풍이 몸에 밸 수도 있다. 그러나 문자를 통해 글을 짓고, 그렇게 지어진 글을 통해 자신의 큰 뜻을 펼치는 것이 학문의 본질인 이상, 구두훈고 역시 학문의 중요한 과정임에는 틀림없다.

구두훈고의 능력이 뒤떨어지는 사람이 책을 읽고 글을 쓴다면 어떤 글을 짓든 간에 그 내용이 조잡해질 수밖에 없음은 자명하다. 아무리 저자의 속내에 큰 뜻이 담겨 있다 하더라도 글로써 표현이 안 된다면 누가 그의 속내를 감찰할 수 있겠는가. 세상 사람들 중 그 누가 오류와 실책을 사전에 계획하고 어떤 일을 하겠는가. 그런데도 세상의 많은 일들이 여전히 오류와 실책으로 거듭되는 이유는 아마도 글쓴이가 뜻만 중시하고 독자를 배려하는 구두훈고에 연연하지 않는 것처럼 잘못된 습관에 의해 오류와 실책을 반복하기 때문이라고 본다. 구두훈고의 익힘을 소홀히 하면 자연히 글의 치밀함도 상실된다. 이는 온갖 해로운 일로 되돌아올 뿐 이득은 하나도 없다.

날로 정교해지는 학문의 대세를 온전히 따르기 위해서라도 스스로 치밀함을 습득하는 것이 마땅하다. 그런 의미에서 호걸 흉내나 내며, 치밀함을 치졸함과 혼동하는 사이비 학자들의 습관에 젖지 않도록 주의를 기울여야 한다. 다시 한 번 말하건대, 구두훈고가 학문의 본질은 아니지만 자신의 학문이 치밀해지는 과정임에는 틀림없다. 따라서 이를 철저히 배우고 익힘은 학업의 중요한 표적 중 하나가 된다.

학문의 정밀함을 옹졸하게 생각하는 자들은 흔히 제갈공명과 도연명陶淵明을 예로 드는 경우가 많다. 제갈공명이 살아생전에 대략적인 독서만으로 그 내용을 간파했다는 식으로 학업의 정밀함을 우습게 여기는 것이다. 또 도연명 같은 대시인이 독서를 통해 실력을 갈고 닦은 것이 아니라고 주장하며, 정精의 표적을 무력화시키고자 시도한다. 도연명은 알다시피 일생을 시와 술에 미쳐 산 사람이다. 정의情意, 즉 감정과 의지가 아무리 높은들 일반인이 그를 기준으로 삼기에는 무리가 있다. 그리고 공명의 경우, 그가 정精을 무시하고 조粗로써 일을 마무리했다는 주장은 공명의 전기를 살펴보면 알 수 있겠지만 모두 날조된 견해다. 공명은 몸이 쇠약해졌을 때도 직접 군대를 통솔하고 전쟁을 수행한 사람이다. 그 치밀함이 오죽 대단했으면 적장인 사마중달司馬仲達(중국 삼국시대 위나라의 명장이자 정치가, 사마의라고도 한다)이 죽은 공명을 두려워했다는 소문이 나돌 정도였다.

공명이 서촉西蜀의 재상으로 있을 때는 또 어떠했는가. 병이 깊이 들어 죽음이 예상되었던 시기에도 그는 무슨 일을 결정짓든 정밀하고 용의주도하게 처리하는 노고를 아끼지 않았다. 그런 공명이 젊은 시절에 겉날림으로 학문을 닦았다는 시중의 평가는 공명의 큰 재능이 후천적인 노력의 결과가 아닌, 타고난 천성에 의지했음을 부풀리려는 저잣거리의 이야기에서 비롯된 풍문일 뿐이다.

다시 말해 정精의 미덕을 완화시키고자 제갈공명과 도연명을 예로 삼는 것은 그들의 선천적인 재능과 일반인의 재능을 호도하는 오류 중의 오류라고 하겠다.

일반인들은 대부분 책을 읽을 때 지엽적인 내용을 외우느라 대의를 소홀히 여기는 경우가 빈번하다. 많은 사람이 공명과 도연명을 예로 들어, 학문을 하되 정교하지 않아도 크게 성공할 수 있다고 말하는 것은 그만큼 현재 자신의 학업이 정교하지 못하다는 반증인 셈이다. 특히 현대인의 경우 너나없이 바쁘다는 핑계로 학문을 닦고 일을 전개할 때 매우 급하게 서두르는 경향이 있다. 이는 세상의 속도에 맞춰 살려면 어쩔 수 없는 노릇이므로 개개인을 책망해서는 안 된다. 그러나 이를 게으름과 혼동해서는 결코 안 된다.

'한 가지 일로써 만 가지 일을 할 수 있다'는 속담이 가르치는 바와 같이 학문을 연마하는 학생이 정성을 다하지 않는다면, 다른 어떤 일을 하든 학업에서 경험한 여러 가지 실수를 되풀이할 수밖에 없다. 반면 학문이라는 인생에서 실로 작은 부분이라도 최선을 다해 원하는 성과를 얻었다면, 훗날 어떤 일에 종사하든 최선의 결과를 얻어낼 수 있을 것이다.

생체 내의 전기현상을 발견한 루이지 갈바니Luigi Galvani(18세기 이탈리아의 의사이자 해부학자)나 만유인력의 법칙을 발견한 아이작 뉴턴Isaac Newton(영국의 물리학자, 천문학자, 수학자)에 대해 세상은 우연의 산물로 치부하려는 경향이 있으나, 실은 정밀한 연구가 뒷받침되지 않는 한 이 같은 발견은 결코 세상에 그 모습을 드러낼 수 없었다. 즉 갈바니나 뉴턴 같은 인물들은 무슨 일을 수행하든 소홀함 없이 철저하게 정의 표적을 신봉했기에 오늘날 세계적인 석학으로 사람들의 존경을 받는 위인이 될 수 있었다. 세계의 문명을 빛낸 모든 성과가 이처럼 정精이라는 글자가 변형되어 이루어졌음을 학업에 매진하는 사람들은 결코 잊어서는 안 된다.

교육의 네 번째 목표, 심(深)

이번에는 심深, 즉 깊이에 대해 알아보자. 심深은 대人와 추구하는 방향이 다른 듯 보이지만, 이 또한 학문을 연마함에 있어 매우 중요한 표적이다. 학문의 길에서 큰 것만 추구하고 깊이를 소홀히 여긴다면 천박해질 수 있다. 또 정밀함에만 힘쓰고 깊이를 도외시한다면 정체되어 탁해질 염려가 있다. 마찬가지로 올바름에만 힘쓰고 깊이를 무시한다면 아둔해질 가능성이 크다. 우물을 파되 깊이 파지 않는다면 물이 솟구치지 않듯, 학문을 닦되 깊이 닦지 않는다면 성과로 이어질 수 없다. 학문의 범위가 편협하며 고루함을 보이는 것도 병이고, 지식이 넓되 천박한 것 또한 병이다. 무엇보다 그 크기에 연연하는 사람일수록 대부분 깊이가 얕다는 약점이 있다.

사람의 힘은 한계가 있고, 학문의 세계는 끝없이 광활하므로 모든 학문에 능통할 수는 없다. 그러므로 깊이를 표적으로 삼는 것이 필요하다. 이 말은 스스로 한계를 설정한다는 의미와 일맥상통한다. 모든 학과에 노력을 쏟는다고 해서 반드시 원하는 성과를 얻을 수 있다는 보장은 없다. 이때 대大, 즉 모든 학과를 염두에 두지 말고 심深, 즉 자신의 재질에 가장 적합한 학과를 골라 노력을 집중시킨다면 분명 그 분야에서 월등한 성과를 올릴 수 있을 것이다.

사람마다 타고난 재질에 후함과 박함이 있다. 이 같은 재질의 차이를 뛰어넘기 위해서는 뜻을 한곳에 집중시킬 수 있는 표적이 필요하다. 이때 주의할 점은 표적을 크고 넓게 책정할 것이 아니라 깊게 설정해야 한다는 점이다. 사람도, 학문도 깊이가 있어야 한다. 선천적인 재질이 부족해 큰 우물을 팔 수 없는 사람은 처음부터 큰 우물을 팔 것이 아니라 작은 우물을 파되 깊이 파는 지혜가 필요하다. 다시 말해 처음부터 눈에 보이는 모든 학문들을 섭렵하겠다고 다짐하는 것도 나쁘지는 않으나, 그보다는 먼저 한 가지 분야부터 완벽하게 파고드는 지혜가 필요하다는 뜻이다.

타고난 재질이 없더라도 깊이가 있으면 결국 공을 세울 수 있다. 예를 들어 철학을 공부할 때 당장 내 안의 심지를 위대한 철학으로 발현시키겠다고 다짐하는 것도 중요하지만, 먼저 어떤 한 철학자를 지목해 그의 철학부터 철저히 연구한다면 자연히 철학의 깊이를 터득할 수 있는 것과 같은 이치다. 마찬가지로 그림을 일생의 사업으로 삼았다면, 당장 나의 내면과 영혼을 캔버스에 옮길 게 아니라 한 미술가를 선택해 집중적으로 연구함으로써 미술을 깊이 있게 이해하는 과정을 거쳐야 한다. 그런 다음 자신의 예술을 차근차근 실현시키는 것이 바람직하다. 학업이든, 사업이든, 인생이든, 무언가를 시작하기에 앞서 그 깊이부터 미리 책정하는 것이 우선이다.

지금까지 설명한 내용이 새삼스럽지만은 않을 것이다. 그러나 정正·대大·정精·심深, 이 네 가지 표적을 항상 머릿속에 유념해둔다면 학문을 닦든, 인생을 설계하든 간에 큰 과오 없이 자신이 원하는 분야에서 성공을 획득할 수 있으리라고 확신한다.

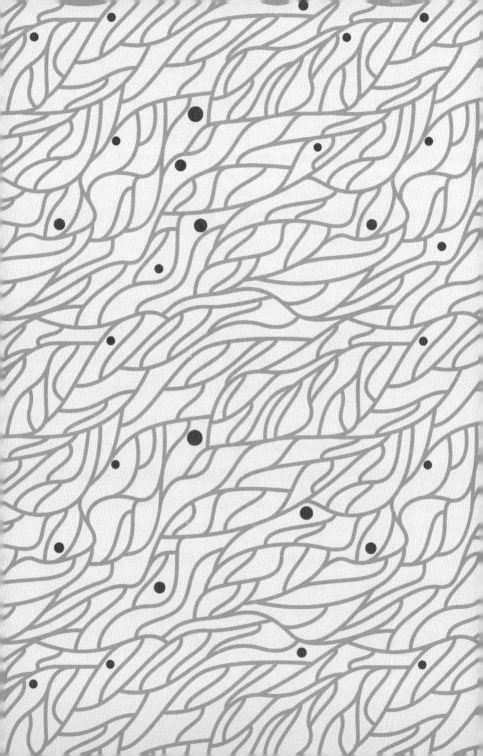

2부

인생을 결정짓는
세 가지 복

삼복론

三
福
論

복을 아끼되 나눌 줄 모르는 사람은
세상의 사랑을 받지 못하고,
복을 나누되 아끼는 지혜가 부족한 사람은
세상의 신뢰를 받지 못한다.

01

석복(惜福)

○

○

○

바다를 항해하는 배가 바람을 맞는 것은 당
연한 이치다. 바다는 광활하고, 바람은 거침없이 불어오는 것이 자연
의 섭리다. 이러한 바람이 배가 가고자 하는 방향으로 불어올 때 우
리는 순풍이라 하고, 이 같은 순풍을 만난 것이 '복福'이라며 기뻐한
다. 반면에 내가 가려는 방향과 역행하여 불어오는 바람을 역풍이라
하고, 복이 없어 역풍을 만났다고 아쉬워한다. 그러나 대부분의 바람
은 순풍도 아니고, 그렇다고 역풍이라 말할 수도 없는 횡풍橫風, 즉 측
면에서 불어오는 바람이 많다. 이 횡풍은 복도 아니고, 불복不福도 아
니다. 그러므로 횡풍을 만난 배는 키를 다루는 기술과 돛을 조절하는
능력에 의해 바람을 이용할 수도 있고, 바람에 휘말릴 수도 있다.

인생도 이와 마찬가지다. 사람마다 타고난 복의 정도가 다르겠으나, 대부분은 횡풍과 같이 이를 이용하는 데 달려 있다. 따라서 인생을 살아감에 있어 배가 바람을 탓하지 않듯이 내게 주어진 복을 따지지 않는 것이 지혜다.

우리가 일반적으로 생각하는 복의 성질은 바람과 다를 바가 없다. 본디 남풍이란 북행하는 배에겐 복이고, 남행하는 배에겐 불행이다. 내가 기다리던 순풍을 만나 기뻐할 때 누군가는 뜻밖의 역풍으로 인해 고생하는 이치인 것이다. 즉 내게 온 불행은 타인의 행운이며, 나의 행운은 타인의 불행일 수 있음을 늘 유념하며 살아가야 한다. 이렇게 생각했을 때 인생에서 복을 누리는 것도, 또 복을 누리지 못하는 것도 망망대해에서 뜻하지 않은 바람을 만난 데 불과하므로 천성적으로 주어진 운명이 복을 받을 수밖에 없었다거나, 원래부터 불운한 인생이었다는 말은 다 거짓임을 깨닫게 된다. 다시 말해 복이란 횡풍을 알맞게 이용하는 뱃사람의 지혜처럼 다른 원인에 의해 복이 될 수도, 불복이 될 수도 있다.

그러나 무조건 복은 우연의 산물이라고 치부하는 것도 문제가 있다. 앞서 복을 바람에 비유했는데, 이 바람의 성질 또한 무조건적으로 우연은 아니기 때문이다. 바람이란 비록 사람의 힘으로 예측하기 힘든 자연현상이지만, 그렇다고 전혀 예측할 수 없는 미지의 대상은 아니다. 배를 띄우기 전에 풍속과 풍향과 계절의 변화를 측정한 후 내게 가장 유리할 때 배를 띄우는 것은 순풍, 즉 복을 불러들이는 인간의 지혜라고 할 수 있다. 따라서 거리낌 없이 부는 바람을 순풍으로 만드는 것도 사람의 노력이며, 역풍으로 만드는 것 또한 사람의 어리석음에 달려 있다.

순풍에 돛 단 듯한, 복 받은 인생

인간 사회에서 만나게 되는 현상은 대양大洋을 휘도는 바람만큼이나 가지각색이다. 순풍인 듯싶으면 어느새 역풍이 되고, 역풍을 만났다 싶으면 어느새 순풍이 되는 바람처럼 사회에서 겪는 일상은 바야흐로 종잡을 수가 없다. 이 같은 일상을 미리 예단하여 내게 순풍이 될 수 있게끔 상황을 반전시키는 것이 곧 복이다. 이에 반해 절대다수의 사람들은 그저 운 좋게 순풍을 만나 권세나 부富를 얻게 된 것을 복이라 착각하는 경우가 많다. 때문에 이 사회에서 누가 복을 얻었다는 말은 뜻밖의 부귀를 횡재했다거나 능력이 없음에도 운이 좋아 권세를 쥐게 되었다는 식의 어리석은 편린들로 가득 차 있다.

사람들은 누구나 복을 원한다. 그러나 복을 받는 것이 사람으로 태어나 한평생을 살아갈 때 가장 큰 기쁨이 된다고는 말할 수 없다. 이 세상에는 복 받은 인생보다 더 훌륭한 삶이 많다. 그러나 대다수의 사람들이 이처럼 복을 받기 위해 무당을 찾아 점지를 받거나 사신邪神(재앙을 내리는 요사스런 귀신) 따위를 섬기는 등 인간으로서 이성과 철학이 결여된 모습을 보이는 경우가 많으므로 과연 복이란 무엇인지, 그 진위 여부에 대해 고민해보는 것도 결코 헛된 일은 아니라는 생각이 든다.

옛 현자들은 화복과 길흉을 우습게 생각했다. 화복은 겸손하라는 질책이고, 길흉은 좀 더 노력하라는 격려로 받아들이는 지혜가 있었다. 따라서 어떻게 하면 남보다 더 많은 복을 누릴 수 있을까에 대한 연구를 수치라고 생각했다. 복에 연연하여 추종하는 것은 더불어 살아가야 할 사회에 해악을 미치며, 인간으로서 응당 걸어야 할 대도大道에서 벗어나 그릇된 길로 향하는 지름길이라 믿었던 것이다. 이에 비하면 오늘을 살아가는 현대인들은 일상에서 겪는 순간들을 복이 있고 없음으로 단순화시켜 판단한다. 사회는 점점 비대해지고 문명의 척도는 갈수록 세분화됨에도 불구하고, 사회 구성원들의 의식 구조는 지난 세기보다 더욱 나태해지고 있다.

인생의 행복과 불행은 망망대해에서 마주치는 바람의 순역順逆과 마찬가지로, 다시 말해 순경順境과 역경과 같이 당사자의 주관과 판단에 따른 것이므로 일정한 기준을 책정할 수는 없다. 그러나 많은 사람이 어리석게도 행복과 불행이 일정한 기준에 의해 정해진다고 확신한다. 바로 타고난 운명이라는 것이다. 내가 보기에는 행복과 불행을 나누는 기준은 운명이 아니라 인간의 노력이며, 생각이다.

먼저 일반적으로 복된 삶을 살고 있다는 사람들을 관찰해보자. 소위 말하는 권세가들이나 재력가들이다. 이들의 단 한 가지 공통점은 다름 아닌 '석복惜福(검소하게 생활하여 복을 오래 누림)'이다. 즉 자신에게 주어진 복을 아낀다는 말이다. 반대로 불운한 인생을 살아온 사람들을 관찰해보면 십중팔구 석복과는 거리가 멀다. 아예 석복에 대해 생각조차 하지 않고 살아온 경우가 절대다수다. 물론 복을 아낀다고 해서 무조건 복을 만난다고는 할 수 없으나, 만에 하나 인간의 노력에 의해 횡풍을 순풍으로 만드는 것처럼 불행을 복으로 전환시킬 수 있다면 무엇보다 이 석복의 자세가 구비되어야 한다고 생각한다.

주어진 복을 절제할 줄 아는 인생

그렇다면 석복이란 대체 무엇인가. 내게 주어진 복을 몽땅 써버리지 않는 절제를 의미한다. 이를테면 지금 수중에 상당한 거금이 있다고 가정해보자. 이 돈을 모두 써버리면 당연히 주머니 속에는 동전 한 닢도 남지 않는다. 정작 급한 일이 발생했을 때 아무런 대비도 할 수 없다. 즉 수중에 있는 복을 사용할 때 한 번 더 고민하고, 낭비하지 않기 위해 다른 수단을 찾는 노력이 곧 석복이다.

예를 들어 부모로부터 선물 받은 새 양복이 너무 마음에 들어 전에 입고 다니던 옷을 장롱 속에 처박고 시도 때도 없이 새로 산 양복만 입고 다닌다고 가정해보자. 이 경우 장롱 속에 처박힌 옷도 좀이 슬어 못 입게 되고, 값비싼 양복도 곧 해져 헌 옷이 되고 만다. 이 같은 예는 비단 옷에만 국한되지 않는다.

옛말에 '행운은 일곱 번 사람을 찾는다'라고 했다. 살다 보면 누구에게나 한 번쯤은 뜻하지 않은 기회가 찾아오기 마련이다. 그때 무분별하게 기회를 낭비하면 말 그대로 단 한 번의 기회로 끝나버리지만, 사양하듯 스스로를 억제하면서 또 다른 기회를 주시한다면 한없이 길게 이어진다. 다시 말해 손에 쥔 행운을 무조건 움켜쥐지 않는 것이 바로 석복의 정신이다.

예를 들어 장남이라는 이유로 부모로부터 독단으로 물려받은 십만 엔가량의 유산을 모조리 써버렸다고 가정해보자. 이는 분명 자기에게 떨어진 행운이다. 그러나 그의 인생에서 복은 이것으로 끝이다. 형제들과 친척들의 몫까지 모두 챙긴 장남은 그 순간만은 십만 엔이라는 큰돈으로 행복할 수 있으나, 길고 긴 인생에서 어떤 종류의 힘든 고난과 맞닥뜨리게 될지 알 수 없는 일이다. 그때는 과연 무엇을 통해 복을 바랄 것인가. 형제와 친척을 배신하고 부모의 재산을 가로챈 장남이 훗날 힘든 일을 겪게 되었을 때 장남이 내민 손을 그들이 잡아줄 수 있을까?

세상의 이치도 이와 같다. 비록 십만 엔의 돈이 탐나더라도 자신의 몫을 줄이고 형제와 친척들에게 나눠줬다면 나중에라도 어려운 일이 있을 때 그들을 통해 난관을 헤쳐 나갈 수 있다. 이는 십만 엔 못지않은 행운이며, 복이다. 즉 내가 움켜쥔 십만 엔을 내 멋대로 써버리는 것이 아니라 파종하듯 주변 사람들에게 나눠주거나, 혹은 더 큰 복이 되어 돌아올 때까지 기다리는 마음자세가 바로 석복인 것이다. 석복은 절약이나 인색과는 근본적으로 다르다. 언제든 향유할 수 있는 행운이지만 미래를 위해 일부 포기하는 것이므로, 필요할 때를 대비해 남겨두는 '절약'과 자기의 만족을 위해 움켜쥐고 놓지 않는 '인색'과는 그 정신부터 다르다.

이처럼 석복을 위해 노력한 사람만이 또 다른 복을 만날 확률이 높아진다. 세상에서 부호로 불리는 사람들은 분명 일반인보다 많은 복을 누린 경우다. 이런 사람들의 생활을 유심히 관찰하면 석복을 실천하기 위해 상당히 노력하고 있음을 알게 된다. 아마도 부자들은 석복의 결과가 어떠한지를 경험적으로 깨닫고 있을지도 모른다. 이와 반대로 재능도 있고 역량도 충분한데도 이상하게 주변의 기대를 저버리고 불행을 일삼는 사람들이 있는데, 대부분의 경우 석복과는 거리가 먼 생활에 길들여져 있음을 발견할 수 있다.

이런 사례는 유명 재벌들에게서 찾아볼 수 있다. 일본의 경우 미쓰이三井나 스미토모住友 집안 등이 오랜 세월 동안 재복財福을 영위할 수 있었던 까닭은 주어진 복을 아끼고 잘 관리해왔기 때문이다. 이들은 항상 주어진 복이 다하기 전에 새로운 복을 얻고자 힘써왔다. 이는 세대를 거듭해 큰 재물을 쌓은 다른 외국의 부호들에게서도 찾아볼 수 있는 석복의 실천 사례다.

하룻밤 쾌락을 위해 술판을 벌이고 돈을 뿌려대는 것은 겉으로 보기에 참으로 부러운 생활이다. 그러나 이는 자신의 복을 쓸데없는 곳에 버리는 행위와 같다. 마치 오랜 세월 감옥에 갇혀 지낸 한 사내가 수감생활을 마치고 사회로 복귀한 후 이를 기념하고자 친구들과 술판을 벌였다가 싸움에 휘말려 다시 철창을 향하는 모습과 다름없다. 많은 사람이 후자의 경우에 대해 그 어리석음을 비웃지만, 정작 이보다 더 가련한 전자의 경우에 대해서는 넋을 놓고 부러워만 한다. 인간됨의 그릇이 작고, 성질이 급할수록 마음의 여유가 부족해진다. 마음의 여유가 부족한 인간이 복을 아낀다는 것은 불가능하다. 즉 복을 아끼기 위해서는 먼저 자신의 그릇부터 키워야 한다.

이제 막 감옥에서 벗어난 자가 오랜만에 맛있는 음식도 배불리 먹고 술에 거나하게 취해보고도 싶은 것은 인간의 상정이다. 그러나 갓 출소한 자신의 신분을 명심하며 단 며칠간이라도 자숙하는 것은 그의 그릇을 키우는 방편이 된다. 이런 점을 돌이켜볼 때 복을 아낄 줄 안다는 것은 이미 그 지혜로써 복이다. 이런 사람에게 복이 따르는 것은 어찌 보면 당연한 일일 수도 있다.

복을 아낄 줄 알아야 복도 찾아온다

세상을 살다 보면 평범한 사람들이 어쩌다가 감당치 못할 복을 만나 앞서의 사내처럼 출소의 행운을 아쉽게 놓쳐버리는 경우를 종종 보게 된다. 예전의 성품을 버리지 못한 채 눈앞의 복만을 좇는 행위는 참으로 어리석다. 이때 찾아오는 복이란, 행운이 아니라 말 그 대로 순풍을 가장한 역풍이라고 할 수 있다.

수만 개의 알을 낳는 물고기라 하더라도 어부가 마구잡이로 잡 아들이면 머잖아 멸종할 수밖에 없다. 하물며 인간의 삶에 많아야 일 곱 번이라는 행운을 석복에 대한 연구 없이 마구 써버린다면 그의 삶에서 복은 자취를 감추는 것이 당연하다. 하다못해 날짐승들도 자 신을 사랑하고 아끼는 집 마당에 모이기 마련이다. 마찬가지로 복 또 한 복을 아낄 줄 아는 인생을 찾아온다. 세상 사람들은 복을 얻고자 노력하지만, 정작 어떻게 해야 복이 자신을 찾아올지에 대해서는 아 무런 고민이 없다. 복을 아낄 줄 아는 사람이 세상에는 드문 편이다. 그렇기 때문에 복을 누리는 인생도 적은 것이다.

석복에 대한 고민과 연구는 비단 개인에게만 국한된 문제가 아 니라 국가에 있어서도 마찬가지다. 예를 들어 수산업에 대해 생각해 보자. 귀중한 해양자원인 수산물은 분명 국가가 얻은 복이다. 그러나 이 복을 아끼지 않고 무분별하게 남획한다면 결국 그 수가 줄어들 수밖에 없다.

근래 들어 일본 근해에서 물개를 보는 게 힘들어졌는데, 이는 석 복을 상실한 좋은 예다. 석복을 소홀히 함으로써 복이 끊어진 셈이 다. 삼림도 마찬가지다. 삼림을 남벌한 결과 도처에 민둥산이 만들어 져 폭우가 한 번 쏟아지면 금세 산사태가 발생해 민가를 덮치는 경 우가 허다하다. 나무를 자르는 것도 국가의 이익이라 하겠으나, 이를 보존하고 지키는 것 또한 미래에 국가의 큰 이익이 된다. 이를 기억치 않고 눈앞의 이익에 급급해 소중한 자원인 숲을 훼손한다면 그 손해 또한 국가가 짊어질 수밖에 없다. 오늘 당장 많은 물고기를 잡아 풍족히 먹는 것도 중요하지만, 이를 아끼고 보호함으로써 받은 복을 오랜 세월 동안 누리는 것도 중요하다. 삼림을 지키기 위해 시행되는 도벌방지법이라든가, 수산업에 시행중인 양식법 등이 바로 국가가 실천해야 할 석복의 지혜인 셈이다.

이 같은 석복의 중요성은 무력에 의지하는 군대에도 적용할 수 있는 섭리다. 만일 어떤 장수가 자신의 강함을 믿고, 또한 병사들의 용감무쌍함에 의지해 군력을 아낌없이 사용하여 전쟁을 일삼는다면 언젠가는 반드시 패배의 쓴잔을 들이키는 날이 오고야 말 것이다. 세상 이치라는 것이 날마다 이길 수만은 없다. 따라서 한창 승전보를 울릴 수 있을 때 이를 아껴야 한다. 장수가 용맹하고, 그 휘하 군졸들이 강성한 것 또한 복이라 할 수 있다. 그러나 이 복을 아끼지 않는다면 결과적으로 손에 쥔 무력을 더럽히게 된다. 군대가 나라를 위해 무훈을 세우는 것도 중요하나, 이를 아끼지 않고 무차별적으로 남용한다면 언제 어느 때 복이 화로 변질될지 알 수 없다. 아무리 큰 금광도 계속 파내기만 하면 곧 동이 나는 것과 같다.

한 예로 우리는 나폴레옹의 삶을 기억할 수 있다. 그는 모두가 인정하는 뛰어난 영웅이었으나, 석복에 대한 지혜에 소홀했던 탓에 분수에 맞지 않는 국외 원정을 일삼다가 종국에는 실패한 인생으로 끝나버리는 비운의 주인공이 되고 말았다. 일본의 경우 요 몇 년 동안 육·해군이 정예화되어 세계의 강국들을 위협하기에 이르렀다. 이 또한 석복의 연구가 부족하다면 수산과 삼림의 결과와 마찬가지로 비극이 될 공산이 크다. 뛰어난 장군과 충직한 병사들도 그 용기가 무한대로 유지되는 것은 아니다. 게다가 군대의 강한 정신은 빵을 굽 듯 급조될 수 없다. 강성한 육·해·공군을 갖추는 데 성공했다면 이 를 누리고 자랑할 것이 아니라 만일을 대비해 아낄 줄 아는 연구가 뒤따라야 한다. 그렇지 않다면 분명 망국의 한으로 되돌아올 수 있음 을 항상 명심해야 한다.

지금까지 살펴본 바와 같이 복을 아끼는 사람에겐 또 다른 복이 연달아 이어지고, 복을 아끼지 못하는 사람에겐 주어진 복도 화가 된 다. 그 깊은 이치에 대해서는 우리가 명확한 증거를 제시할 수 없으 나, 애써 이를 깊숙이 들여다본다면 한 가지 사실은 깨달을 수 있다. 즉 복을 아끼는 자일수록 평상시에도 주변 사람들의 신뢰를 받는다 는 점이다. 반대로 복을 아끼지 않고 남용하는 자일수록 평소에도 사 람들의 증오를 받는 경우가 많다. 다시 말해 인간의 신뢰가 곧 복으 로 연결되는 셈이다.

앞서 보여준 부모로부터 새 양복을 선물 받은 자식의 예를 한 번 더 살펴보자. 만일 그 아들에게 석복의 지혜가 있어 부모로부터 받은 옷을 귀하게 입었다면 틀림없이 그 부모는 자녀의 마음 씀씀이를 기 특히 여겨 옷보다 더 귀한 것들을 베풀어주셨을 것이다. 이에 반해 석복의 지혜가 결여된 자녀는 부모의 마음은 헤아리지도 않고 새 옷을 함부로 입어 금세 헌 옷을 만들어버릴 것이다. 이는 아무리 자식을 사랑하는 부모라도 자녀를 신뢰할 수 없게 만들 확률이 높다.

인간은 감정에 의해 움직이는 존재이므로 만족스러울 때는 언제든 새 옷을 다시 사줄 수 있으나, 기대했던 만큼 기쁨을 느끼지 못할 때는 두 번 다시 새 옷을 선물하고 싶은 마음이 생기지 않을 수도 있다. 게다가 만일 친부모가 아니라 계모나 계부라면 자신의 친절에 감사할 줄 모르는 자식을 곱게 생각할 리가 없다.

돈을 빌릴 때도 이와 비슷한 현상이 나타난다. 남에게 돈을 빌릴 때 담보의 가치보다 적은 액수를 청한다면 채권자로부터 신뢰를 얻을 수 있다. 따라서 훗날 급한 일이 발생했을 때 돈을 빌려달라고 청하면 언제든 승낙할 것이며, 이는 두고두고 나의 복이 되는 셈이다. 반면에 담보의 가치와 거의 비슷한 액수의 돈을 청할 경우, 우선 매월 갚아나가야 할 이자부터 만만치가 않다. 거액을 빌려 기뻐하는 것도 잠시일 뿐 곧 막중한 이자에 허덕이느라 원금 상환은 꿈도 꾸지 못할 처지가 될 수도 있다.

이처럼 소소한 일상에 불과할지라도 사람의 인생이란 어떤 이치에 따라 움직이는 경우가 많으므로 복을 아낄 줄 아는 자는 기대하지 못했던 행운까지 누리고, 석복을 우습게 여기는 자는 찾아온 복이 불행이 되어 일생을 망칠 확률이 높아지는 것이다.

02

분복(分福)

○

○

○

복을 아끼는 것과 더불어 복을 나누는 지혜 또한 매우 중요하다. 석복은 자기 일신에 관계된 일로서 약간 소극적인 형태의 지혜라 하겠으나, 분복分福(복을 나눔)은 타인의 삶에 영향을 끼치므로 매우 적극적인 경향을 나타낸다. 물론 모든 경우에 있어 석복이 반드시 소극적이고 분복은 반드시 적극적이라 할 수는 없겠지만, 어쨌든 석복과 분복은 상대적으로 소극과 적극의 양상을 띠는 것이 사실이다. 석복에 대해서는 앞서 설명한 바 있으므로 여기서는 분복에 대해 살펴보고자 한다.

분복이란 과연 무엇일까? 한마디로 자신이 얻은 복을 타인에게 일정 부분 양도함을 뜻한다. 이를테면 운 좋게 커다란 수박 한 통을 갖게 되었다고 가정하자. 그 수박을 앉은자리에서 다 먹어치우는 대신 나중을 생각해 어느 정도 남겨두는 것을 석복이라 한다. 그리고 어느 정도 남겨둔 분량을 타인에게 양보해 자신과 함께 수박 맛을 즐기게끔 마음을 쓰는 행위를 분복이라 한다. 또 한 가지 예를 들어 보자. 내 손에 들린 작은 귤 하나를 혼자 다 먹어도 목마름을 해소할 수 없으나, 귤 절반을 옆의 동료에게 나눠준다면 이 역시 분복의 일상적인 사례다.

이처럼 분복이란 자신이 향유할 수 있는 행복 중 얼마를 타인에게 양보함으로써 기쁨을 함께 공유하는 데 그 정신이 있다. 석복이 자신에게 할당된 복을 일정 부분 미래를 위해 남겨두는 것이라면, 분복은 그 복을 타인과 함께 나누는 것을 의미한다. 한마디로 요약하자면 석복은 스스로를 억제하는 것이고, 분복은 타인과 공유하는 것이므로 전자는 소극적이고, 후자는 적극적이라고 말할 수 있다.

앞에서 정의한 대로 석복은 자신의 행복 중 일부를 남겨 미래를 준비하는 과정이다. 이에 반해 분복은 현재 내가 누리는 행복을 미래가 아닌 타인의 행복을 위해 양보하는 행위다. 따라서 현재의 행복을 일정 부분 사양한다는 의미에서 석복과 분복은 상당히 유사하다. 특히 석복과 분복 모두 이익의 감소를 지켜봐야 한다. 그러나 복을 아끼는 자에게 더 큰 복이 찾아오는 것과 마찬가지로 분복 또한 자신의 복을 나눠가진 사람을 통해 그의 복에도 참여할 수 있다는 점에서 석복만큼이나 인생에 이로운 기회라 할 것이다.

더불어 사는 인생, 복 나누는 삶

세상에는 남보다 좋은 복분福分(운수가 좋게 태어난 분복)을 타고났음에도 인색한 성정 때문에 분복의 태도를 버리는 인생들이 많다. 이런 사람들일수록 근심은 타인에게 강요하면서 정작 좋은 일은 혼자 독점하려는 경향이 있다. 옛 속담에 "화장실에서 만두를 먹는다"라는 말이 있는데, 이처럼 비열한 행위를 즐기면서 자기 딴에는 이런 행위야말로 지혜라고 자부하는 자들도 상당수다.

단순히 오늘날만 생각하면 복을 타인과 나누기보다는 주어진 복을 독점하는 편이 훨씬 이득이다. 그러나 멀리 내다봤을 때는 이야기가 달라진다. 더불어 살아가야 할 인생에서 늘 내 복만 가지고 살 수는 없는 노릇이기 때문이다. 따라서 타인의 복을 의지하기 위해서라도 내게 복이 있을 때 이를 나누는 것이 중요하다.

여기 한 병의 좋은 술이 있다고 생각해보자. 이 술을 혼자 마셔버리면 얼마든지 취기에 흐느적거릴 수 있다. 하지만 친구와 함께 나눠마시면 둘 다 얼큰해질 뿐이다. 만일 자기 혼자 술을 모두 마셔버리고 친구들에게 나눠주지 않았다면 이는 복의 독점과 같다. 게다가 평소의 주량보다 지나치는 양임에도 악착같이 모두 마셔버렸다면 석복까지 어긴 게 된다. 물론 친구와 함께 술잔을 기울일 경우 취기는커녕 입에서 술내만 약간 날 뿐이다. 그러나 지금 내게 술 한 병이 있을 때 친구와 더불어 술잔을 기울이는 분복의 도리를 다한다면, 언젠가는 그 친구 역시 나와 더불어 술 한 병을 나눠 마시는 분복의 도리로서 내 삶에 복을 더할 것이 틀림없다.

한 줌도 안 되는 자신의 복을 옆구리에 끼고 아등거리며 살아가는 인생들을 볼 때마다 눈앞에 먹이를 두고 다투는 개의 모습이 떠오른다. 개들은 같은 우리에 갇혀 생활할지라도 결코 다른 녀석들에게 자신의 먹이를 양보하는 법이 없다. 비록 인간에겐 충직할지 몰라도 정작 같은 종족들에겐 그 비루하고 낮은 천성을 드러내기 마련인 것이다.

인간은 분명 개가 아닌데, 간혹 개처럼 욕망을 제어하지 못하고 살아가는 경우가 많다. 마치 "인간도 짐승일 뿐이다"라는 생물학자들의 말을 입증이라도 하는 것 같아 처량한 생각이 든다. 개가 자신의 먹이를 양보하지 못함은 짐승으로서 그 본능을 드러낸 것이므로 당연하다 하겠으나, 사람이 짐승과 별반 다르지 않게 그 본성을 거침없이 드러낸다는 것은 참으로 안타까운 일이다. 생물학자들의 주장처럼 인간 또한 짐승이며, 다른 여타의 종種들과 다를 바 없을지라도 동물 중 최고의 지적인 감성을 보유한 이상, 다른 동물들이 추종할 수 없는 고상한 모습과 인정이 넘치는 의로움을 드러내는 것이 마땅한 도리가 아닐까? 그렇지 않다면 대체 사람과 짐승의 차이가 무엇이란 말인가.

자신을 억제하고 타인에게 내 몫을 양보하는 미덕은 자연계에선 볼 수 없는, 오직 인간된 특권이다. 조물주가 창조한 모든 생명체가 자기만족을 근본으로 생을 유지할 때 오직 인간만이 물질이 아닌 감성의 충족을 위해 살아왔다. 이것이 바로 삶의 질서다. 단순히 사람으로 태어났기에 사람으로 살아가는 것이 아니라 사람의 도리를 다해야만 사람으로 살아갈 수 있다는 것을 우리는 항상 명심해야 한다. 이 같은 진리가 우습게 여겨진다면 스스로 동물의 위치를 탐하고 있지는 않은지 돌이켜볼 일이다.

한 병의 술이 나를 취하게 하기에는 부족할지라도 그 맛을 동료들과 나누고, 몇 점 안 되는 고기가 내 배를 채우기에는 부족할지라도 타인에게 그 고기를 양보할 수 있는 분복의 정신이야말로 사람이 짐승과 다를 수밖에 없는 이유이자, 행복을 얻는 지름길이다. 이와 같은 분복이야말로 인간으로서의 고귀한 도리, 즉 정서와 회포의 발현이라 할 수 있다. 이런 고귀한 정신이 각 구성원들의 삶에서 발현될 때 이 사회는 진정 맹수가 이빨을 내미는 자연과 달리 문명이라는 이름을 당당하게 내걸 수 있게 될 것이다.

한 병의 술과 몇 점의 고기를 나누는 것과 나누지 않는 것은 따지고 보면 매우 사소한 일에 불과하다. 그러나 이 한 병의 술을 나눠 마실 때, 또 몇 점의 고기를 나눠 먹을 때 인간관계는 감사와 정리로 화목해지며, 문명의 척도가 진보될 수 있다.

옛 시대의 위대한 인물들은 사람들과 더불어 복을 누리기 위해 분복의 삶을 살아왔다. 이런 인물들이 사회를 이끌고 자신의 자리를 지킬 때 국가와 사회는 실로 번영을 이룰 수 있었다. 반면에 지도자와 백성들이 분복의 길에서 벗어나는 순간, 시대는 배신과 포학이 난무하는 야생이 되어버렸다.

어느 장수가 자신의 부대를 이끌고 전장에 나섰다. 그리고 천신만고 끝에 수많은 희생을 발판 삼아 승리를 거뒀다. 그러자 한 병사가 지친 장수에게 술 한 병을 권했다. 전장을 승리로 이끈 상관에게 바치는 진심어린 예우였을 것이다. 장수는 그 작은 술병을 손에 쥔채 병사들을 바라봤다. 모두들 승리의 기쁨 대신 기진맥진한 표정으로 자신의 손에 들린 술병을 바라보고 있었다. 이를 가엾게 여긴 장수는 술병 안에 들어 있는 술을 강물에 따른 후 지친 병사들과 함께 그 강물로 입술을 적셨다고 한다.

이는 그야말로 분복의 극단이라 하겠다. 술 한 병의 분복치고는 최고의 경지라 하겠다. 흘러가는 강물에 술을 붓는다고 해서 술맛이 날 리 없다. 그러나 그 정신만큼은 사람을 감동시키고도 남음이 있다. 그 순간 장수와 더불어 강물에 입술을 적신 병사들은 말 그대로 술에 취한 것이 아니라 말없이 베푼 상관의 은혜에 취했을 것이다.

이처럼 부하를 생각하고, 부하와 더불어 자신의 복을 누리려는 상관을 어떤 부하가 존경하지 않겠는가. 이처럼 사람을 통솔하는 위치에 선 자일수록 분복에 철저해야 한다. 날짐승이 숲 속 가지를 의지해 살아간다면, 사람은 서로를 가지 삼아 의지한다는 것을 한시도 잊어서는 안 된다.

석복과 분복의 정신

인간이 자애로움을 표출할 수 있는 길은 오직 두 가지 방법뿐이다. 그중 하나는 남의 근심을 함께 고민하는 것이며, 또 다른 하나는 타인을 위해 나의 복을 나눠주는 것이다. 타인의 고민까지 떠안기는 매우 힘드나, 내게 온 복을 남에게 물려주는 것은 누구나 할 수 있는 일이다. 봄 햇살이 겨우내 언 땅을 한 번에 녹일 수는 없지만 최소한 기온은 따스하게 만들 수 있듯이 내 복을 남과 함께 누리고 싶다는 마음가짐만 있으면 아무리 보잘것없는 복일지라도 언제든 분복의 도리를 실천할 수 있다.

비록 작은 복에 불과하나, 이를 누군가와 함께 나누면 내 복을 나눠 가진 이의 감사가 더해져 봄날의 따스한 기운처럼 서로의 각박한 인생을 보듬는 청량제가 될 수 있다. 여름의 뙤약볕만은 못해도 얼어붙은 심령의 한가운데를 녹여주기엔 충분하다.

그런 의미에서 석복과 분복의 정신을 이해한 사람은 이미 축복받은 인생이라 할 수 있다. 하지만 세상 사람들이 살아가는 모습을 살펴보면 복을 아낄 줄 아는 사람은 나누지 않고, 복을 나눌 줄 아는 사람은 복을 아끼지 못하는 경향이 있어 참으로 안타깝기 그지없다.

석복은 하되 분복할 수 없는 사람은 세상의 사랑을 받지 못하고, 분복은 하되 석복의 지혜가 부족한 사람은 세상의 신뢰를 받지 못한다. 특히 대중을 위해 헌신하고자 마음먹은 사람이라면 반드시 자신의 복을 아낄 줄 알아야 한다. 복을 아끼지 못하면 언젠가 무복無福이 될 수밖에 없는데, 사회를 지도하는 위치에 선 사람이 무복이라는 것은 국가의 안녕을 해칠 수도 있는 심각한 문제다.

또한 사회의 주도적인 인사는 석복만큼이나 분복의 여유도 충만해야 한다. 자신의 복을 나누지 않으면 오랜 시간이 지나 보잘것없는 복으로 변질되는데, 이는 결과적으로 자신이 사회 구성원들에게 복을 나눠주는 것이 아니라 되레 사회 구성원들로부터 복을 나눠받아야 하는 처지가 될 수 있기 때문이다.

낯선 타인과 나의 복을 나눠가질 때 그들도 나에게 자신의 복을 미치고자 노력하게 된다. 가령 내가 받을 복이 더 이상 남아 있지 않더라도 그동안 뿌린 분복들이 내게로 돌아오기 때문에 이는 결코 손해가 아니다.

예를 들어 내가 어느 상점을 경영한다고 가정하자. 아무리 작은 이익이더라도 종업원들과 늘 함께 나눠가졌다면 종업원들은 상점의 이익이 곧 자신의 이익이라 생각하며, 평소보다 더 열심히 일하게 될 것이다. 이는 주인인 내게도 복이다. 이와 달리 무조건 자기 호주머니만 불리는 데 급급할 뿐 종업원들에게 아무런 분복도 돌리지 않았다면 종업원들은 월급만 챙길 뿐, 주인의 이익에 대해서는 무관심해질 것이다.

내 복을 내놓아서 큰 복을 얻는다

인간이 만든 사회에는 계약이나 권리, 의무, 법률 또는 도덕 등이 존재하기 때문에 분복의 정신이 결여된 사람일지라도 갑작스레 불이익을 겪는 경우는 거의 없다. 그렇더라도 분복의 정신이 결여된 사람은 자신의 손발에만 의지해서 이 험한 세상을 홀로 살아갈 수밖에 없는 처지가 됨을 잊어서는 안 된다.

본디 힘이란 많은 사람이 한데 어우러진 것이 가장 큰 힘이 되며, 지혜는 많은 사람의 지혜를 활용할 줄 아는 것보다 더 큰 지혜는 없다. 작은 양품점이라면 모를까, 거대한 기업은 혼자 힘으로는 도저히 이룩할 수 없는 대복大福이다. 그러므로 대복을 얻고자 하는 사람은 먼저 남에게 자신의 복을 양보할 줄 아는 미덕을 지녀야 한다. 복을 혼자 독식하는 이와 일하고 싶어하는 사람은 아무도 없다. 즉 큰일을 하기 전에는 먼저 내 복을 사람들 앞에 내놓음으로써 사람들을 불러 모은 후 그들과 함께 더 큰 복을 향해 질주하는 것이 마땅하다.

석복의 정신을 체득한 사람은 그렇지 않은 사람보다 더 많은 복을 누린다. 이는 역사적으로도 이미 증명된 인생의 진리이자, 현대에도 얼마든지 관찰되는 현상이다. 분복 또한 이와 다르지 않다. 평소 분복에 철저한 사람의 경우, 비록 지금은 사회적으로 대성치 못했을지라도 석복에 관한 연구만 게을리 하지 않는다면 시일이 지나 곧 자신의 대복을 쌓는 데 성공하게 될 것이다. 석복과 분복은 모두 홀

류한 인생의 정수이나, 이 한 가지만으로는 성공이라는 운명을 획득하는 데 무리가 있다. 그러므로 반드시 이 둘을 조화롭게 연계시켜야만 성공한 인생으로 기억될 수 있다.

만일 현재 사업을 준비하고 있다면 종업원이나 관계자, 거래 상대에게 항상 자신의 복분을 나눠주겠다는 각오와 실천이 수반되어야 한다. 이는 결코 사업적으로 손해나는 일이 아니다. 이렇게 베푼 분복은 자연히 그들을 통해 행운으로 돌아오는 것이 이치이므로 원하는 성공을 이룰 공산이 크다.

농업에 종사하는 이들도 마찬가지여서 소작인에게, 혹은 비료상에게, 종묘상에게 항상 자신의 복을 나눠줄 수 있어야 한다. 이렇게 따뜻한 마음을 보여줄 때 소작인도 정성을 다해 논밭을 일구고, 비료상도 조악한 품질을 공급하지 않으며, 종묘상도 좋은 종자와 모종을 복으로 베풀기 때문에 수확이 늘어날 수 있는 기틀이 마련된다.

세상은 시계추와 같다. 서로 오른쪽, 왼쪽으로 밀어줘야만 힘을 받아 움직인다. 왼쪽으로 움직인 시계추가 다시 오른쪽으로 향하듯 타인에게 베푼 분복은 결국 내게 다시 돌아올 수밖에 없다. 천체가 끝없이 반복하여 움직이듯 내가 상대방에게 복을 나눠주면 상대방 또한 나에게 복을 나눠줄 수밖에 없다. 세상살이가 다 이 같은 틀에서 벗어날 수 없는 것이다.

나폴레옹은 비록 석복에는 실패했으나, 분복에는 나름대로 경지를 보인 인물이다. 자고로 그의 친족과 신하들은 나폴레옹의 전성기 때 그가 나눠준 분복으로 큰 행운을 누릴 수 있었다. 그 뒤 전쟁에서 패한 나폴레옹이 다시 유럽으로 돌아왔을 때 반대파들이 그를 황제의 자리에서 끌어내리고자 갖은 애를 썼으나, 폭풍이 파도를 일으키듯 세력을 규합한 나폴레옹은 또 한 번 세상을 호령할 수 있었다.

이처럼 역사적으로 복을 아끼고, 복을 나눈 덕분에 성공한 사람들의 삶을 헤아려보는 것 또한 인생을 뜻있게 시작하기에 앞서 한 번쯤 연구할 만한 일이다.

03

식복(植福)

○

○

○

사람들은 누구나 타인의 유복有福을 부러워
한다. 그러나 이 유복보다 훨씬 소중한 가치가 있는 복이 또 있다는
것에 대해서는 알려고 하지 않는다. 사람들은 복을 아껴야 또 다른
복이 시작된다는 석복에 대해 알고 있지만, 석복보다 더 중요한 가치
가 존재한다는 사실에 대해서는 눈을 감아버린다. 사람들은 복을 나
누는 것 또한 복이라는 분복은 실천하면서도 정작 복을 만드는 수고
에 대해서는 인색하다.

유복이란 결코 부러움의 대상이 아니다. 복을 받았다는 것은 공
중을 향해 쏜 화살이 언젠가 그 힘이 다해 지상으로 추락하듯 반드시
그 운을 잃고야 마는 질서에 속한다. 복을 아끼는 석복의 지혜는 화

로 속에 담긴 숯불을 함부로 드러내지 않는 것에 비유할 수 있다. 당연한 일이겠으나, 만일 그 위에 새 숯을 올려놓지 않는 이상 그 화력은 결국 재가 된다.

복을 나눠 갖는 분복 또한 마찬가지다. 분복이란 잘 익어 맛있는 과일을 여러 사람들과 함께 나눠 먹는 것을 의미하는데, 다 먹은 후에는 어쩔 수 없이 공복을 느끼기 마련이다. 이 같은 분복은 비록 남들이 기뻐하고, 나 또한 타인의 기쁨으로 만족한다는 훌륭한 의미를 내포하고 있으나 물질을 통해 살아가는 인간에게는 어쨌든 일종의 손해나 다름없다.

이처럼 유복·석복·분복 모두 인생의 아름다운 가치로서 손색이 없겠지만, 이 같은 복을 유지하고, 또 더 큰 복으로 키우기 위해서는 식복植福의 지혜가 반드시 수반되어야 한다.

나와 너, 모두를 위한 노력

식복이란 한마디로 정의해서 인간의 힘과 성실과 슬기를 바탕으로 모두가 누릴 수 있는 크나큰 행복을 만들어내고자 쏟는 노력이다. 이는 단순히 개인이나 이웃, 친지간이 누릴 수 있는 작은 복이 아니라 사회와 국가 구성원 모두가 누릴 수 있는 경복慶福을 만들어내려는 노력이다.

단순히 식복이라는 한 단어로 표현했으나 식복의 행위에는 이중의 의미가 숨어 있고, 이중의 의미는 이중의 결과를 낳는다. 즉 식복은 자신이 누릴 수 있는 복을 심음으로써 동시에 사회의 복을 불러오는 것과 마찬가지이므로 이를 이중의 의미라 할 수 있다. 또한 훗날 자신이 그 복을 거둬들일 때 이미 사회도 그 복을 누리는 것이므로 이를 이중의 결과라 정의할 수 있다.

한 가지 예를 들어보자. 누군가 자기 집 안뜰에 사과나무 한 그루를 심었다고 가정하자. 이 사과나무가 해마다 자라 마침내 과실이 여무는 데 이르렀다면, 이 나무를 심은 주인은 나무의 성장만으로도 뿌듯한 행복을 느낄 것이다. 이는 단순히 주인의 감상이 행복해지는 것으로서 '유복'이라 할 수 있다.

그리고 사과나무가 아무렇게나 자라지 못하도록 가지를 쳐주고, 떡잎을 떼어주고, 비료를 주는 것은 '석복'에 비유할 수 있다. 마찬가지로 풍성하게 열린 맛좋은 과육을 혼자 독차지하는 대신 친지와 친구들을 불러 나눠 먹었다면 이는 곧 '분복'을 실천했다고 볼 수 있다. 이처럼 모든 유복은 선도 아니요, 악도 아니지만 석복과 분복은 분명 사람의 선택과 행실이 뒤따라야 하는 선으로 규정되어야 한다. 이에 대해서는 앞서 충분히 설명해놓았다.

그렇다면 이 상황에서 어떻게 해야 식복의 실천을 이룰 수 있겠는가. 쉽게 말해 사과나무의 가지 중 제일 좋은 가지를 골라 다른 곳에 옮겨 심었다면 그것이 곧 식복이다. 또 병든 사과나무에 막 꽃을 틔운 새순을 옮겨 접을 붙였다면 이 역시 식복이다. 혹은 해충을 만나 고사 상태에 빠진 사과나무를 정성껏 돌봐 과육을 맺는 데 이르렀다면 이 또한 식복이다. 식복이란 무슨 거창한 표어나 행사가 아니다. 무릇 천지의 생육에 관계된 작용을 돕고, 사람과 가축의 복지를 증진시키는 모든 활동이 곧 식복인 셈이다.

한 그루의 사과나무라고 해서 우습게 여겨져서는 안 된다. 한 그루의 사과나무는 단순히 한 그루의 나무가 아닌 수십, 수백 송이의 열매를 맺는 거대한 생명체다. 가지에 붙은 사과 열매마다 그 안에 수십 그루의 사과나무로 번창할 수 있는 씨앗이 자라고 있는 이상, 단지 열매 하나일 뿐이라고 비하해서도 안 된다. 언뜻 보기에는 한 그루의 사과나무에 불과할지라도 나무를 심고 가꾸어 열매를 맺게끔 생장시키는 수고는 결코 작다고 할 수 없다. 이 모든 수고에는 현재가 아닌 미래에 대한 기대가 담겨 있기 때문이다. 이 같은 비유에 한 그루의 사과나무 대신 한 사람의 인생을 대비시켜 생각해보자. 진실로 작은 일이 아니다. 이처럼 식복은 미래를 위한 준비이기에 많은 복 중에서도 그 의의가 가장 크다고 할 수 있다.

한 그루의 과일나무가 열매를 맺기까지 지나오는 과정들은 만만치가 않다. 서리와 눈을 견뎌내야 하고, 여름의 땡볕을 온몸으로 받아야 하며, 광풍 앞에서도 그 허리를 숙여서는 안 된다. 이 모든 고통들이 곧 열매인 셈이다. 따라서 열매의 달콤함은 곧 그 나무의 슬픔이라 하겠다.

하물며 과일나무도 열매를 맺기까지 이와 같은 과정을 거치는데, 만물의 영장이라 자처하는 인간은 어떻겠는가. 그 고됨은 가히 비할 바가 못 될 것이다. 시절을 좇아 열매를 맺기 위해 주인과 나무가 함께 고통을 나누고 인내한 덕분에 많은 사람과 더불어 달콤한 과육을 즐기는 것은 모든 생명들이 동일하게 체험하는 거대한 순환이라 할 수 있다.

한 그루의 나무를 키워 열매를 맺는데도 이처럼 많은 뜻이 내포되어 있다. 따라서 한 사람의 인생이 성장하여 자신뿐 아니라 타인에게, 더 나아가 국가와 사회에까지 그 복을 미치는 식복을 가소롭게 생각해서는 안 될 것이다.

식복의 정신과 실천

행복과 이익을 불러일으키는 노력이 바로 식복의 정신이다. 이같은 식복의 정신과 실천에 의해 인류는 끝없이 발전하였고, 또 많은 행복을 누리는 데 이르렀다. 만일 인류에게 식복의 정신과 실천이 없었다면 인류의 모습은 현재와 많은 부분에서 달라졌을지도 모른다. 수천 년 전의 과거부터 오늘날까지, 인간이 내일을 위해 자신을 희생하고 헌신하는 식복의 도리를 실천하지 않았다면 아마도 한 입의 먹이를 위해 서로 죽고 죽이는 맹수의 삶에 만족했을 것이다. 아무리 인간에게 지혜가 풍족하더라도 대의를 위해 눈앞의 이익을 포기하는 식복의 의미를 깨닫지 못하는 한 유인원의 어리석음에서 탈피하지 못했을 것이다. 혹은 인간의 본성이 사회를 조직하고 더불어 사는 데 있었을지라도 식복의 중요성을 서로 나눠 갖지 않았다면 벌과 개미의 생활에서 벗어날 수 없었을 것이다.

다행히도 인간은 수천 년 전부터 오늘에 이르기까지 식복의 정신을 잃지 않고 실천해왔기에 세대가 바뀔 때마다 진보를 거듭할 수 있었다. 그런 의미에서 식복이야말로 인간이 짐승의 탈을 벗고, 영장靈長으로서 인류를 이루고 살 수 있었던 가장 큰 원동력이었다.

이 같은 식복의 정신과 실천이 가장 완벽하게 체현된 산업이 바로 농업이다. 아무것도 없는 땅에 씨를 뿌리고, 새순이 돋아 수확을 하기까지 끊임없이 수고를 반복해야 하는 농사는 그 자체로 하나의 인생이다. 공업과 산업도 이와 다르지 않다. 그런데 비단 농사뿐만이 아니다. 자신과 타인의 행복에 반드시 필요한 무엇인가를 위해 땀을 흘리고 수고를 아끼지 않는다면, 그것이 바로 식복의 실천이라고 할 수 있기 때문이다.

세상에 복을 바라지 않는 사람은 없다. 그러나 복을 가진 사람은 드물다. 복을 얻은 사람들 중에서 복을 아껴야 함을 아는 이도 드물다. 복을 아끼는 사람들 중에서도 복을 나누는 이도 드물다. 복을 나누는 사람들 중에서도 복을 심는 이도 드물다.

겨울에 먹을 쌀을 가을에 걷기 위해서는 봄에 모를 심어야 한다.

마찬가지로 포도를 얻고자 한다면 당연히 수고를 다해 포도 묘목을 심어야 한다. 이 같은 이치로 복에 대한 의미를 살펴봤을 때, 얻고자 하는 복을 심음은 아주 당연한 일이다. 그럼에도 불구하고 많은 사람이 복 받기를 그토록 애원하면서도 정작 복을 심는 데는 고개를 갸우뚱거린다. 복이란 타고난 천운으로서 인간이 이를 결정할 수 없다는 어리석음이 깔린 것은 아닌지, 유감스럽고도 안타까운 일이다.

나무를 심는 것을 예로 들어 생각해보자. 어떤 나무든 땅을 파서 묘목을 심으면 반드시 사람에게 기여하는 바가 크므로 식복의 사례로서 나무처럼 좋은 설명도 없다. 복이란 이 나무의 생장과 똑같다. 한번 심어진 복은 그 시일이 각각 다를 수 있으나, 시시각각 자라고 발전하기 마련이다. 그리고 이렇게 자라난 복은 어느새 다시 그 복을 심은 인류에게 돌아간다.

가끔 울창한 숲 속을 거닐다 보면 삼나무나 소나무가 하늘에 닿을 만큼 크게 자라난 경우가 있다. 이 나무들도 맨 처음 땅에 심겼을 때는 크기가 채 손가락 두 마디도 못 되었을 것이다. 식복의 결과가 이와 같은 셈이다. 아무리 큰 복이라도 그 처음은 이처럼 가냘프기 그지없었다.

목마른 사람에게 한 잔의 물을 주는 것은 서너 살 먹은 어린아이도 베풀 수 있는 은혜다. 굶주린 사람에게 밥 한 숟가락을 떠먹이는 것은 가난한 사람도 충분히 할 수 있는 미덕이다. 그러나 세상에는 이런 작은 실천이 무슨 소용이 있겠느냐며 우습게 여기는 사람들이 많다. 이는 매우 잘못된 사고방식이다.

　우리는 한 줌도 안 되는 작은 씨앗이 어느새 하늘을 찌를 듯한 커다란 고송高松으로 자라나는 생명의 신비를 기억해야만 한다. 마찬가지로 아무리 사소한 실천이라도 그 결과마저 사소해지지는 않음을 기억해야만 한다. 물론 개중에는 자신의 행복을 얻고자 타인에게 선행을 베푼다는 데에 반감을 느끼는 사람이 있을지도 모른다. 한 잔의 물, 한 끼의 식사가 아쉬운 사람에게 진심어린 동정을 베풀지는 못할망정 마치 어떤 보상을 기대하고 선행을 베푸는 장삿속 같아 불쾌감을 느낄지도 모른다.

　그러나 이는 식복의 정신을 온전히 깨닫지 못한 데서 오는 잘못된 판단이다. 목마른 사람을 위해, 혹은 배고픈 이웃을 위해 내가 가진 먹거리를 성심껏 베푸는 선행은 그 자체로 이미 식복이다. 물론 선행을 베풂으로써 내게 돌아올 복을 의식하며 배고픈 이웃에게 음식을 제공하는 것은 진정한 식복이라 할 수 없다. 선행이라는 의미에서는 분명 내게 이로운 일이겠으나, 식복이란 분복이나 석복처럼 다분히 개인적이고 사소한 개념이 아니기 때문이다. 내게 돌아올 선행을 위해 누군가를 돕는다면 이는 분복에 해당될 것이다. 그러나 사회 구성원들이 이 사회의 정의를 위해 진심에서 우러난 선행을 베풀 때, 그것이 비록 개인적으로는 물 한 모금, 밥 한 숟가락에 불과할지라도 그 결과는 사회 정의가 실현되는 거대한 복으로 돌아온다.

내가 심은 복, 결국 내게로 온다

현대인은 고대에 비해, 또는 원시시대와 비교했을 때 커다란 행복을 누리고 있다. 이 같은 행복은 이전 세대가 우리를 위해 식복의 실천을 게을리 하지 않았기 때문이다. 즉 오늘날 우리가 좋은 사과 열매를 맛볼 수 있었던 원인은 누군가 예전에 좋은 사과나무를 심었기 때문이다. 따라서 우리에게는 식복의 실천을 통해 미래의 후손들에게 우리가 누렸던 행복을 물려줘야 할 책임이 있다.

이 같은 공동체적인 정신이 바로 문명이다. 우리가 향유하는 문명도 식복의 결과다. 반면에 사회적 분열이나 계층 간의 갈등은 주어진 복을 소진시켜 발생한 재앙이다. 각각의 개인이 자신의 삶에서 덕을 쌓는 식복을 게을리 하지 않을 때 인류의 참된 행복은 앞으로도 계속될 것이다.

인류의 행복이란 단순히 잘 먹고 잘 사는 데 국한되지 않는다. 오히려 그동안 발굴한 지식 등이야말로 인류의 진정한 행복이라고 볼 수 있다. 각 개인이 덕과 지식을 쌓고자 노력할 때 비로소 사회는 문명의 복을 한없이 이어갈 수 있게 된다. 이는 나무를 심거나 타인에게 은혜를 베푸는 것과는 비교도 할 수 없는 가치다. 따라서 식복의 정신이야말로 인간의 진정한 가치라고 할 수 있다.

유복은 사람이 인생을 살아갈 때 누구나 한 번쯤 경험하는 것으로서 존중할 이유가 없다. 그러나 석복의 정신을 갖출 때 인간은 동물과 다르다는 고귀함을 얻는다. 마찬가지로 분복의 정신을 실현시킬 때 인간은 마침내 문명을 지닌다. 그리고 식복의 도리를 실천함으로써 인간은 진정 경외할 만한 존재로서의 가치를 부여받는다.

복은 얻을 때와 마찬가지로 언제든 잃을 수 있다. 만일 그 복을 아낀다면 좀 더 오래 복을 누릴 수 있을 것이다. 또는 그 복을 누군가에게 나눠줌으로써 내게 복이 없을 때 타인의 복을 나눠받게 될지도 모른다. 그러나 복을 심음으로써 인간은 스스로 복을 만들게 될 것이다.

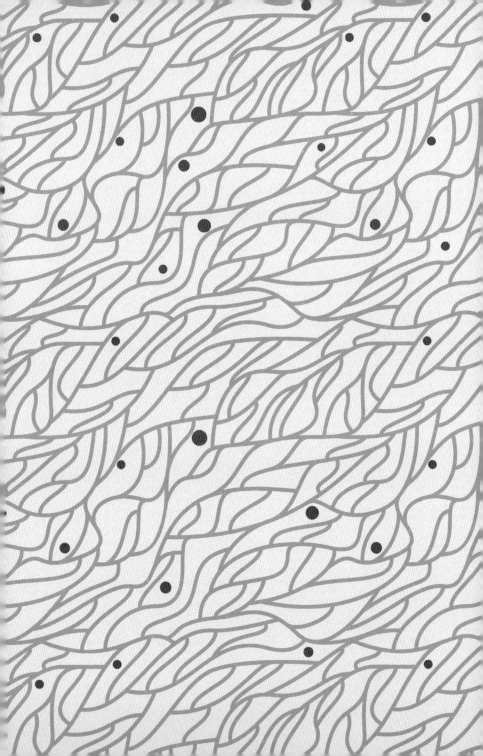

3부
세상을 움직이는
다섯 가지 이치

인생론

人
生
論

한 사람, 한 사람이 곧 우주이며 천지의 조화다.
따라서 천지의 조화에 맞게 살아가는 것은
인간으로서 마땅히 해야 할 노력의 근본이자 의무다.
사람의 인생은 오직 한 번뿐이기에 더욱 귀하다.

01
기

○

○

○

중국 전국시대의 사상가인 장자莊子가 지은 《남화경南華經》에는 "천하를 통틀어 기氣는 오직 하나뿐이다"라는 명문이 기록되어 있다. 이 말을 풀이하자면, 천하의 모습이 만 가지일지라도 그 기운은 한 번의 호흡에 있다는 뜻이다. 쉽게 말해 인간과 동물, 식물이 살아가는 이 거대한 환경이 결국은 동일한 체계, 동일한 기의 흐름으로 운영된다는 말이다. 즉 천하는 그 모습이 다양하지만, 근본은 오직 하나다.

꽃을 보면 생김새가 다 제각각이다. 그러나 씨가 뿌려져 싹을 틔우고, 싹이 떨어진 자리에 잎이 나며, 그 잎이 봉오리를 맺었을 때 비로소 꽃잎이 펼쳐지는 것은 모든 종류와 환경을 불문하고 매한가지다. 세상에 백 가지, 천 가지의 꽃이 존재해 지금 이 순간에도 피고 지기를 반복하고 있으나, 하나의 씨앗이 자라 꽃이 되기까지의 과정에는 변함이 없다.

물도 마찬가지다. 계곡을 흐르는 물이 있고, 바다를 유랑하는 물이 있으며, 구름에 휩싸인 물도 있다. 산천초목山川草木을 적시는 비 역시 물이다. 생김새와 장소와 쓰임은 다를 수 있어도 그 본질은 물인 것이다. 이는 결코 변하지 않는 진리다.

봄은 매년 따스하고, 가을은 수만 년이 흘러도 여전히 서늘하다. 흰색은 오랜 시간을 방치해도 흰빛이고, 검은색은 제아무리 이름을 바꾼들 검을 수밖에 없는 것이 천하의 이치인 셈이다. 올바름은 부정함과 같지 아니하고, 어리석음은 지혜와 같지 아니하고, 사람은 동물과 같지 아니하고, 신神은 귀신鬼神과 같지 아니하다.

그러나 그 이치를 깊이 따지고 헤아려보면 결국 천하를 아우르는 한 가지 기운이 서로 선회하고, 충돌하며, 교착하는 과정을 통해 발생할 뿐, 어리석음이 지혜와 근본적으로 다르지는 않고, 올바름이 부정함과 근본적으로 다르지는 않으며, 사람이 짐승과 근본적으로 다르지는 않다.

근본은 변하지 않는다

사군자四君子, 즉 매화·난초·국화·대나무에도 각기 서로 다른 기운이 존재한다. 사과·배·탱자·감귤은 같은 식물이기는 하나, 그 모양과 형태와 쓰임은 다르다. 그러나 이 같은 차이는 어디까지나 외형적인, 즉 기운의 형성 과정에 의해 나타나는 물리적인 차이일 뿐이고 근본적인 기운의 흐름에는 조금의 다름도 없다.

예를 들어 매화의 성질이 담긴 씨앗이 꽃을 피우기 위해서는 물이 있어야 하고, 충분한 햇빛이 허락되어야 한다. 이는 난초에도 해당되는 이치이며, 국화와 대나무에도 허용되는 불변의 법칙이다. 또한 사과·배·탱자·감귤이 열매를 맺기 위해서도 수반되어야 할 이치다. 즉 성질을 드러내는 형태는 매화·난초·감귤·탱자일지 모르나, 그 성질이 물리적으로 작용키 위해서는 동일한 조건, 즉 햇빛과 물과 양분이 필요하다는 것이다.

이로써 우리는 매화·난초·감귤·탱자가 쓰임과 형태는 다르지만, 동일한 조건 하에서 기운을 생장시키는 식물과科라는 사실을 알게 된다. 다시 말해 생김새는 천 가지, 만 가지로 나뉠 수 있어도 식물이라는 천하의 큰 틀에서 하나의 기운이라는 사실을 깨닫게 되는 것이다.

이 같은 기운은 그 스스로 자신의 존재를 증명하지 못한다는 특징이 있다. 사람의 눈에 보이지 않는다는 이야기다. 사람의 육안으로 식별할 수 있는 것은 오직 물체뿐이다. 큰 도를 닦아 심안心眼이 뜨인 신선들이 기를 감지했다는 말이 전해오기는 하지만, 일반인의 입장에서 이 같은 경지를 선망하기는 힘들다. 이 때문에 많은 사람이 세계를 단지 거대한 물체일 뿐이라고 생각한다. 그리고 기에 대해서는 감지할 수 없고, 보이지 않는다는 이유만으로 무익한 어리석음으로 치부하곤 한다.

예를 한 번 들어보자. 물은 눈으로 볼 수도 있고, 손으로 만질 수도 있다. 따라서 물이라는 형태는 분명 물체의 한 종류다. 그러나 이 물이라는 물체를 물로서 확인하기 위해서는 축축함, 다시 말해 습기라는 성질이 확인되어야 한다. 만일 세숫대야에 담긴 물체가 생김새는 분명 물인데, 종이 한 장 적실 수 없다면 누가 이 물체를 물이라 믿겠는가. 그렇다면 여기서 습기란 물의 타고난 성질, 즉 물의 기운이라고 할 수 있다.

불 또한 물과 마찬가지로 눈으로 식별할 수 있고 촉감도 있다. 따라서 형태는 불과 동일한데, 뜨거움이 느껴지지 않는다면 우리는 이 물체를 불로서 받아들일 수 없다.

물의 타고난 성질이 습기라면, 불의 타고난 성질은 뜨거움이다. 뜨거움이 느껴지지 않는 불과 습기가 느껴지지 않는 물은 비록 그 형태가 불과 물일지라도 절대 불과 물이 될 수 없다. 다시 말해 물체는 외관상의 형태로 자신의 속성을 증명하는 것이 아니라 내면의 기운, 즉 성질을 통해 속성을 증명하는 것이다.

이 내용을 바탕으로 우리가 알 수 있는 중요한 사실은 '보이는 것은 보이지 않는 것에 의해 사물화되고, 현실화된다'는 점이다. 불이라는 형태에 의해 뜨거움이 전해지는 것은 아니다. 오히려 뜨겁기에 불이라는 형태로서 존재하는 것이다. 물이라는 형태이기에 습기를 머금는 것은 아니다. 오히려 습기를 머금기 위해 물이라는 형태를 보존하는 것이다. 따라서 기운은 물체보다 먼저이며, 모든 물체는 그 타고난 기운을 온전히 드러내기 위한 방편에 지나지 않는다. 그리고 이 같은 방편을 통해 기운은 그 타고난 성질을 더욱 구체화하며, 활성화시키는 것이다.

습기는 물의 기운이고, 뜨거움은 불의 기운이다. 물과 불이라는 형태는 습기와 뜨거움을 더욱 구체화하고, 활성화시키는 데 필요한 최적의 반응이다. 습기를 통해 물이 만들어지고, 물이 만들어질수록 습기는 더욱 활성화된다. 마찬가지로 뜨거움이 모여 불이 되고, 활활 타오르는 불은 그 뜨거움을 더한다. 이는 기와 물체의 관계를 극명하게 드러내는 좋은 사례다. 물과 불은 습기와 뜨거움의 드러남에 지나지 않으나, 이 드러남에 의해 습기와 뜨거움은 더욱 활발해진다. 이 말은 기를 통해 사물이 본격화되고, 사물을 통해 기가 더욱 적극적으로 활성화된다는 뜻이다.

이처럼 기와 물체는 동전의 앞뒷면처럼 서로 적극적으로 호응하는 관계다. 그렇기 때문에 만에 하나 습기가 줄어들면 형태인 물도 사라지고, 물이 사라지면 성질인 습기도 사라지는 것이다. 또한 뜨거움이 줄어들면 형태인 불도 사라지고, 불길이 잠잠해지면 성질인 뜨거움도 가시는 것이다. 즉 본체와 성질, 둘 중 하나만 존재해서는 또는 하나만 왕성해서는 그 조화가 온전해질 수 없다.

이처럼 사람의 육안으로 확인되는 모든 사물에는 각각의 성질, 즉 기운이 존재한다. 난초의 기운은 매년 새로 피어날 때마다 뿜어내는 향기다. 그 향기로서 사람의 성정을 편안하게 다스리는 것이 곧 난초의 기운이라고 할 수 있다. 국화의 기운은 늦여름, 연꽃을 대신해 그 향내를 이어가는 순박함이다. 자기를 드러내기보다는 자연의 이치에 조화되기를 갈망하는 국화의 담백함이야말로 그 타고난 기운이라 할 것이다.

이와 마찬가지로 매화에겐 매화의 기운이 있고, 대나무에겐 대나무의 기운이 있다. 또 소나무에는 소나무의 기운이, 차에는 차의 기운이, 약에는 약의 기운이, 술에는 술의 기운이, 독에는 독의 기운이, 이무기에는 이무기의 기운이, 서리에는 서리의 기운이, 눈에는 눈의 기운이 있다.

흔한 말로 '냄새'가 난다고 말하는데, 이 '냄새' 또한 기의 발현 중 하나다. 일반적으로 사람들은 '냄새'를 후각과 연관 지어 생각하는 데 그치지만, 실은 그것만이 아니다. 빛깔의 윤택, 칼날의 빛, 사람의 용모 또한 일종의 '냄새'에 속한다고 볼 수 있다.

삶이 지닌 기운

예로부터 '기氣'라는 단어는 어떤 향내를 구체화할 때 자주 사용되었다. 난기蘭氣, 차기茶氣, 주기酒氣, 약기藥氣처럼 난초의 향기, 차의 향기, 술의 향기, 약의 향기를 뜻할 때 '향香'이라는 단어 대신 '기'를 쓴 것이다. 그 이유는 향이란, 그 자체로 향이 되는 것이 아니라 기의 드러남에 지나지 않음을 간파했기 때문이다. 다시 말해 향은 기의 드러난 형태의 일부분일 뿐이고, 향이 기라는 본질을 대체할 수는 없다. 그래서 옛 선조들은 향이라는 형태보다는 그 본질을 드러내기 위해 기라는 단어를 즐겨 사용했었다.

그런데 현대에 와서 이 기라는 단어가 냄새라는 단어로 대체되기 시작했다. 그렇다고 이것이 크게 잘못된 용례라고는 볼 수 없다. 냄새의 특징은 후각이다. 후각은 시각과 달리 보이지 않는 기운을 감지하기 위해 존재한다. 청각은 어떤 활동에 의해 공기가 진동해야만 들을 수 있고, 미각은 먹어서 직접 맛을 봐야만 알 수 있다. 이에 반해 후각은 아무 작용을 하지 않아도 저절로 감지되며, 의지와는 아무 상관이 없다.

예를 들어 난기蘭氣는 난초에서 뿜어져 나오는 향내를 뜻한다. 그런데 이 향내는 시각처럼 눈을 움직여 주목하거나, 혀를 갖다 댐으로써 맛을 보거나, 그 풀잎을 건드려 소리를 듣고자 하는 사람의 의지와 상관없이 자연스레 풍기는 냄새에 대한 감지다. 비록 냄새를 기의 본질이라고 할 수는 없으나, 냄새를 통해 물체의 내면에 깃든 기의 정체를 확인하는 것은 가능하다.

반면 칼이나 사람의 외모에서는 아무런 냄새도 풍겨지지 않는다. 이런 경우 냄새 대신 '인상'이라는 것을 감지하게 되는데, 이 같은 인상은 단순히 시각적인 특색이 아닌 일종의 정신적인 냄새라고 할 수 있다.

예를 들어 날이 반듯하게 선 칼날을 보면 일종의 살기가 느껴진다. 여기서 살기란 칼에 대한 정서적인 인상이다. 난초 향기 같은 직접적인 냄새는 감지되지 않아도 살기라는 정서적인 인상을 통해 피비린내가 물씬 풍기는 전장이 떠오른다면, 이것이야말로 이 칼에 숨겨진 기운이라고 할 수 있다.

사람도 이와 다를 바가 없다. 한 분야에 오랫동안 종사한 사람들, 소위 대가大家로 불리는 사람들의 첫인상은 엄숙함이다. 평생 외길을 고집한 인간의 자존심, 지나온 삶에 대한 확신, 그 와중에 필연적으로 겪을 수밖에 없었던 고독 등이 한데 얽혀 평범한 사람들이 함부로 접근할 수 없는 어떤 엄숙한 경지가 느껴지는 것이다. 이 같은 엄숙함은 한 분야에서 뛰어난 실력을 발휘해 권위를 인정받은 사람에 대한 인상이라고 할 수 있으며, 이런 느낌을 통해 비록 그와는 단 한마디도 나누지 않았을지언정 그가 살아온 시간들을 대략적으로 유추해볼 수 있다. 이는 곧 그의 삶이 지닌 기운이라고 할 수 있다.

이처럼 인간과 동물, 사물, 식물, 자연을 망라한 천지만물에는 그 기운이 담겨진 형태가 있고, 또한 형태를 통해 그 기운을 알아차릴 수 있다. 실존과 같은 어려운 문제도 그 해답은 이와 같은 우주의 이치가 드러남에 불과하다.

대나무라는 사물의 본질은 눈으로 마디를 보고, 손으로 죽순을 어루만진다고 해서 얻어지는 것이 아니다. 그 풍기는 향과 스스로 내뿜는 청아한 운치가 보는 이의 감정 속에 깊은 감동으로 거듭날 때 비로소 우리는 죽기竹氣, 즉 대나무의 기운을 깨달았다고 말할 수 있다. 모든 기운이 그렇다. 그러므로 처음에 언급했던《남화경》의 구절 이야말로 참된 진리라고 할 수 있다.

기운의 활용

물에 열을 가하면 끓는다. 이것은 여남은 살 아이들도 쉽게 이해하는 극히 초보적인 자연현상이다. 물에 열이 가해지면 물이 팔팔 끓다가 수증기로 증발하고, 이 수증기가 찬 공기와 만나 '김'이 서리는 이치 또한 특별히 언급하지 않아도 누구나 알고 있는 내용이다.

그렇다면 '김'이란 대체 무엇일까? '김'은 과열過熱이라는 외부 현상과 맞닥뜨렸을 때 나타나는 물의 변화다. 그러나 '김'이 피어오르는 변화는 엄밀히 말해 물의 변화만은 아니다. 즉 물체의 외부적인 변화에만 국한되지 않는다는 이야기다.

예를 들어보자. 물에 열을 가하면 김이 오른다. 이때 물은 김으로 빠져나간 양만큼 부피가 줄어든다. 이는 분명 외부적인 변화다. 이런 변화는 습기라는 물의 본질적인 기운에도 영향을 미친다. 이에 대해서는 앞서 언급한 바가 있다.

따라서 '김'이라는 존재는 과열(외부 환경)에 맞닥뜨린 물(형태)의 변화일 뿐 아니라 본질인 습기(기운)의 변화이기도 한 셈이다. 기의 흐름이 모든 만물의 형태와 본질에 상관없이 동일할진대, 사람이 물과 다를 것은 없다. 사람뿐 아니라 기를 필요로 하는 모든 존재 혹은 기가 한데 모여 발생한 집단, 예를 들어 직장이나 학교, 가정, 사회, 국가 등도 이와 같은 이치에서 조금도 자유로울 수 없다.

옛 중국의 병법兵法 중에 '망기술望氣術(인물과 집단, 장소로부터 떠오르는 기를 엿보아 전쟁의 국면과 진퇴를 판단하는 병법)'이라는 것이 전해 내려온다. 병법이란, 전쟁에 참가한 군대가 사용하는 용어다. 그리고 전쟁이란, 서로 반목하는 두 진영이 갖춰져야만 발생되는 현상이다.

군대도 넓게 봤을 때는 일종의 거대한 기운이다. 전쟁의 주체는 사람이며, 모든 사람은 각자의 기운이 있기 마련이다. 그렇다면 각각의 기운을 가진 사람들이 서로 편을 나눠 싸우는 전쟁터에 기운이 없을 리 만무하다. 망기술은 바로 이 같은 관점에서 등장한 병법이다. 술에는 사람을 취하게 하는 기운이 있고, 차에는 사람의 정신을 맑게 하는 기운이 있으며, 군대에는 상대방을 짓밟고 넘어서려는 군기軍氣가 있음을 인정한 데서 망기술이 탄생한 것이다. 망기술의 핵

심은 적군의 기운과 아군의 기운을 고려하여 불필요한 싸움을 최소화하려는 데 있다.

예를 들어 적군의 수가 아군에 훨씬 못 미치는 상황이라고 가정하자. 그럼에도 불구하고 적군은 목숨을 내놓는 결사항쟁의 정신으로 전투에 임하고 있다면, 비록 승리는 정해져 있을지언정 아군의 피해는 불을 보듯 뻔하다. 이때 군이 전투를 개시해 승리를 낚아도 인명의 손실 등 양측의 피해는 돌이킬 수 없을 것이다. 망기술의 지혜는 바로 이런 상황을 대비하고 있다.

이미 승기勝氣가 아군의 것이라면, 아군은 이 같은 기운을 형태, 즉 적의 항복으로 이끌어내려는 노력이 필요하다. 적군에게 항복하는 조건으로 가족과 친지의 목숨을 보장해준다거나, 투항하는 조건으로 상급을 준다거나 하는 식으로 말이다.

이처럼 외부 환경을 어떻게 조성하느냐에 따라 같은 승리일지라도 그 형태는 천차만별이 될 수 있다. 극단적인 비교로, 목숨을 내건 적군을 설득해 아군으로 편입시킬 수도 있고, 전투로 치달아 예상 밖의 힘겨운 승리로 귀결될 수도 있다. 이 같은 결과의 차이는 승기가 정해진 상태에서 승기의 형태를 어떻게 만들어낼 것인지를 택하는 사람의 노력에 달려 있다고 해도 과언이 아니다.

이 논리는 사업에서도 마찬가지로 적용될 수 있다. 광산 또한 자명한 물체이기에 고유의 기운이 존재한다. 만일 내가 금광을 원한다면 금광의 기운이 감지되는 산을 고르는 것이 바람직하고, 탄광을 원한다면 탄광의 기운이 감지되는 산을 고르는 것이 당연하다. 사업은 넓게 봤을 때 이득과 손실이 오가는 계산의 한 형태이므로 어떤 수를 고를 것인지에 대한 구체적인 계획이 잡혀야 성공의 확률도 그만큼 높아진다.

기운은 단순히 산에만 있는 것이 아니라 금광을 원하는 나의 입장에도 존재한다. 바꿔 말해 광산업자가 단순히 이해득실만 따져 자신의 기운을 발산한다면, 사업이라는 거대한 틀 역시 계산적인 이론만 따지게 될 뿐 사업의 성공과 연결되는 구체적인 복안은 사라지게 된다. 그러나 대부분의 사람들은 광산을 운영하겠다는 생각으로 자신의 기운을 광업에 맞추면서도 그것이 금광인지, 탄광인지는 관계없이 이득이 될 것인지, 혹은 손해만 남길 것인지를 따지는 경우가 허다하다. 이때 그 사람의 사업운事業運은 금광이나 탄광처럼 구체적인 계획을 세워 발로 뛰는 것이 아니라 쓸데없이 이해득실만 따져보다가 끝날 것이다.

천상과 인사의 조화로움

천상天象(천체가 변화하는 여러 현상)과 인사人事(세상에서 벌어지는 일)는 그 이치가 별반 다르지 않다. 비록 하나는 하늘에 있고, 또 하나는 땅에 있을지라도 말이다. 중국에서는 오래전부터 이 같은 사상을 신봉하여, 하늘의 뜻이 사람을 변화시킬 수 있듯이 사람의 노력도 하늘의 모습을 변화시킬 수 있다고 생각했다. 하늘이 본질, 즉 기운이라면 사람은 하늘의 기운이 드러나는 형태라고 할 수 있다.

역사적인 진위 여부를 떠나 성왕聖王으로 칭송받던 탕湯(하나라의 걸왕을 물리치고 상나라를 건립한 왕)은 나라에 큰 가뭄이 들자 스스로를 책망했고, 원한을 품고 죽은 두아竇娥(중국 원나라 시대의 잡극작가인 관한경關漢卿이 쓴《두아원竇娥寃》에 등장하는 인물로, 누명을 쓰고 억울하게 죽었다)를 위해 하늘은 여름에도 서리를 내렸다는 말이 있다.

비와 서리는 분명 '천상'에 속한다. 반면에 스스로를 꾸짖은 탕과 원한을 품고 죽은 두아는 '인사'에 속한다. 이 두 사례는 인사로서 천상을 바꾸고자 한 것이므로 기의 흐름에 역행했다고 할 수 있다. 그러나 제때에 비가 오지 않은 것과 사람의 도리를 온전히 실천했음에도 불운을 겪는 것 또한 일종의 역행이라 할 수 있으므로, 역행을 역행으로서 바로잡으려는 인간의 노력이 가상하기만 하다.

많은 사람이 천상이 늘 복되기만 갈망할 뿐, 인사의 중요성에 대해서는 소홀하였다. 탕과 두아처럼 천상을 그 뜻에 맞게 변화시키는 것은 제쳐놓고도 천상에 맞게 인사를 운영하기만 해도 오늘날 많은 이들이 겪는 불행은 지금보다 훨씬 감소할 것이다.

인류는 스스로를 만물의 영장이라 칭하며, 천하의 주인 행세를 해왔다. 그러나 만물의 영장이 되기 위해서는 천지의 조화가 이뤄지는 큰 틀에 포함되어야 한다는 사실을 간과해왔다. 물이 열을 못 이겨 수증기가 되는 현상은 당연시해왔으면서도 자기 삶의 기운이 인생이라는 형태로 나타나는 과정에 대해서는 눈감아왔던 것이다.

인도나 유럽처럼 종교다운 종교를 갖지 못한 채 상식 일변도의 지혜만 탐구해온 사람들 중에서도 우주의 궁극적인 이치가 인간의 생을 좌우하는 이치와 하등 다를 바가 없음을 깨달아, 우주의 조화를 인생에 받아들이려는 사상으로 발전시킨 예가 적지 않다.

유럽의 경우 별자리로 불리는 별의 기운을 통해 날씨의 변화를 감지하거나 사람의 인생을 성찰해왔고, 중국의 도교에서는 오래전부터 구름의 흐름이 거대한 도道의 일종이라고 믿어왔다. 별이나 해, 달 등이 지니고 있는 기운의 변화를 통해 인사의 흐름을 미리 예측하려 했던 점성술은 오늘날 천문학의 시초가 되었고, 황금의 본질만 밝힐 수 있다면 납 따위도 황금으로 변화시킬 수 있다고 믿었던 연금술은 화학의 시작이 되었다. 별이나 해, 달 등의 변화를 통해 인간 세상의 궁극적인 조화를 찾아내려는 점성술의 시도는 한낱 미신에 지날 뿐이라고 일축할 수도 있으며, 연금술 또한 납을 황금으로 바꾸려는 인간의 욕망이라고 치부해버릴 수도 있을 것이다.

그러나 명심할 것은 점성술과 연금술이 오늘날 천문학과 화학이라는 정당한 학문으로 대접받고 있다는 점이다. 이것은 무엇을 뜻할까? 하늘의 모습을 자세히 관찰한 후 인간의 생활을 그 방향대로 인도하는 것이 천문학이고, 비록 서로 다른 성질일지라도 얼마든지 그 본질에 변화를 주어 원하는 형태의 성질을 만들어낼 수 있다는 연금술이 화학의 근간이라면, 이는 비단 천문학과 화학이라는 학문에만 존재하는 이치가 아니라 인간의 실질적인 삶에 대해서도 얼마든지 적용 가능한 진리라고 해야 할 것이다.

내면에서 풍기는 기운

점성술과 연금술의 외양적인 역사는 허망한 미신의 풍습과 이루어질 수 없는 인간의 물욕으로 끝나버렸다. 그러나 그 본질, 즉 천상을 인사에 도입하고자 했던 지혜와 형태의 성질을 바꾸고자 했던 시도는 인생에서 실천 가능한 실용적인 부분이라는 생각이 든다. 이 같은 지혜가 형태를 갖춘 것이 앞서 살펴본 망기술과 같은 수단이라고 할 수 있다.

군대는 전쟁이 목적이고, 사회는 진보가 목적이므로 근본이 서로 다른 듯싶어도 전쟁은 군대를 이루는 병사들의 참전이 관건이고, 진보는 사회의 구성원인 시민들이 참여해야 한다는 점에서 넓게는 뜻이 통한다고 볼 수 있다. 따라서 군기가 존재하듯이 사회에서도 그 기운이 존재하지 않을 리가 없다. 군기로써 전쟁의 승패를 미리 가늠할 수 있는 것처럼 사회의 기운을 통해서도 진보와 퇴락의 조짐을 발견할 수 있는 것은 역사적으로 이미 증명된 사실이다. 오합지졸이 모여든 군진軍陣의 기운이 흥할 리 없듯이 삶을 제멋대로 탕진하는 구성원들의 사회가 진보한다는 것은 불가능한 일이다.

사람이 속해 있는 사회가 이러하건대, 작은 사회라 할 수 있는 인간의 삶 또한 그 내면에서 풍기는 기운과 무관할 수 없는 노릇이다. 인생이란, 어떤 의미에서는 그 사람의 기운이 드러나는 형태에 불과하다. 따라서 내면의 기운을 무시한 삶은 결코 완전한 인생이라고 볼 수 없다.

그런데 이 같은 기운은 연기처럼, 혹은 구름처럼 쉽게 감을 잡지 못한다는 단점이 있다. 멀리 떨어져서는 어느 정도 예측할 수 있을 법도 한데, 가까이 다가가면 손가락 틈새로 사라지는 것 같은 기분이 든다. 그래서 문자 그대로 망기望氣라는 단어를 사용하는지도 모르겠다. 그러나 기운은 분명 그 형태를 지니고 있다. 사람이 기운을 볼 수는 없으나, 기운이 드러난 형태는 얼마든지 감지할 수 있다는 이야기다. 천상만 존재하는 것이 아니라 천상이 드러난 인사도 존재하므로 천상을 알고자 하는 마음에 하늘만 바라볼 것이 아니라 인사를 두루 살펴 천상의 뜻을 감찰하는 것이 중요하다.

패기霸氣는 분명 눈에 보이지 않으나, 패기를 갖춘 사람의 얼굴에서는 알 수 없는 자신감이 묻어난다. 이로써 우리는 그가 패기를 지녔다는 것을 알게 된다. 마찬가지로 재기才氣는 눈에 보이지 않으나, 재기를 갖춘 사람의 얼굴은 그렇지 않은 사람과 비교했을 때 훨씬 뚜렷한 느낌을 준다. 패기와 재기는 둘 다 천상에 속하나, 사람의 얼굴이라는 인사를 통해서도 얼마든지 깨달을 수 있는 것이다.

노자老子(중국 춘추시대의 사상가로 도가道家의 시조다)가 관문을 지나가려고 할 때 문 앞에 서 있던 관윤자關尹子(주나라를 떠난 노자가 도달했던 함곡관을 지키던 관문지기, 관윤희라고도 한다)의 얼굴이 자색으로 빛남을 보곤 크게 웃었다는 일화가 있다.

또한 범증范增(진나라에 대항하여 군사를 일으킨 항우의 책사)은 망기술에 능통한 도인을 찾아가 유계劉季(중국 한나라의 초대 황제인 유방의 다른 이름)의 운에 대해 물었는데, 용과 호랑이가 다섯 빛깔을 감싸 안고 있다는 말을 듣곤 자청해서 그를 섬겼다고 한다. 여후呂后(유방의 황후)가 아직 미약했던 시절, 망탕산芒碭山에 숨어 있던 고조高祖(유방의 묘호)를 찾게 된 연유는 그가 있던 곳에서 한 줄기 빛이 뿜어졌기 때문이라고 한다. 여후의 아버지는 상像을 잘 보기로 이름난 사람이었다.

광무光武(중국 후한의 초대 황제)가 황제의 자리에 오르기 전에 거처를 남양南陽에서 용릉舂陵으로 옮긴 적이 있었는데, 그 까닭은 용릉 근처 숲에서 범상치 않은 기운이 느껴져 이를 얻고자 했기 때문이었다. 광무는 이곳에서 망기술에 능통한 소백아蘇伯阿라는 인물을 만나 큰 가르침을 얻었는데, 이는 한말漢末에 있었던 일이다. 물에 빠진 주정周鼎을 망기술로 찾아낸 신단평新壇平은 한초漢初에 살았던 사람이다. 보검寶劍을 그 기로써 간파해내는 것으로 유명했던 장화張華는 진晉나라 사람이었다. 같은 시대 사람인 갈치천葛稚川은 장화를 찾아가 망기술을 배웠노라고, 자신의 자서전에 기록하기도 했다.

이처럼 옛 중국에서는 전한, 후한, 진, 당, 송으로부터 근세에 이르기까지 망기술과 같은 기학氣學을 엄연한 학문으로 대접해왔다. 그리고 국가나 개인의 신상에 중대한 변화가 감지될 때마다 천상을 좇아 인사를 결정하는 지혜를 발휘했다.

현대에 이르러 과학이 발전하면서 기氣의 존재가 의심받고 있다. 사람들은 기에 의존하기보다는 발전된 사회의 문화나 인습 등을 통해 보다 나은 삶을 설계하는 것이 도사道士나 신선神仙을 흉내 내는 것보다 훨씬 더 지혜로운 선택이라고 믿는다. 여기서 분명히 짚고 넘어갈 사실은 도사나 선인이 되어야만 기의 존재를 느낄 수 있거나 기를 활용할 수 있는 것은 아니하는 점이다.

기에 대해 가장 합리적으로 정의내리면 '인간이 스스로 바라봐야 하며, 헤아려 생각해야 할 내면의 자아'라는 한 문장으로 압축시킬 수 있다. 그리고 내 안의 자아를 우주만물의 거대한 자아와 연계시켜 한 사람의 인생이 아닌, 자연계의 일부가 되어 살아가도록 만드는 것이 바로 기를 제대로 활용하는 사례라고 할 것이다.

따라서 기는 앞서 여러 차례 언급했듯이 인간과 짐승 같은 특정한 존재에게만 서려 있는 것이 아니라, 생명을 지닌 모든 존재들에게서 공통적으로 발견되는 흐름의 조화라고 할 수 있다. 즉 기의 흐름이 생명이며, 생명이 바로 기의 형태다.

인간은 자연에게, 자연은 인간에게

이 같은 기는 비단 사람과 짐승과 식물들에게만 존재하지 않고 물이나 산, 바위, 지형 등에도 고유한 조화로서 존재한다. 예를 들어 《회남자淮南子》(중국 전한의 회남왕인 유안劉安이 편찬한 철학서)라는 옛 고서를 살펴보면 "산에 둘러싸인 마을에선 주로 아들을 많이 낳고, 늪지대와 인접한 마을에선 주로 딸을 생산한다"라는 구절이 있다. 이 구절은 산의 정기는 남성성과 연관이 깊고, 늪지대의 정기는 여성성과 관련이 깊다고 해석할 수 있다. 이를 통해 자연은 인간의 삶에 영향을 끼치고, 또 인간으로부터 상당한 영향을 받는다는 점을 어렴풋이나마 깨닫게 된다.

그렇다면 인간과 자연이 서로 주고받는 영향이란 대관절 무엇을 뜻하는 것일까? 이는 바로 '기'라고 할 수 있다. 물론 인간이 잉태되는 과정에서 산이 어떤 물리적인 작용을 가하거나 직접적으로 사람에게 깨우침을 주는 것은 아니다. 하지만 험준한 산맥을 터전 삼아 살아가는 사람들은 자신도 모르는 사이에 정상을 향해 치닫는 산의 지형에 감화되어, 늪지대에서 살아가는 사람들의 성정보다 더 진취적일 것이다. 또한 산은 나무가 많고 숲이 우거져 공기가 싸늘하기 마련인데, 이 같은 저온현상은 남성의 생식력을 더욱 활발하게 만드는 작용을 한다. 이밖에도 산지는 여성들에게 보다 많은 운동량을 요구하므로 집 안에서 자수나 놓는 여성들에 비해 성격이나 신체 면에서 훨씬 남성화되어 있을 확률이 높다. 따라서 산지가 늪지대보다 아들의 탄생에 더 유리하다는《회남자》의 기록은 근대 과학 이론에 비춰봐도 모자람이 없을 정도다.

이 책의 또 다른 장은 지형의 특색과 기후가 인체의 건강에 미치는 영향을 다루고 있다. 기후 역시 자연현상의 일부라고 치부할 수 있으나, 엄연히 기의 흐름을 지녔기에 얼마든지 인간의 삶을 변화시킬 수 있다.

예를 들어 날씨가 자주 흐리고 광풍이 많이 부는 곳은 남기嵐氣(해 질 무렵에 멀리 보이는 푸르스름하고 흐릿한 기운)가 센 곳인데, 이런 곳에 주거하는 사람들은 귀의 기운이 약해질 확률이 높다. 또 숲이 우거져 기온이 늘 차가운 곳은 임기林氣가 강한 곳이라고 할 수 있으며, 이런 곳에 주거하는 사람들은 허리가 약해져 꼽추가 될 공산이 타 지역보다 많다. 이 외에도 골짜기가 깊은 곳은 곡기谷氣가 월등한 곳으로서 사지에 마비가 올 위험이 있으며, 언덕이 많은 지역은 구기丘氣가 극심한 곳으로서 실성한 사람이 많다. 또 서기暑氣가 심해 날씨가 무더운 곳에서는 사람이 요절할 수 있으며, 한기寒氣가 심한 곳에서는 면역력이 높아져 장수할 수 있으나 성장이 더디다는 단점이 있다.

이는 비단《회남자》가 주장하지 않아도 실제 생활에서 우리가 어느 정도 체감하는 사실이기도 하다. 즉 지형과 기후가 사람의 생활과 무관하지 않다는 반증인 것이다. 대다수의 사람들이 이를 무시하고 옥토를 파헤쳐 건물을 짓거나 산수山水를 어지럽히기 일쑤인데,

이것은 결코 진정한 의미에서 문명이 될 수 없다. 오히려 잠시의 편리를 위해 기후와 지형과 사람의 기가 조화롭게 운행되는 것을 방해하는 것인데, 결과적으로 인생을 괴롭게 만들 소지가 다분하다. 그리하여 도시에 사는 사람들은 철이 바뀌거나 휴일이 되면 산으로, 들로 뛰쳐나가 상처받은 자신의 기를 추스르기에 여념이 없다. 이는 곧 지형과 기후가 지닌 기운을 통해 사람의 기를 회복시키고자 하는 일종의 면역 활동이라고 할 수 있다.

지관地官을 통해 명당을 찾는다고 해서 사람의 입신이 결정되는 것은 아니나, 자신에게 맞는 지형과 기후를 찾아 심신을 맑게 가꾸는 것은 사람이 해야 할 노력 중 하나다. 위인들의 삶을 살펴보면 출생한 터와 살아온 여정의 기운이 상당 부분 일치하는 것을 발견할 수 있다. 이는 그 터의 기운이 위인의 삶을 만들었다기보다는 인물이 선천적으로 부여받은 능력과 후천적인 갈고닦음이 지형과 기후의 도움을 받아 기운을 크게 부흥시켰다고 봐야 한다.

앞에서 살펴본 바와 같이 지형과 기후는 분명 고유의 기를 포함하고 있다. 그리고 이런 기는 사람의 생활에 상당한 영향력을 행사한다. 언젠가 외국 잡지에서 낚시꾼들이 일반인보다 류머티즘에 걸릴 확률이 3배나 높다는 기사를 읽은 적이 있다. 과학적으로 접근했을 때 류머티즘은 습기가 무릎이나 허리 같은 관절에 스며들어 생기는 질환이다. 이를 기학氣學에 비춰본다면 낚시를 할 수 있는 연못이나 강은 물의 기가 강하다고 볼 수 있는데, 물의 차가운 기운은 불의 성질을 필요로 하는 근육의 활동을 위축시킬 공산이 크다.

이처럼 과학적으로 입증되는 류머티즘의 원인은 기학의 입장과
도 크게 다르지 않다. 기라는 존재가 사람의 이성으로 분간하기 힘들
뿐더러 막연하기까지 하나, 단지 분간이 안 되고 막연하다는 이유로
실제로 존재하는 기를 부정해서는 안 될 것이다.

시기에 따른 기의 변화

이 같은 기는 사람과 짐승, 지형과 기후, 우주와 별에 그치는 것
이 아니라 시간에도 그 작용을 계속하고 있다. 다시 말해 시기時氣가
존재한다는 뜻이다. 봄의 따뜻한 성질은 기후에서 비롯된다. 그리고
이런 기후는 봄이라는 시간적인 기운으로 말미암아 그 형태를 갖춘
다. 마찬가지로 여름의 따뜻한 성질은 여름이라는 시간적 기운에 영
향을 받은 기후의 출현이라 할 수 있고, 이는 가을과 겨울 또한 다를
바가 없다.

옛 시인 중 누군가는 봄은 사랑이고, 여름은 기쁨이며, 가을은 냉
정함이고, 겨울은 슬픔이라는 식으로 사계절을 의인화하여 표현한
적이 있다. 이 같은 비유는 사계절의 기후적 특색에 대한 비유일 뿐
아니라 시간의 제약을 받을 수밖에 없는 모든 사물들의 순환에 대한
비유이기도 하다.

예를 들어 사람이 누군가를 사랑하게 되면 마치 봄처럼 그 기운이 따뜻해진다. 사랑이 깊어지면 여름처럼 뜨거워지고, 그 뜨거움이 차차 식어 냉정해지며, 결국은 헤어짐을 통해 슬픔이 된다. 시기에 따른 이 같은 변화는 비단 사랑만이 아니다. 인생 또한 이 같은 시간의 조화로부터 한 치의 어긋남이 없다. 태어나 성장하는 시기가 봄이라면 여름은 그 활동이 최고조에 달하는 시기이며, 가을은 성숙의 기간이고, 겨울은 소멸에 해당된다. 즉 사랑도, 인생도 결국 봄·여름·가을·겨울이 지니고 있는 시절의 기운에서 벗어날 수 없다는 말이다.

중국 제齊나라 사람으로 《손자병법孫子兵法》을 저술한 손자孫子는 아침에 기운이 흥하는 인물과 낮에 기운이 흥하는 인물, 저녁에 기운이 흥하는 인물이 다 제각각이라고 설파했다. 그는 평소 병법에 관심이 많았던지라 전쟁을 이끄는 장수를 예로 들어 설명하였다. 즉 아침에 기운이 흥하는 장수는 속전속결을 좋아하고, 낮에 기운이 흥하는 장수는 전면전을 즐기며, 저녁에 기운이 흥하는 장수는 기습을 좋아한다고 하였다. 따라서 적장敵將의 기를 파악하는 것이 전쟁에 임하는 장수의 도리라고 가르쳤다.

또한 맹자는 '평단지기平旦之氣(새벽의 기운, 즉 이른 새벽에 느끼는 맑고 선한 기운)'라 하여, 각 날마다 그 날의 기가 있으므로 사람이 무엇을 행하든 날의 기와 어긋나서는 안 된다고 하였다. 이를 좀 더 자세히 풀이하면 하루의 기가 모여 한 달의 기가 성립되고, 한 달의 기가 모여 반년이 되며, 반년의 기가 둘이 되어 바야흐로 1년이 된다는 이치다.

하루가 24시간이라는 것은 24개의 시간이 각각 지니고 있는 24개의 기운이 소모되는 일정을 뜻한다고 볼 수 있다. 사람의 생을 최소 60년으로 상정했을 때, 이 60년이라는 시간은 단순히 사라져버린 60해가 아니라 매일 같이 겪게 되는 24개의 기운이 365번씩 60바퀴를 돌았다는 계산이 된다.

이를 어찌 짧다고 하겠으며, 시간에 기운이 없다고 하겠는가. 이같은 기운을 아끼고 참되게 활용한 인생과 시간을 그냥 흘려보낸 인생이 어떻게 동일한 결과를 얻을 수 있겠는가. 사람이 제 운을 탓하기 전에 이 같은 이치를 살펴보고 강구하는 것이 합당할 것이다. 사람에게만 이성이 주어진 까닭이 바로 여기에 있으며, 사람이 이성을 통해 힘써 궁구해야 할 가르침이 바로 이와 같다고 하겠다.

인생에서 20세를 약관弱冠이라 하고, 40세를 불혹不惑이라 부르는 이유가 대체 무엇이겠는가. 사람이 태어나 한평생을 살아가면서 어찌 40세에만 유혹을 받겠으며, 20세에만 관冠을 쓰겠는가. 20세나 30세에도 유혹을 받을 수 있겠으나, 40세가 되면 그 유혹들을 이겨낼 줄 알아야 한다는 가르침이 아니겠는가.

그렇다면 불혹이라는 뜻은 인생에서 40년에 해당하는 기운이라고 할 수 있으며, 약관은 20세 때 성취해야 할 기운이라고 짐작할 수 있을 것이다. 그러므로 우리가 스스럼없이 약관과 불혹의 때를 기약하면서도 그 참된 기운에 대해서는 중요성을 깨닫지 못한 채, 단지 시일이 지나면 이 같은 시절이 도래할 것이라고 믿어버리는 것은 아둔함을 넘어 삶을 왜곡시키는 중대한 결함으로 치부해야 한다.

지금까지 사람을 포함한 우주만물에 기가 존재한다는 사실에 대해 논했다. 앞서 등장한 노자와 한의 고조, 후한의 광무제 등의 일화는 내면의 기가 외부로 표출된 경우다. 다시 말해 자신을 제외한 타인이나 사물 등에 일정 부분 감지되는 기를 뜻한다.

예를 들어 물은 습기로서 자신의 본질을 드러낸다. 즉 습기를 통해 우리는 물이라는 존재가 원래부터 축축하다는 것을 알게 된다. 반면, 같은 기임에도 그 자체로 드러냄과 본질을 동시에 지니는 경우가 있다. 물론 본질상 기라는 의미에서 서로 다를 수는 없겠으나, 전자를 냄새에 비유한다면 후자는 빛에 비유할 수 있을 것이다.

눈빛으로 드러나는 기운

괴통劃通과 한신韓信이 사람을 분별하는 방법에 대해 논의했다는 예화를 보면, 뼈와 살과 기로써 그 인물의 됨됨이를 파악할 수 있다는 고사가 나온다. 여기서 뼈는 골격을 뜻하고, 살은 생김새이며, 기는 그 사람에게서 풍겨나는 광채라 할 수 있다.

사람의 내면에 존재하는 기운을 자연의 이치와 조화시켜 번성케 하는 것이 중요하다는 사실은 앞서 살펴본 바와 같다. 이번에 살펴볼 기운은 내면에서의 활동을 통해 겉, 다시 말해 인생이라는 외부적 환경으로 표출되는 성격이 아니라 그 자체로 모습을 드러내고, 사람의 인생을 주관하는 좀 더 광범위한 기운이라고 해야 할 것이다. 따라서 이런 기운은 기가 스스로 형태를 지닌다는 점에서 과정에 가까웠던 앞서의 사례들과 달리 이미 정해진 결과에 좀 더 가깝다고 볼 수 있다.

흔히 사용하는 표현 중에서 살기殺氣라는 말이 있다. 말 그대로 누군가를 죽이거나 해하려는 기운인데, 보통 '살기를 느낀다'고 표현한다. 이 같은 살기가 실제로 사람을 죽일 수 있는 것도 아니며, 모든 사람에게 공통적으로 나타나는 것도 아니다. 살기는 일종의 형태이며, 드러남이다. 간혹 인간이 살기를 품게 되는 이유는 내면에서 진행되는 기의 흐름과는 별개로 외부적 환경에 대한 반응으로 이 같은 기운을 도입했다고 보는 편이 더욱 적절하다.

이를 풀어서 설명하면 살기와 분기憤氣, 사기邪氣, 우기憂氣, 교기驕氣, 쟁기爭氣 등은 그 자체로 하나의 의미를 지니는 기운들이다. 물이나 불, 사람처럼 타고난 성질을 어떤 형태에 의해 드러내는 기운들과는 다르다. 이 같은 기운들은 비록 특정한 형태는 갖추지 못했을지언정 사람이나 사물에 깃들여 스스로를 드러낼 수 있다. 따라서 이러한 기운들이 흥성한 직종이나 장소에 오래 머물면, 자신도 모르게 타고난 천성이 변질될 수 있으므로 주의해야 한다.

앞에서 괴통과 한신이 사람을 분별할 때 골격과 살집과 기운을 살폈다고 했는데, 이 셋은 그 사람이 살아온 과정들을 증명하는 예표라는 점에서 매우 중요한 요소들이다. 먼저 골격은 아무리 타고난 신력神力일지라도 아낌과 살핌이 없다면 되레 타고나기를 병약하게 타고난 일반인보다 못할 수가 있다. 다시 말해 골격을 살핀다 함은 그가 스스로를 절제할 수 있는 사람인지를 분별하는 기준이 된다. 스스로를 절제하지 못하는 사람을 군주나 상사로 모신다면 그 끝은 십중팔구 자멸로 귀착될 확률이 다분하다.

살집을 살핀다 함은 관상을 보는 것과 비슷한데, 관상이란 무속巫俗에 빠진 이들이 지껄이는 것처럼 타고난 복을 유추하는 방법이 아니다. 그 반대로 오늘날까지 어떤 마음가짐으로 살아왔는지를 알 수 있는 증거에 가깝다. 한 예로, 자신의 길을 묵묵히 걸어온 예술가들은 두 눈이 깊게 패인 경우가 많다. 이는 주로 자신의 세계를 들여다보며 살아왔기 때문이다. 여기서 자신의 세계란, 예술가가 추구하는 그의 자아를 뜻한다.

이에 반해 정치인들은 눈이 앞으로 튀어나온 경우가 많은데, 그 까닭은 일신의 안정과 승진을 위해 눈이 빠져라 주변을 살피며 기회를 엿보는 데 익숙해졌기 때문이다. 우스갯소리라고 치부할 수도 있으나, 마음이 기를 움직이고, 기가 피를 움직이며, 결국 피가 신체를 움직인다는 사실을 떠올린다면 결코 웃고 넘길 일만도 아니다.

마지막으로 기운을 살핀다 함은 그가 무엇을 추구하는 인물인지를 밝히는 기준이 된다. 예를 들어 골격이 장대하고, 인상이 늘 미소를 머금고 있다 하더라도 어쩐지 곁에 다가가면 살기가 느껴지는 사람이 있다. 그 이유는 그가 천성적으로 살기를 타고나서가 아니라 남을 해치는 살상의 기운을 삶에 필요한 수단으로 받아들였기 때문이다.

오랫동안 전쟁터를 누빈 군인들의 몸에선 항상 피비린내가 가시지 않는데, 이런 피비린내는 아무리 몸을 씻고 새 옷을 입어도 쉽게 사라지지 않는다는 특징이 있다. 그 까닭 또한 앞서의 경우와 같다. 비록 심정적으로는 살상을 꺼렸다 하더라도 그동안 머문 장소가 사람이 죽어나가는 전장이었기에 자신도 모르는 사이에 살기가 정신에 배어버린 것이다. 이 때문에 난생처음 만나는 사람도 왠지 그를 두려워하게 되고, 그 역시 행동이나 말투에서 본인의 의사와 달리 살기를 띠게 되는 경우가 많다.

형사들이 길거리에서 불신검문을 통해 범죄자들을 체포하는 경우가 적지 않은데, 그 연유를 물어보면 대부분 눈빛을 보고 알았다고들 한다. 눈빛은 곧 마음의 기운이 드러나는 거울이다. 이를 달리 해석하면 범죄자의 마음속엔 이미 범죄의 기운, 즉 사기邪氣가 담겨져 있는데, 일반인보다 사기에 대한 반응이 뛰어난 형사들에게 그 기운이 감지되는 것이라고 할 수 있다. 그러므로 살면서 자신의 기운을 발현시키는 것도 중요하지만, 어떤 기운을 받아들여야 앞으로의 삶이 정당한 방향으로 진행될 수 있을지에 대해서도 충분히 고뇌할 필요가 있다.

불상佛像을 보면 대개 금박이 둘려 있다. 그 이유는 생전의 석가가 몸소 실천한 자비의 기운을 드러내기 위해서다. 서양에서도 마찬가지로 그리스도를 묘사한 성화聖畵마다 그리스도의 주변에 흰 띠를 첨가하곤 하는데, 이 역시 그리스도의 사랑을 구체화하기 위한 방편이라고 할 수 있다.

이처럼 실제로는 눈에 보이지 않지만, 사람마다 갖고 있는 본래적인 내면의 기운 외에도 살기나 사기, 자비처럼 스스로 그 의미를 지니고 있는 기운들이 감지되기 마련이다. 이 같은 기운들은 후천적인 선택에 의해 얼마든지 달라질 수 있으므로 내면의 기를 가꿔 인생을 설계하기 전에 반드시 자신의 뜻에 부합되는 기운들을 신중히 선택하는 지혜가 필요하다.

기와 호흡

기를 가리켜 호흡에 비유하는 경우가 적지 않다. 호흡은 곧 '숨'이라 할 것인데, 앞서 살펴본 '냄새'와 매우 유사한 비유다. 어떤 사람이나 물체에서 풍기는 냄새는 그 사람이나 물체가 내쉬는 호흡, 즉 숨이라고 할 수 있다. 호기呼氣, 흡기吸氣, 출기出氣, 입기入氣라는 말이 있다. 이는 모두 호흡의 활동을 번성케 하는 도가道家의 양생법養生

法인데, 숨이라는 단어 대신 기를 사용한다는 특징이 있다. 그 까닭은 호흡을 통해 기를 다스리거나 융성하게 만들 수 있기 때문이다.

예로부터 선인들은 호흡을 중요하게 여겨왔고, 도교에서는 단전丹田으로 호흡함으로써 기를 다스릴 수 있다고 생각해왔다. 밖으로 내뿜으려는 기를 삼켜 신체를 보호한다든가, 생각을 다스려 근심을 털어놓는다든가 하는 양생술은 모두 호흡과 관련된 연공이다. 즉 기의 순환이 호흡과 다르지 않다는 이야기다.

중국 북송시대의 시인인 소동파蘇東坡는 늙은 거북이 강변에 누워 입을 크게 벌리고 숨을 쉬는 모양을 보고 새로운 호흡법을 개발했으며, 노자의 제자인 관윤자는 들숨이 날숨보다 항시 많아야 정신이 길러진다고 주장했다. 또한 무려 800년을 살았다고 전해지는 팽조彭祖는 신체의 호흡과 정신의 기운이 하나로 통일되면 숨을 내쉬는 것만으로도 몸속의 사악한 생각을 토해낼 수 있는 경지에 이른다고 하였다. 이 내용들은 호흡이 기와 상당한 연관관계에 있음을 몸으로 체감한 위인들의 견해다.

또한 서양 사람들의 신앙서인 《성경聖經》〈창세기〉에는 여호와라는 신이 최초의 인간인 아담을 만들 때, 모든 육신을 흙으로 빚은 후 맨 마지막에 이르러 아담의 코에 숨을 불어넣었고, 그제야 사람의 생기가 발동하였다고 적혀 있다.

이로써 동·서양의 역사와 문화를 뛰어넘어 인간의 생명은 그 근원이 호흡에 있다는 진리가 전 인류의 공통된 인식임을 깨닫게 된다.

신생아가 세상에 태어나 제일 먼저 하는 것이 숨을 들이마시는 행위이며, 사람이 정해진 수명대로 살다가 마지막으로 하는 것이 숨을 내뱉는 행위다. 몸의 장기나 사지육신이 심각하게 훼손되어도 숨만 쉴 수 있다면 생명은 연장된다. 반대로 신체가 무쇠같이 단단했던 사람도 한밤중에 갑자기 숨이 멎으면 그것으로 인생은 종지부를 찍게 된다.

사람의 생명은 호흡에 달려 있다고 해도 과언이 아니다. 이 호흡이 기와 상당 부분 관련 있음은 앞서 소동파 등의 사례에서도 살펴본 바 있지만, 누구나 공감할 수 있는 실례를 하나 더 들어보자. 누구든 깜짝 놀랐을 때 숨이 가빠지는 경험을 한 번쯤 해봤을 것이다. 여기서 깜짝 놀랐다는 말은 기가 평소의 순환에서 이탈되었다는 뜻으로 해석할 수 있으며, 호흡 또한 평소와 달리 정상적인 궤도를 벗어나 헐떡거리게 되는 것이다.

호흡은 코와 입을 통하되 코와 입에서 시작되는 작용은 아니다. 코가 아프다고 해서 숨이 멎는 경우나 찬 음식을 먹어 입이 시리다고 해서 호흡이 불편해지는 경우는 없다. 오히려 화가 나거나, 불안하거나, 기쁘거나, 부끄러운 것처럼 사람의 심사에 따라 호흡도 빨라지거나, 느려지거나, 멎는 듯한 반응을 보인다. 감정은 분명 기의 소산이다. 대담함과 심약함은 성정에 속하는데, 이 같은 성정은 기의 성격이라고 할 수 있다. 그러므로 호흡을 기의 표출로 여겨도 무방할 것이다.

사람이 뜻밖의 큰 충격을 받았을 때 간혹 졸도하는 수가 있는데,

이를 두고 '기가 막혔다'고 표현한다. 외부의 큰 충격으로 내부에서 진행되던 기의 운행이 어그러져 신체에까지 손상을 미쳤다는 뜻이다. 이처럼 기는 곧 호흡이며, 호흡은 곧 기라고 할 수 있다.

노자는 만년晩年에 이르러 정신이 아득해질 때마다 호흡을 조절해 바로잡았다고 기록했으며, 손자는 호흡을 아껴 기를 쌓았다고 말했다. 또 관윤자는 사람의 어진 성품이 호흡에서 비롯된다고 가르쳤으며, 장자는 호흡을 다스리려면 먼저 자리가 편해야 한다고 했다. 또 사람이 고요한 생활을 누리려면 그 호흡부터 평온하게 닦는 것이 선행되어야 하고, 한평생 착하게 살고 싶다면 호흡부터 순하게 가지라고 설파했다.

이밖에도 관중은 부하의 호흡을 살펴 전쟁 시 적절한 임무를 맡겼다. 즉 그는 평소 호흡이 거친 사람은 선봉에 세워 물러섬이 없게 하고, 호흡이 가냘프고 잘 끊어지는 사람은 진영에 남겨 관리를 맡기며, 호흡이 깊으면서도 쉽게 드러나지 않는 사람은 매복에 적합하다고 기록했다. 이는 사람의 호흡이 곧 성격과 맞닿아 있음을 드러내는 좋은 사례라고 할 수 있다.

근래 들어 복식호흡이 유행처럼 번지고 있는데, 이것은 갑작스레 등장한 호흡법이 아니다. 숨을 뱃속까지 깊숙이 들이마셔 단전을 따뜻하게 보호함으로써 부족해진 기를 보충하고, 산만해진 기를 바로잡을 수 있다는 생각은 지금으로부터 3000년 전에도 있었다.

옛 중국에서는 사람이 평생 동안 뱉고 들이마실 수 있는 호흡이 정해져 있다고 믿었었다. 그래서 원숭이는 늘 숨이 가쁘게 이 나무에서 저 나무로 뛰어오르는 탓에 정해진 수명을 채우지 못하는 것이고, 반면 거북은 느릿느릿 움직이며 숨을 한없이 늘려 500년을 살 수 있는 것이라고 생각했었다.

이처럼 호흡을 아껴 수명을 연장시키는 방법으로 창안된 것이 바로 요즘 유행하는 복식호흡이다. 한 번의 깊은 호흡으로 몸속에 새로운 정기를 받아들이고 나쁜 기운을 뱉어낼 수 있다고 한다. 이처럼 사람의 기가 호흡과 관련 있는 이상 과학적으로 모든 것이 증명되지는 않았지만, 쉽게 흥분하거나 조금만 급해도 참지 못하는 성정으로 일을 그르쳐왔다면 호흡으로써 자신의 틀어진 기를 잡아보는 것도 필요할 듯싶다.

기氣는 그 존재가 매우 무궁하다. 지금껏 기에 대해 간략히 살펴보았으나, 이는 그 실체의 천만 분의 1도 채 안 될 것이다. 기란 무엇인지에 대한 근본적인 성찰은 굳이 도인이나 신선이 될 생각이 아니라면 이것으로도 충분하리라 생각된다. 사람이 자신의 인생을 처음부터 끝까지 주관할 수 없는 마당에 생명의 근본이라 할 수 있는 기운을 처음부터 끝까지 헤아려보겠다는 심사는 만용일 수도 있다.

따라서 기의 모든 부분을 해석하고 파악하기보다는 단 한 가지라도 자신의 삶에 유용한 방향으로 실천하려는 노력이 더 중요하다. 기에 대한 분류는 이 정도로 그치고, 사람의 인생이 지녀야 할 올바른 자세와 기의 활용에 대해 고찰해보고자 한다.

육신과 마음은 동일하다

'재능을 타고났다'는 말이 있다. 여기서 재능이란 일종의 기에 해당되는 단어다. 그러나 재능만으로는 아무것도 이룰 수 없으며, 재능을 담아 그 타고남을 드러내는 데 필요한 그릇이 반드시 수반되어야 한다.

그릇이란 작게는 사람의 신체에 해당될 수도 있고, 넓게는 그 사람의 인생에서 재능을 활용하는 데 소모된 노력이라고 볼 수도 있다. 오장육부로부터 뇌수, 뼈, 근육, 혈액, 신경, 머리털, 손톱과 이빨 등은 눈으로 볼 수 있을뿐더러 손으로도 만질 수 있는 물리적인 공간이다. 이 물리적인 공간을 가리켜 우리는 '몸'이라고 부르는데 몸은 일종의 '기器', 즉 그릇에 비유할 수 있다. 그리고 이 같은 그릇이 정상적인 상태로 유지되는 상황을 가리켜 '생존'이라고 부른다.

또한 눈으로 볼 수 없을뿐더러 손으로도 만질 수 없지만, 분명 무엇인가 느껴지는 공간이 있다. 사람들은 이런 공간에 대해 이름 짓기 어렵고 포착하기 어렵다 하여 막연하게 '마음'이라는, 어딘지 모르게 뜻이 모호한 단어로 부르고 있다. 이런 마음 또한 감지하기는 어려우나 느껴지는 무언가는 있으므로 공간이라고 표현해도 무방할 것이다. 하지만 앞서 설명한 몸처럼 그릇이라고 이름 지어 부르기엔 억지가 있으므로 이를 흔히 '비기非器'라고 부른다. 이 그릇과 그릇이 아닌 부분이 합쳐져 사람으로 불리는 존재가 성립된다.

진실부터 털어놓으면 그릇을 뜻하는 '몸'과 그릇이 아닌 부분을 뜻하는 '마음'은 가명에 불과하다. 다시 말해 편의상의 일컬음에 지나지 않는다는 이야기다. 사람을 X라고 가정했을 때, 이 X로부터 생각과 느낌과 감정 등을 제거한 것이 곧 몸으로 불리는 부분이다. 이는 마음 또한 마찬가지다.

많은 사람이 자신도 모르게 이와 같은 공식으로 삶을 계산하며 살아가고 있다. 몸을 따를 때는 마음을 생각지 못하고, 마음을 따를 때는 몸을 떼어내는 식으로 인생을 양분하는 것이다. 이로부터 폐단이 시작되어 사람은 제 분수를 헤아리지 못하는 과욕을 범하게 되고, 혹은 자신의 그릇을 깨닫지 못하는 소심小心에 길들여져 결국 원대한 뜻조차 제대로 품어보지 못한 범부의 일생으로 기의 순환, 즉 생명을 마감하게 되는 것이다.

육신과 마음은 서로 다른 듯싶으나, 실은 동일한 순환 체계의 연장선상이다. 육신이 없는 마음은 존재할 수 없고, 마음이 없는 육신 또한 존재할 수 없다. 예를 한 번 들어보자. 어떤 사람들은 '유물론唯物論'이라고 하면서 세상만사가 모두 물질에 불과하다고들 한다. 이는 분명 어느 면에서는 사실이다. 그러나 이 같은 사상이 결코 참된 진리가 될 수는 없다. 유물론이라 함은 말 그대로 만사가 물질이기에 물리적으로 감지되는 작용이 뒤따라야 한다. 이 같은 물리적인 작용은 어떤 힘, 다시 말해 물리적인 작용을 가능케 하는 계기가 있어야만 한다.

유물론에 입각한 사상가들은 사람도 물질에 불과하다고 주장한다. 만에 하나 그들의 말이 진실이라면 우리는 신체에서 벌어지는 모든 물리적인 활동에 대해 감지하고 있어야 한다. 왜냐하면 우리는 그들의 주장처럼 물질에 불과하기 때문이다. 물질의 활동은 외부적이라는 특색이 있다. 다시 말해 어떤 식으로든 그 변화가 감지된다는 뜻이다. 손톱과 머리카락은 분명 물질이며, 사람의 신체에서 벌어지는 물리적인 활동의 결과다. 살아있는 인간의 손톱과 머리카락은 매일 조금씩 자라지만, 세상 사람들 중에서 자신의 손톱과 머리카락이 자라는 것을 직접 체감하는 사람은 아무도 없다.

이에 대해 생물학자들은 인체의 신경계통을 거치지 않았기에 단지 느끼지 못하는 것뿐이라고 말한다. 그런데 또 한 가지 흥미로운 사실은 사람이 죽은 후에도 손톱과 머리카락이 일정 기간 동안 자라날 수 있다는 점이다. 마치 정원에 심은 잣나무와 소나무의 이파리가 계속 성장하듯 신체의 물리적인 반응이 완전히 그칠 때까지 그 소임을 다하는 것이다. 이를 통해 사람의 몸 안에서 실제로는 우리가 깨닫지 못하지만, 어떤 물리적인 활동이 죽은 후에도 반복적으로 일어날 수 있음을 알게 된다. 그런 의미에서 유물론은 어느 정도 사실임에는 틀림없다.

인간이 물질에 불과하다는 유물론의 가장 핵심적인 사례는 아마도 뇌사腦死일 것이다. 뇌사는 문자 그대로 머리(뇌)만 죽은 상태다. 다시 말해 정신은 사라지고 육체만 남은 상태다. 그럼에도 인간은 살아간다. 머리카락도 자라고, 손톱도 자라며, 음식도 먹어야 하고, 배설도 한다. 보통 인간의 삶과 전혀 다르지 않다.

그러나 이들의 상태는 분명 '죽음'이다. 물리적으로 완벽한 인간의 형태를 유지하고 있음에도 죽었다고 표현하는 것이다. 여기서 한 가지 의문이 남는데, 대체 '죽음'의 진정한 의미는 무엇일까 하는 점이다. 죽은 자의 몸에서 손톱과 머리카락이 자라고, 뇌사 상태에 빠진 환자의 신체가 멀쩡한 육신과 다를 바 없음에도 굳이 죽은 자를 방불케 하는 이유가 대체 무엇이냐 하는 점이다. 이를 밝히기 위해서는 유물론이 간과하고 있는 한 가지 진실, 즉 '기氣'의 존재를 파악해야 한다.

해부학적으로 인간은 분명 물질이다. 그렇기에 죽은 후에도 아직 체내에 남아 있는 물리적 활동의 결과로써 일정 기간 손톱과 머리카락이 자랄 수 있다. 또한 뇌사 상태에 빠져도 오장육부와 혈액만 제대로 작동해준다면 충분히 살아갈 수 있다. 그러나 이와 같은 물리적인 삶이 전부라면 인간의 존재 가치는 참으로 허망하다 할 것이다.

오늘날 우리가 위대함의 전형으로 칭송하는 위인들은 짧게는 수십 년에서 길게는 수백 년 전에 죽은 자들이다. 이들의 물리적인 활동은 당시의 죽음으로 이미 끝이 났다. 하지만 오늘날에도 우리가 그들의 삶을 공부하고, 그들이 남긴 자취들을 보존한다는 점에서 분명 그들은 살아있다고 해야 할 것이다. 아직도 그들의 말에서 교훈을 찾고, 그들의 실천에서 덕德을 취하는 이상 우리와 함께 살아있다고 말해도 무방하다는 뜻이다.

물리적으로는 이미 수세기 전에 사라진 인물들이 오늘날 우리와 함께 살아있다는 것은 무엇을 뜻하는가. 사람의 인생이 물질 말고도 또 다른 무엇인가를 지니고 있다는 말이 아니겠는가. 그리고 이렇게 지니고 있는 그 무엇인가는 시간과 공간을 초월하는 영속적인 존재라는 뜻이 아니겠는가.

불교는 극락에 대해 설파하고 기독교는 천국이 있다고 이야기하는데, 이 극락과 천국은 물리적인 신체가 들어갈 수 있는 곳이 아니다. 생전에 잘 가꿔놓은 '영혼'만이 들어갈 수 있다고 한다. 이 영혼이라는 단어야말로 기에 대한 표현 중 가장 광범위하고 적절한 표현이라고 할 것이다. 인간에게는 물질적인 신체뿐 아니라 이렇듯 기에 해당되는 영혼도 존재한다. 이 말은 곧 신체로 대변되는 물리적인 삶뿐 아니라 영적인 삶도 함께 영위해야 한다는 뜻으로도 해석될 수 있다.

사람이 곧 우주이며 천지의 조화다

신체가 그릇이라면 그 내용물은 기운이다. 따라서 자신의 기를 깨닫지 못한 채 살아왔다는 것은 그릇의 가치로 살아왔다는 의미와 동일하다. 이렇듯 내용물이 버려진 인생이 어찌 성공할 수 있겠으며, 그릇만 남은 인생이 무슨 수로 풍요로울 수 있을 것인가.

안타깝게도 대다수의 사람들이 성공에 못 미치는 삶을 살아가고 있다. 그 이유에 대해서는 운이 나빴다든가, 타고난 복이 없었다든가 등 갖가지 변명이 있을 수 있겠으나, 이 같은 변명은 다 쓸데없는 망상에 지나지 않는다.

사람이 일생 동안 자신의 뜻을 이루지 못하는 까닭은 크게 다음과 같다. 첫째, 그릇에 내용을 담지 않았기 때문이다. 둘째, 내용은 준비했으되 그릇을 소홀히 했기 때문이다. 셋째, 그릇에 맞는 내용을 준비하지 못했기 때문이다. 넷째, 내용에 맞는 그릇을 준비하지 못했기 때문이다.

기와 신체는 둘이 아니다. 기가 있기에 신체가 활동할 수 있고, 신체가 활동하기에 기가 존재할 수 있다. 천지만물의 탄생이 이와 다르지 않고, 조물주의 활동 역시 이에서 벗어나지 않는다. 기독교에서 말하는 하나님도 결국 거대한 기운이며, 여타 종교에서 말하는 천지를 주관하는 절대자 역시 동일한 의미를 내포하고 있다. 이 거대한 기운을 '비기非器'에 비유한다면, 그릇이란 우주만물이고 천하다. 천상과 인사가 서로 다른 듯해도 결과적으로는 천상이 인사로서 표출되고, 인사로서 천상이 새롭게 되는 영묘한 이치가 바로 사람의 인생에서도 그대로 드러나고 있다. 그렇기 때문에 인간을 소우주라 부르고, 영장靈長으로 정의할 수 있는 것이다.

이 같은 초보적인 이론조차 깨닫지 못한 상태에서 감히 명성을 바라고, 재복財福이 속출하기만을 기다린다는 것은 앞뒤가 어긋나도 한참 어긋난 상태다. 만일 지금이라도 이런 진리를 깨달아 자신의 삶을 새롭게 확대해나간다면 뒤늦은 시작일지라도 과거의 상태를 유지함으로써 얻어지는 참혹한 결과와는 상당한 괴리를 둘 수 있을 것이다.

다시 한 번 언급하지만 한 사람, 한 사람이 곧 우주이며 천지의 조화다. 따라서 천지의 조화에 맞게 살아가는 것이 인간이 해야 할 노력의 근본이며, 또한 의무라는 진리를 명심하기 바란다.

산천초목이 사람의 눈에는 하찮게 보여도 거대한 자연의 일부로서 고유한 기를 유지해가며 생장하는 질서를 간직하고 있다. 봄·여름·가을·겨울은 그저 시일이 되면 저절로 찾아드는 계절 같아도 각각 다른 결실을 맺는 기운이 포함되어 있다. 사람의 수명이 하루와 한 달과 일 년에 불과한 듯 여겨져도 때에 따라서는 귀가 순해지는 이순耳順의 시절이 있고, 하늘의 뜻을 아는 지천명知天命의 순간도 있기 마련이다. 따라서 이를 인정하고, 자신의 삶에 적절한 조화로서 받아들이는 것이 무엇보다 필요하다.

어리석은 사람들은 이와 같은 이치를 무시한 채 무속에 기대거나, 자신의 뜻이 성취되지 않는 이유가 단지 운이 나빴기 때문이라고 변명하는 등 스스로를 속이고 있는데, 참으로 안타깝기 그지없다.

자고로 한 사람의 일생은 오직 한 번뿐이다. 그렇기 때문에 더욱 귀중하고 책임도 막중하다. 길어야 백 년이 채 안 되는 사람의 일생이 그 어리석음 때문에 아무런 가치도 남기지 못한다는 것은 통탄할 만한 일이다.

부디 이 같은 사실을 깊이 명심하기 바란다. 죽음을 눈앞에 두고 지나온 세월들을 돌이켜볼 때 후회하는 일이 없도록 말이다. 그러려면 자신의 내면과 외양을 조화롭게 발전시켜 아무리 하찮은 뜻일지언정 반드시 이루어내는 귀한 삶이 되게끔 해야 할 것이다. 이것이야말로 모든 사람이 인생의 근본으로 삼아야 할 유일한 가치다.

02

시간

○

○

○

저 거대한 바다는 끝이 없다. 언제나 같은 모습, 같은 물결로 바닷가를 철썩이고 있다. 이러한 바다도 늘 같은 바다는 아니다. 아침이면 늘 아침의 풍경을 드러내고, 저녁이면 늘 저녁의 풍경을 드러낸다.

동틀 무렵, 바다 저편에서 새벽녘을 알리는 물안개가 파르스름하게 피어오르기 시작한다. 그리고 동쪽 하늘이 조금씩 밝아지면서 어느새 구름이 하늘 가득히 덮인다. 어디선가 나타난 주홍빛 물결이 보랏빛 바다 위를 아름답게 노닐고, 저 멀리 수평선에선 한 줄기 황금빛이 지상을 향해 무서운 속도로 달려오기 시작한다. 마치 구름 저편으로 화전火箭(불을 붙이거나 폭발물을 장치하여 쏘는 화살)을 쏘아올린

듯 하늘과 바다가 동시에 붉어지는 것이다.

한 줄기 황금빛은 곧 두 줄기가 되고, 이어서 세 줄기, 네 줄기, 다섯 줄기의 빛으로 나뉘어 번쩍거린다. 그리고 어느새 맑고 푸른 바다 물결을 헤치고 솟아오른 태양이 제 모습을 드러내기 시작한다. 그때 갑자기 천지가 열리면서 바다와 하늘로 나누어진다. 파도는 물가를 때리기 시작하고, 조가비는 다시금 모래밭을 기어오르며, 해변의 바위들은 입을 굳게 다문다.

아침 바다의 모습은 늘 이렇다. 이 바다도 시간이 흘러 저녁이 되면 석양빛에 붉게 물든 서쪽 하늘의 구름처럼 아침 내내 간직했던 코발트블루 빛깔을 잃은 채 어두운 밤을 준비한다. 잿빛으로 변해가는 구름들 사이에서 새벽의 차디찬 기운은 어느새 사라지고, 그 자리에는 모든 것을 삼켜버릴 듯한 어둠이 찾아든다.

강이나 바다는 본래 무심한 것들이다. 아침이든, 저녁이든 크게 다르지 않다. 그러나 세상에 '시간'이 존재하는 이상, 사물은 어떤 순간에도 결코 동일해질 수 없다.

예를 들어, 소나무 한 그루가 우뚝 서 있다고 가정해보자. 이 소나무는 예전에는 작은 모종에 지나지 않았을 것이다. 이 모종이 자라 애솔이 되고, 애솔이 자라 결국 오늘날과 같은 소나무가 되었을 것이다. 본질적으로는 작은 모종이든, 애솔이든 소나무와 다를 바가 없다. 그러나 형태적으로는 분명 모종과 애솔은 다르다. 마찬가지로 애솔 역시 소나무와 다르다. 같은 소나무 모종일지라도 어떤 모종은 애솔이 채 되기도 전에 사라졌을 것이고, 또 같은 애솔일지라도 어떤 애솔은 소나무로 채 자라기도 전에 잘려졌을 것이다.

현재의 소나무는 모종에서 애솔로, 다시 오늘날의 모습으로 성장해온 하나의 결과물이다. 오늘날과 같은 소나무가 되기까지 소나무는 성장이라는 형태상의 변화를 지속해왔다. 이것을 가능케 한 힘이 바로 시간이라는 존재다.

시간의 지배를 받는 인생

우리는 모종을 일컬어 소나무라고 말하지 않는다. 시간을 통한 성장이 완성된 형태를 가리켜 소나무라고 부른다. 일체의 사물이 소나무의 성장과 다르지 않다. '시간' 없이는 그 어떤 물질도, 형태상의 결과도 존재할 수 없다. 다시 말해 일체의 사물은 시간의 지배를 받는다고 할 수 있다. 이는 인간 역시 마찬가지다.

황옥은 표면이 누런색을 띠는 보석을 말한다. 이 황옥도 오랜 시간이 경과되면 점차 누런 빛깔을 잃어버리는 것이 보통이다. 계혈석鷄血石은 닭의 핏빛처럼 불그스름한 반점을 가진 귀한 돌인데, 생명이 없는 이런 돌 역시 10년이라는 시간이 흐르면 그 표면에 묻어 있던 반점들이 점차 흑암색으로 변하기 시작한다. 시간은 이처럼 생명이 없는 황옥과 계혈석에게도 변화를 일으킨다. 하물며 식물과 동물이 시간으로부터 자유로울 수는 없는 노릇이다.

종류와 본질에 따라 시간의 영향도 제각각이겠으나, 한 가지 분명한 진리는 우주만물에 존재하는 모든 물질이 시간 아래 놓여 있다는 점이다. 그러므로 하나의 존재를 관찰하여 그 본질을 헤아릴 때 지나온 시간을 생략한다는 것은 있을 수 없으며, 또 그 존재의 내일에 대해 고찰해볼 때 시간의 경과를 가늠하지 않는 것 또한 있을 수 없는 일이다. 이 같은 이치에 따라 같은 소나무 종자일지라도 모종일 때와 애솔일 때, 그리고 성숙한 소나무일 때가 각기 다를 수밖에 없으며, 동일한 바다일지라도 아침의 바다와 저녁의 바다는 성격이 다를 수밖에 없는 것이다.

일체의 사물은 시시각각 달라진다. 이 같은 변화는 햇볕을 쬐거나 비바람을 맞는 등의 외부 조건의 영향을 상당히 많이 받는다. 태양은 늘 같은 태양이지만, 언제나 그 모습 그대로는 아니다. 바다 또한 소금물이라는 본질은 바뀌지 않지만, 늘 해변을 적실 수는 없다. 때로는 썰물이 되어 먼 바다까지 밀려나가고, 또 때로는 밀물이 되어 해변을 완전히 채워버리기도 한다. 세상만사가 한결같아 보이지만, 실제로는 끝없는 변화를 통해 시시각각 달라지고 있다. 우주의 질서라는 것이 항상 일정一定해 보여도 그 바탕은 무정無定인 것이다.

이 같은 무정 속에도 일정한 규칙이 존재하고, 변화의 뒤를 불변의 규칙이 따르기 마련이다. 황옥은 어느 정도 시일이 지나면 표면의 누런 빛깔을 잃기 시작한다. 계혈석도 어느 정도 시일이 지나면

검푸른 빛깔을 띠게 된다. 소나무라고 해서 날마다 푸른 빛깔을 자랑할 수는 없다. 어떤 날은 꽃을 떨어뜨리고, 또 어떤 날은 이파리가 지고, 그렇게 조금씩 성장해간다. 이러한 성장은 어떤 면에서는 노쇠나 마찬가지다. 분명 한 그루의 소나무이건만, 변화는 시절에 따라 끝이 없다. 바다 역시 이와 다를 바가 없어서 아침의 그 화사한 풍경도 몇 시간 후면 어둠이 짙게 깔리는 우울함으로 변해버린다.

사람이라고 해서 이들과 다르지 않다. 사람의 인생은 황옥이나 계혈석과 같으며, 소나무에 비견할 수 있고, 바다에 견줄 수 있다. 인생은 황옥과 계혈석이 갖지 못한 생명을 지녔고, 소나무에 없는 감정과 의지가 있으며, 바다가 누리지 못하는 어제와 오늘과 내일을 모두 갖고 있다.

따라서 사람의 한평생은 변화의 연속이다. 문제는 이 같은 변화에 나의 의지가 관여할 수 있느냐 하는 것이다. 또한 그 변화 속에서도 나의 본래적 가치를 유지시킬 수 있느냐가 문제다. 아침 바다는 아침의 광경을 보여주고, 저녁 바다는 저녁의 광경을 보여준다. 마찬가지로 사람의 인생 또한 탄생에서 죽음에 이르기까지 무수한 풍파와 세월을 거치며 시절에 맞는 모습으로 변화하기 마련이다. 그리고 이 같은 변화를 통해 성장은 늙음이 되고, 늙음은 병약함이 되어 결국 깊고 깊은 죽음에 이르는 것이 인생이다.

인생의 변화는 한마디로 시간과 관련이 깊다. 수평선 너머로 떠오르는 아침의 태양과 노을이 되어 수평선 너머로 사라지는 저녁의 태양이 다르듯이, 인생의 변화 역시 그 기운의 뻗어남과 수축됨의 반복을 통해 이루어진다. 이 같은 기의 유동성을 '장이張弛(성함과 쇠함, 확장과 수축)'라고 한다. 이번에는 장이에 대해 알아보자.

기의 수축과 확장

살면서 누구나 한 번쯤 경험해봤겠지만, 같은 스물네 시간일지라도 기운이 넘치는 날이 있는가 하면, 반대로 기운이 부족한 날도 있다. 동일하게 주어진 하루일지라도 기운이 넘치는 하루와 기운이 부족한 하루의 결과는 자못 다를 수밖에 없다. 이 같은 다름이 바로 인생에서 관찰되는 변화라 할 수 있다. 본질은 스물네 시간이지만, 그 스물네 시간의 쓰임이 달라지는 경우가 바로 인생에서 발견되는 변화다. 이러한 삶의 변화는 결국 기운의 활동과 관련이 깊다. 이 기운의 활동에 대해 사람들은 종종 '기분'이라는 표현을 즐겨 쓰는데, 기운과 감정은 밀접하게 연결돼 있으므로 틀린 말은 아니다.

한 예로, 사람의 기분은 하루 종일 똑같을 수가 없다. 아침에 좋았다가도 한낮에 갑작스럽게 짜증이 나기도 하고, 저녁에 다시 좋아지기도 하는 것이 기분이며, 누구도 그 변화를 예감할 수가 없다. 기운 또한 마찬가지다.

먼저 사람의 기운이 확장되는 경우에 대해 생각해보자. 확장은 팽창과 유사한 뜻을 포함하고 있다. 팽창이란, 내부의 어떤 것이 극도로 늘어나 외부로까지 뻗어나가고자 하는 경우를 가리킨다. 따라서 기운이 확장되었다는 말은 그 사람의 내부를 가득 채운 기운이 이제 외부를 향해 뻗어나가려는 상태임을 의미한다. 이처럼 내부의 기운이 확장되어 외부로까지 영향을 미치려는 경우를 노력과 연관 지어 생각해볼 수 있겠으나, 이 같은 기운의 확장은 단순히 노력에 의해 실현되는 상태는 아니다. 왜냐하면 노력에는 어떤 경우를 막론하고 고통을 이겨내는 희생이 뒤따르기 때문이다.

예를 들어 젊은 여성이 한밤중에 사람의 왕래가 적은 골목길을 걸어가고 있다고 가정하자. 이 여성이 내면의 두려움을 애써 극복하고 계속 걸어가는 이유는 아마도 두려움을 참아냄으로써 성취할 수 있는 무엇인가가 있기 때문이다. 이것은 분명 노력이다. 그런데 만일 이 여성이 병상에 누워 있는 어머니가 갑작스레 위급해져 의원을 부르러 가는 길이라면, 그녀의 내면에는 어둔 밤길을 홀로 걷는 두려움보다 더 큰 두려움, 다시 말해 어머니가 돌아가실 수도 있다는 두려움이 존재할 것이다. 그래서 평소 같았으면 두려워했을 밤길을 마치 대낮에 한길을 걷듯 걸어갔다면, 이는 노력과는 아무 상관도 없는 결과다. 기의 확장이란 바로 이런 경우를 두고 하는 말이다.

또 다른 예를 들면, 배를 타고 급류를 거슬러 올라가는 것은 상당한 노력을 필요로 하는 중노동이다. 그런데 만일 급류를 헤치고 거슬러 올라가면 물고기를 많이 잡을 수 있을 거라는 기대에 부풀어서 힘든 것도 잊고 물살을 거슬러 올라갔다면, 이는 노력과는 별개로 생각할 수 있다. 단순히 물고기를 많이 잡을 수 있을 거라는 기대가 팽창되어 노를 젓는 수고가 잊힌 데 불과하다.

한 가지 재미있는 사실은 노력과 기운의 확장이 겉보기에는 그리 다르지 않다는 점이다. 어떤 면에서는 기가 팽창하는 과정도 노력이고, 노력을 통해서도 기운을 확장할 수 있다. 그러나 노력과 기운의 확장에서 발견되는 결정적인 차이가 있는데, 바로 고통에 대한 감수다. 노력은 분명 고통을 감수해야만 바라던 결과를 성취할 수 있다. 하지만 기운의 확장은 앞서 젊은 여성과 어부의 경우에서 살펴봤듯이 고통에 대한 감수가 뒤따르지 않는다.

다른 예를 한 번 더 살펴보자. 어떤 학생이 반에서 1등을 차지하기 위해 시험 전날 밤을 환하게 밝히며 공부에 열중하고 있었다. 자정까지는 그럭저럭 버틸 수 있었는데, 새벽녘이 되자 졸음이 쏟아져 참을 수가 없었다. 그러나 1등이라는 목표를 떠올리며 아침이 될 때까지 책상 앞에 앉아 있었다. 이것은 어디까지나 노력이다. 그런데 또다른 학생도 이 학생과 마찬가지로 밤을 새워 공부했는데, 낮잠을 너무 오래 잔 탓인지 졸음이 밀려들지 않았고, 그래서 별다른 수고 없이 밤새 공부할 수 있었다. 이것은 노력과 상관없는 기의 확장이다.

노력이란, 애써 자신이 바라는 어떤 기운을 확장시키는 행위이기 때문에 다른 기운들을 억눌러야 한다는 전제가 뒷받침된다. 반면에 기운의 확장은 이 같은 수고 없이 자연스레 그 기운이 팽창하는 과정이다. 인생을 변화시키기 위해서는 노력이라는 과정이 수반되어야 한다. 그런 의미에서 노력보다 훨씬 간편하고 성과도 좋은 기의 확장을 통해 인생의 변화를 꾀한다면, 그 결과는 노력과 비견되지 않을 만큼 풍성해질 것이다.

이처럼 기운의 확장을 통해 하루를 살아가는 것이 가장 훌륭한 인생이라고 할 수 있다. 그러나 사람의 기운은 기분과 마찬가지로 항상 일정한 수준을 유지하기가 상당히 어렵다. 그러므로 어떤 날은 기운이 팽창되어 일이 술술 풀리다가도, 또 어떤 날은 기운이 수축되어 아무리 노력해도 되는 일이 없다는 불평만 쏟아지기도 한다. 일장일이一張一弛, 즉 기의 확장과 쇠약이 반복되는 것이다.

확장된 기의 유지

확장된 기를 계속 유지하기는 매우 어려운 일이다. 젊음은 가꾸려고 해서 가꿔지지 않으며, 단지 정해진 세월만큼 지속될 뿐이다. 20살 청년의 젊음은 노력해서 얻어진 결과가 아니라 내면의 청춘이 극도로 팽창되어 외부에까지 그 모습을 드러낸 것이라고 할 수 있다. 이처럼 사람이 자신의 기운을 확장시켜 이를 유지한다는 것은 상당히 어렵다. 따라서 외부적 환경을 알맞게 조성하여 자신도 모르게 기운이 확장될 수 있는 조건을 만드는 것이 중요하다.

예를 들어 한밤중에 집에서 불이 났을 때 젊은 엄마들이 불길을 뚫고 들어가 방 안에 갇힌 자녀들을 들쳐 업고 나오는 경우가 종종 있는데, 평상시에는 감히 상상도 할 수 없는 대범함과 용기다. 이는 위기 상황에서 순간적으로 기운이 확장된 결과라고 할 수 있다. 또한 앞서 살펴본 젊은 여성과 어부, 학생의 사례도 노력만 가지고는 도저히 이룰 수 없는 결과들이다.

내면의 기운은 개인의 의지만으로 확장되지 않는다. 바다가 아무리 붉은 태양을 사랑해도 아침의 여명을 품에 안기 위해서는 새벽이 되어야만 한다. 이와 마찬가지로 사람이 제아무리 노력을 다해도 항상 기운이 확장되어 일을 성사시키는 것은 아니다. 그러므로 외부 환경의 변화를 통해 자신의 내면에 잠재된 기운을 폭발시키는 방법을 익혀두는 것이 가장 바람직한 자세다.

거문고의 줄은 팽팽하게 당겨져야만 특유의 음색을 드러낸다. 조금이라도 줄이 느슨해지면 아무리 튕겨도 소리가 작고, 이보다 더 느슨해지면 아예 소리를 내지 못한다. 화살은 시위가 팽팽해져야만 멀리 날아갈 수 있다. 시위가 느슨해지면 화살을 날려 보내는 힘이 부족해지고, 이보다 더 느슨해지면 활과 화살이 모두 쓸모없는 물품으로 전락하고 만다. 사람도 마찬가지인데, 늘어진 거문고 줄을 아무리 힘껏 잡아당겨도 원하는 음색이 나오지 않는 것처럼 단순히 노력을 통해 모든 것을 이루려 해서는 삶이 허망해질 수 있다.

팽창된 기운은 어둠을 헤치고 밝아지는 태양에 비유할 수 있다.

마치 초목의 씨앗이 땅의 냄새와 물기를 통해 조금씩 부풀어 올라 마침내 싹이 트는 이치와 같다.

대부분의 소년들은 15~16살이 되면 응석받이 어린 시절에서 벗어나 무언가 뜻있는 계획들을 세워보곤 한다. 이는 때가 되어 스스로 계획했다기보다는 내면의 기운이 성장을 통해 그 잠재력을 뽐어보고자 하기 때문이다. 새로 만든 북을 두드리면 처음에는 둔탁한 소리가 나지만, 한참을 두드리다 보면 청아한 소리가 울려 퍼진다. 마찬가지로 소년들도 15살을 전후해서 기운의 성장이 절정에 달하므로 자신도 모르게 뜻이 커지는 것이다.

이처럼 우주만물은 기운의 확장과 수축을 반복적으로 경험하는데, 이런 경험이야말로 변화의 핵심이라고 할 수 있다. 이 같은 변화를 가장 쉽게 확인할 수 있는 것이 바로 썰물이다. 삭망朔望(음력 초하룻날과 보름날)에 물이 밀려와 순식간에 모래톱을 삼키는 광경은 기의 확장에 비유할 수 있다. 지면을 뚫고 고개를 내미는 씨앗, 시위를 떠나 목표물에 꽂히는 화살, 어둠을 밀어내는 새벽하늘, 모래톱을 덮쳐버리는 밀물, 진군을 독려하는 나팔소리 등은 내부에서 외부로 전개되는 기운의 속성을 그대로 드러내고 있다. 공기를 가득 주입시켜 터질 듯한 탄력을 보이는 고무공이야말로 기운의 확장이 가장 정확하게 반영된 사례라고 할 수 있다.

반대로 책을 읽으면서 어제 들었던 음악을 생각하는 것은 기운의 수축이다. 또 책은 읽되 내용에 마음을 두는 것도 아니고, 어제 들었던 음악을 떠올리는 것도 아닌, 그저 멍하니 활자와 빈 여백만 관찰하는 것은 기의 쇠약이다. 이와 같이 흩어진 기운은 바람에 날려 꺼질 듯 깜박거리는 등불에 비유할 수 있으며, 바람이 빠져 제대로 굴러가지 못하는 공과 비교할 수 있다.

하찮은 양초에도 기운은 존재한다. 양초의 기운은 불꽃인데, 불꽃은 밝음이 본질이다. 따라서 양초의 본질은 밝음을 드러내는 데 있다. 본질이 있으면 그 본질을 드러내는 그릇도 있기 마련이므로 양초의 그릇은 심지다. 이렇듯 양초에도 본질이 있고, 그 본질이 드러나는 외양이 있으므로 양초라고 해서 장이張弛, 다시 말해 확장과 수축의 논리에서 자유로울 수는 없다. 즉 상황에 따라 양초가 내뿜는 본질의 명암이 엇갈릴 수 있고, 효용의 차이가 나타날 수 있다는 말이다. 한낱 양초에 기의 확장과 수축이 존재해봤자, 그것이 얼마나 되겠느냐고 비웃을지도 모르겠다. 이는 단지 비유일 뿐, 만일 양초가 아니라 사람이라면 그 확장과 수축의 차이가 얼마나 크겠는가.

양초처럼 흔하고 보잘것없는 사물도 쓸모없어진 심지를 잘라버리지 않고 그대로 놔둔다면, 오히려 불꽃이 약해지고 기가 느슨해져 빛이 어두워진다. 이때 심지를 잘라버리면 비록 심지가 줄어들어 불꽃의 크기가 예전만 못할 수는 있어도 불의 기운이 확장되어 주변을 더욱 밝게 비출 수 있다.

양초 하나에도 이처럼 본질과 그 본질의 변화가 발견된다. 이 같은 본질의 변화는 기의 팽창과 수축에 상당한 영향을 받는다. 고무공도 내부가 차가워지면 공기가 위축되어 표면이 탄력을 잃는 변화가 발생하는데, 다시 내부를 따뜻하게 해주면 공기가 팽창되어 표면의 탄력이 새롭게 회복되는 변화가 나타난다.

이러한 변화는 비단 양초와 고무공에서만 발견되는 것이 아니다. 사람의 일생에서도 얼마든지 관찰 및 경험할 수 있는 보편적인 변화다. 양초가 갑자기 굵어지거나 가늘어지는 것도 아니고, 고무공 속의 공기가 갑자기 늘어나거나 줄어드는 것도 아니다. 그러나 팽창과 수축은 분명 그곳에 존재하며, 결과 또한 다르게 나타난다. 이 두 가지 사례에서 우리는 팽창된 기를 통해 삶에 매진하는 경우와 수축된 기에 억눌려 하루하루 그저 살아가는 데 급급한 경우가 엄청나게 다름을 깨닫게 된다.

기운을 다스리는 지혜

전력을 다해 무조건 노력하면 어떤 일이든 못해낼 것이 없다고 말하는 사람도 있을 것이다. 사실 우리는 은연중에 이와 같은 믿음에 의지해서 살아가고 있다. 그러나 노력도 엄밀한 의미에서는 기의 원활한 팽창이 그 목적이므로, 내 안의 기운이 외부적인 노력에 어떻게 반응하느냐가 상당히 중요하다.

어떤 사람은 노력을 하면 할수록 기가 산만해지는 버릇이 있고,

또 어떤 사람은 노력만 하면 기가 나태해지는 버릇이 있다. 그밖에도 노력하면 할수록 기가 조급해지는 사람이 있는가 하면, 기가 쉽게 거칠어지거나 멍해지거나 흥분되는 사람도 있다. 이처럼 노력한다고 해서 그 기운이 무조건 좋은 방향으로 팽창되는 것은 결코 아니다.

그렇기 때문에 노력을 생각하기 전에 먼저 자신의 기운부터 다스리는 지혜가 필요한 것이다. 쓰임새가 없어진 양초의 심지를 자르면 한동안은 밝게 빛나는데, 이는 좋은 기운의 확장이라고 볼 수 있다. 그러나 몇 시간이 지나면 또다시 심지가 상해 어두워지는데, 이는 밝음이라는 좋은 기운이 이완되었기 때문에 나타나는 현상이다.

이처럼 팽창하려는 기운의 반대는 위축이다. 기라는 것은 반드시 그 반대되는 기를 끌어당기거나 따르려는 습성을 보인다. 그러므로 팽창된 기운을 통해 일할 경우, 조금이라도 일에 대한 확신이나 신념이 흩어지면 곧바로 기를 이완시키는 기운이 고개를 드는데, 그 결과 나태와 불신이 확산된다. 거센 밀물도 한정된 시간이 지나면 썰물이 되기 마련이다. 사람도 이와 다르지 않아서 기운의 확산이 늘 구비되는 것은 아니며, 언제든지 기의 수축이 진행될 수 있다. 인생이 맞닥뜨리는 문제 중에서 이보다 더 큰 문제는 아마도 없을 것이다.

따라서 기운의 확산도 내게 유용한 기운이 확산되었을 때 비로소 성과를 거둘 수 있다. 반면에 내게 불리한 기운이 확산되면 오히려 일을 그르치기 쉽다. 사람에게 불리한 기운은 대개 비슷한데, 그중 하나가 조급함이다. 이 조급함은 공功을 재촉하는 기운이 너무 거세진 데서 비롯된다. 마른풀에 불을 붙이면 초반에는 불길이 주변을 전부 사를 듯이 거세게 타오르지만, 몇 분 안 되어 재로 변한다.

사람도 마찬가지여서 조급한 마음에 책을 읽거나 글을 쓰면 남는 것은 피로뿐이다. 사람이 피로를 느끼는 까닭은 예상했던 시간이 지나도 원하는 결과가 얻어지지 않았기 때문이다. 일종의 상실감이라고 할 수 있다. 이 같은 피로는 정신을 위축시키기 마련인데, 처음에는 마음이 바쁘다가도 시간이 좀 흐른 뒤에는 일이 싫증나기도 한다. 조급한 사람이 책을 읽으면 내용을 속단해버리는 경향이 크다. 글을 쓸 때는 주제에서 벗어나는 경향이 있고, 계산할 때는 단위를 틀리는 경향이 있으며, 길을 갈 때는 잘못 들어서는 경향이 있다. 그렇기 때문에 결과적으로 책을 읽어도 내용은 남지 않고, 글을 써도 뜻은 옮기지 못하며, 계산을 해도 이치에 맞지 않고, 길을 걸어도 그 의의를 유념하지 못하게 된다. 이것이 삶의 모습이라면 매우 곤란한 일이 아닐 수 없다.

자만심 또한 잘못된 기운의 팽창에서 비롯되는 병폐다. 이 같은 자만심은 좋은 기운의 확장에서 비롯된다는 특징이 있다. 다시 말해 약간의 공덕만 쌓여도 금세 마음이 헝클어져 우쭐해지는 것이다. 내면이 자만심으로 가득 채워진 사람일수록 자신을 앞세우고, 타인을 제압하려는 성향이 있다. 어쩌다가 책이라도 한 권 읽게 되면 세상만사를 꿰뚫은 듯 건방이 하늘을 찌른다. 이런 사람들은 타인의 말을 듣고 싶어도 귀가 닫혀 듣지 못하고, 상대방의 말이 끝나기 무섭게 시비를 건다. 자기 딴에는 이 세상이 하찮게 보여 우쭐거리는 것인데, 이는 교만한 기운이 극도로 팽창되어 나타나는 결과다. 자만한 사람들이 큰 공덕을 세운다는 것은 불가능하다. 자만심은 대부분 우쭐함으로 만족을 삼다가 내부에서 확장된 자만하고자 하는 기운이 조금이라도 수축되면 자신에 대한 실망으로 끝이 난다.

열중도 때로는 자신의 삶에 불리한 기운으로 작용될 소지가 있다. 열중은 기운의 확장과 가장 긴밀하게 연결되어 사람들에게 좋은 인상을 줄 수 있으나, 올바른 기운의 확장과는 결정적인 차이가 있다. 예를 들어 기운의 확장이 어떤 사물에 내 마음을 가득 채우는 것에 비유할 수 있다면, 열중은 그 사물에 내 마음을 묻어버리는 것과 같다. 따라서 내게 있어야 할 마음이 외부로 빠져나가 스스로 관리하지 못하는 지경에 이를 공산이 크다.

이를테면 내가 늘 다니던 길이라는 이유만으로 눈을 감고 귀를 막고 곧장 앞으로 걸어 나가는 것과 비슷하다. 이렇게 무모한 방법으로 목표한 도착지에 온전히 도달하기란 결코 쉬운 일이 아니다. 이 같은 열중은 다른 사람들 눈에는 뚝심도 있어 보이고, 한 가지 길에 매진하는 열정이 느껴져 좋게 보이기도 한다. 그러나 열정과 뚝심을 관리하는 일은 어려우므로 과정이 나쁘지 않음에도 불구하고 결과는 항상 기대했던 것과 달라지곤 한다.

바둑이나 장기를 둘 때 한쪽 국면만 바라봐서는 승리할 수 없다. 바둑에서 필요한 기운은 승리에 대한 갈망이다. 이 같은 갈망이 내부에서 급속도로 팽창되었을 때 집중력도 높아진다. 그럼으로써 눈에 보이지 않던 부분도 발견되고, 보이는 부분은 더욱 자세히 그 인과관계를 따질 수 있게 되는 것이다. 비록 열중은 승리에 대한 갈망이기는 하나, 그 주인은 내가 아니다. 그렇기 때문에 전체를 보지 못한 채 한 곳에만 집중하다가 마침내 패배하고 마는 것이다.

팽창된 기운은 선악善惡을 논할 때는 '선'에 해당되고, 대소大小를 논할 때는 '대'에 해당된다고 할 수 있다. 열중은 선악으로 판단하자면 불선불악不善不惡이고, 대소를 말하자면 작은 것에 얽매여 큰 것을 놓치므로 '소'라고 할 수 있다. 따라서 열중은 스스로를 죽이는 사기死氣라고 할 수 있다. 자신도 모르게 한 가지 생각에 열중하다 보면 그 생각에서 빠져 나오지 못한 채 응고되는 경우가 있다. 이 같은 사유의 응고는 곧 생명의 죽음과 일치한다. 그렇다고 열중이 항상 사람에게 재앙을 뿌리는 것은 아니다. 열중하되 외부가 아니라 자기 자신에게 열중한다면 얼마든지 팽창된 기운을 활용하여 큰일을 이룰 수 있다. 이때 열중은 큰일을 이루는 밑거름이 될 수 있다.

기가 확장되는 경우

그렇다면 팽팽하게 당겨진 확장의 기운을 어떻게 간직하면 좋을까? 이에 대한 해답을 살펴보기에 앞서 뻗어나가려는 기운의 생멸기

복^{生滅起伏}부터 확인하고자 한다.

인간사는 알기 어려운 것처럼 보여도 실상은 깨닫기 쉬운 면이 많다. 하늘의 수^數인 천수^{天數}를 미리 알아내면 인간사를 쉽게 깨달을 수 있다 하여 많은 사람이 이에 매진하는 경우가 있는데, 천수는 문자 그대로 하늘에 속한 기운이므로 사람이 깨닫는 데는 한계가 있다. 하늘의 숫자를 통해 사람의 일을 미루어 알 수는 있으나, 사람의 일을 통해 하늘의 숫자를 변화시킬 수는 없기 때문이다.

사람은 천지간의 티끌에 지나지 않으므로 천지의 법칙에 따르는 길이 생존을 위한 최선의 선택이다. 그리고 인간사는 가깝고 천수는 멀리 떨어져 있으므로 인간에 관한 문제를 해결하기 위해서는 인간사를 헤아릴 수밖에 없다. 기가 확장되는 경우들을 인간 사회에서 발생하는 각종 현상들을 통해 우선적으로 파악한다면 천수가 인간사에 어떻게 작용하고 있는지 대략적으로 가늠할 수 있을 것이다.

기가 확장되는 첫 번째 경우는 자기 자신의 믿음에 대한 확신에서 비롯된다. 이것은 가장 숭고한 경우다. 불교, 유교, 기독교, 이슬람교, 도교, 혹은 자신이 새롭게 발견한 종교를 막론하고 신앙에 대한 믿음은 사람이 가진 힘 중에서도 으뜸이라 할 수 있다.

옛 전도자들이나 순교자들이 난관과 능욕과 비애를 견뎌낼 수 있었던 까닭은 자신의 믿음에 확신이 있었기 때문이다. 이를 단순히 종교상의 문제로 치부할 것이 아니라 삶의 전반적인 방향으로 확대해나간다면, 신앙에 대한 믿음이야말로 인간의 참된 길이라고 해도 손색이 없다.

　맹자孟子가 말하는 '호연지기浩然之氣'는 바로 이런 것을 두고 하는 말로서 풀이를 해야 한다. 더없이 크고, 더없이 올바르고, 지극히 공평한, 다시 말해 지대지정지공至大至正至公의 길과 내 삶의 방향을 일치시키는 것이 바로 호연지기를 기르는 유일한 방법이다.

　예나 지금이나 위인과 현인들은 호연지기를 기른 사람들이며, 이들 중에서 기가 위축되어 자신의 길을 그르친 사람은 단 한 명도 없었다. 요컨대 내 삶과 내 삶에 대한 믿음이 일치되는 자각이야말로 가장 좋은 의미의 기운이며, 이 같은 기운을 확장시켰을 때 비로소 뜻한 바를 이룰 수 있게 된다.

　'신信'은 믿음·성실·진실·신뢰 등의 뜻을 가진 단어다. 이 '신'이라는 단어가 헤아린다는 뜻의 '의意'와 연결되고, 감정·진정·인정의 뜻을 포함하고 있는 '정情' 및 깨달음을 의미하는 '지智'와 융화되었을 때 인생은 최고의 경지에 도달할 수 있다.

　그런데 단순히 '신'만 존재한다고 해서 삶이 확정되는 것은 아니다. 때로는 슬기가 부족한 '신'으로 존재할 수도 있고, '정'이 부족한 '신'으로 존재할 수도 있다. 또한 헤아림이 부족한 '신'도 있고, 정지情智가 부족한 '신'도 있고, 지의智意가 부족한 '신'도 있고, 의정意情이 부족한 '신'도 있을 수 있다. 이처럼 깨달음과 감정과 헤아림이 한데 어우러진 '신'을 인생에서 찾아보기란 결코 쉬운 일이 아니다. 대부분의 삶에서 발견되는 '신'은 오히려 일이 발생하는 근본이라 할 수 있는 '인因'이 부족하고, '지'가 반역을 도모하며, '의'가 어긋나고, '정'이 거슬러서 반하는 경우가 더 많다.

참으로 불가사의한 모순이지만, 이것이 바로 삶의 모습이다. 뿐만 아니라 같은 '신'인데도 불구하고 지정智情을 거스르는 '신'이 있고, 정의情意에 반역되는 '신'도 있으며, 지의智意를 거스르는 '신'도 있을 수 있다. 이는 차라리 없음만 못한 '신'이라고 할 것이다.

'신'은 인간의 삶에 확고함을 더해주는 필요 요소지만, 무엇과 함께하느냐에 따라 삶의 폐단으로 작용할 수도 있다. 따라서 모든 기운이 내 안에서 팽창된다고 무조건 기뻐할 일은 아니다. 확장된 기가 무엇인지에 따라 얼마든지 삶의 방향도 극과 극으로 나뉠 수 있다.

이처럼 삶에서 가장 중요한 기운은 나의 삶과 나의 믿음이 확고하게 부합되는 일치, 즉 자각이다. 이 같은 자각을 삶의 모든 순간들에 적용했을 때 비로소 사람은 자기 인생의 주인이 될 수 있다. 여기서 한 가지 명심할 것은 믿음을 뜻하는 '신'이 단순히 '신'으로서만 존재하는 것이 아니라, 내 안의 다른 기운들과 부합되어 예상치 못한 암울한 결과를 도출할 수도 있다는 점이다.

기가 확장되는 두 번째 경우는 '헤아리는 마음'에 의해 기의 팽창이 이루어지는 것이다. 이를테면 어린아이를 기르는 젊은 어머니가 갑작스레 남편을 잃었다고 가정해보자. 비록 사랑하는 남편을 잃은 감정이 한없이 북받쳐 오르지만, 젊은 어머니는 자녀의 미래를 생각해서 이 모든 감정들을 억누르고 남편이 운영하던 가게를 맡아 열심히 일하고 있다. 이것은 자녀를 헤아리는 마음에 의해 열심히 살고자 하는 기운이 확장되었다고 볼 수 있다.

사람은 환경의 변화에 따라 얼마든지 의식의 변환이 이루어질 수 있다. 의식의 변환이란 기운의 활용에 대한 생각이 바뀌는 것을 뜻하는데, 평소 냉정하고 침착했던 사람이 모든 일에 조급해진다거나 거만해질 수 있으며, 혹은 자신이 감당할 수 없을 만큼 일에 열중하여 몸에 병이 생기기도 한다. 앞서 예를 든 것처럼 평소 남편에게 의지해서 집안 살림만 하던 보통 여자들은 남편의 죽음 앞에서 완전히 위축되어 삶의 의욕을 잃어버리거나, 무언가에 몰두함으로써 남편의 죽음을 잊고자 종교에 귀의하는 경우가 많다.

그러나 앞의 젊은 어머니는 갑작스런 남편의 죽음으로 극심한 고통을 느꼈지만, 어린 자녀의 미래를 헤아리는 측은한 감정이 극도로 팽창되어 남편의 죽음이 몰고 온 슬픔의 감정을 이겨냈다고 볼 수 있다. 세상 물정에 어두운 연약한 여자의 몸으로 가게를 운영하고 어린 자녀를 돌보는 일은 매우 감당하기 힘든 역경이다. 하지만 자녀를 사랑하는 마음이 극도로 확장되면 숨어 있던 재능들이 발굴되어 이를 극복할 수 있게 되는 것이다.

기가 확장되는 세 번째 경우는 '정의 감격'이 팽창되어 기운을 불러일으키는 것이다. 앞서 든 예와 같이 위독한 어머니를 구하고자 사람의 왕래가 끊어진 어둔 밤길을 홀로 걷는 용기는 어머니를 생각하는 마음이 극도로 팽창되어 젊은 여성의 두려운 심정을 이겨냈다고 볼 수 있다. 이를 가리켜 '감격'이라고 표현한다.

감격은 효성이나 충성, 희열처럼 좋은 의미의 감정에만 적용되는 것이 아니라 질투나 분노, 원한, 증오 같은 나쁜 감정에도 얼마든지 적용할 수 있다. 그렇기 때문에 자칫 잘못하면 나쁜 기운이 팽창되어 사람의 생을 망치게 하는 경우도 있다. 추악한 감정이 팽창되었을 경우 사람은 거칠어지거나 조급히 서두르는 등 불필요한 행동을 자제하지 못하게 되어 결국 삶을 이완시킨다. 따라서 '정의 감격'은 그 활용에 무척 예민한 조심성이 요구된다.

기가 확장되는 네 번째 경우는 '지의 발휘'를 통해 기운이 팽창되는 것이다. 역사적으로 위대한 발견자와 발명가들의 전기를 살펴보면, 자신의 지혜를 최대로 발휘하여 갖은 난관과 고통을 견뎌낸 후 마침내 인류 역사에 기록되는 큰 공을 세운 사례가 많았다. 팽창하는 기운을 학문에 쏟아부음으로써 자신의 타고난 재능을 극도로 확장시키고, 또 앞일을 꿰뚫어보는 지혜를 팽창시켜 지광智光(지혜의 광명)을 빛냈다고 할 수 있다. 사람의 내면에서 지혜를 추구하는 기운이 최고조로 팽창되면 지려학재智慮學才(앞일을 꿰뚫어보는 지혜와 학문에 대한 재능)가 더욱 확대되어, 스스로 의식하지 않고도 자신의 능력을 최고 수준까지 끌어올릴 수 있게 된다.

양초는 외부 세계가 어두워졌을 때 비로소 그 위력을 나타낸다. 덜 어두워졌을 때, 다시 말해 아직 밖이 환할 때는 양초를 켜봤자 불빛의 밝기가 기대를 충족시킬 수 없다. 따라서 햇빛이 밝은 대낮에는 양초와 같은 인공적인 불빛이 필요 없다.

이와 마찬가지로 지식은 정상적인 사회에서는 빛을 보기 어렵다. 그러나 사회가 조금이라도 타락하거나 온전치 못할 경우에는 양초처럼 작은 지식일지라도 찬란한 빛을 내며, 무식無識이 횡행하는 암흑 속에서 홀로 아름답게 빛날 수 있다. 한 점의 별빛이 칠흑 같은 어둠을 밝히는 한 줄기 빛이 되듯이 약간의 지식일지라도 부패한 사회를 비추는 한 줄기 광명이 될 수도 있다.

사진술을 최초로 발명한 프랑스의 조세프 니에프스와 루이 다게르는 광선이 다른 물질에 미치는 힘을 깨달아 포영술捕影術을 착안했다. 이는 기초적인 사진술로서 오늘날의 지식에 비하면 매우 보잘것없는 수준이다. 그러나 니에프스와 다게르가 살았던 시절에는 이 보잘것없는 지식을 터득했던 사람이 오직 둘뿐이었다. 이들 두 사람은 타고난 시대의 흐름을 제대로 파악한 덕분에 오늘날 양초에도 못 미치는 불빛을 가지고 온 세계를 환하게 비추었다고 할 수 있다.

기가 확장되는 다섯 번째 경우는 미술과 음악 등에 스며 있는 작가의 기를 통해 감상자의 기운이 팽창하는 것이다. 이는 단순히 기의 확장에만 국한되는 이야기가 아니다. 예를 들어 A의 위축된 기운은 B의 마음을 쪼그라들게 할 수 있고, C의 산만한 기운은 D의 정신을 흩트릴 수 있는 식으로 공명작용을 일으키기 쉽다. 즉 어떤 사람의 팽창된 기운이 멀쩡한 다른 사람들에게까지 전파될 수 있다는 뜻이다.

한 예로 광기狂氣는 사람의 심리를 흩어지게 만드는 기운인데, 이밖에도 엉기는 기운, 거친 기운, 잠기는 기운, 들뜨는 기운 등 여러 가지 좋지 않은 기운들이 한데 섞여 발생하는 질병이다. 이 같은 광기는 자신만의 확고한 기운이 자리 잡은 사람에겐 그다지 영향을 미치지 못하지만, 그렇지 못한 사람들에게는 감염될 소지가 충분하다.

광기처럼 사람을 나쁜 길로 인도하는 기운들은 선량한 기운보다 훨씬 쉽게 전파되는 특색이 있다. 그 이유는 아마도 이 세상에 선량한 기운을 온전히 보존하고 있는 사람보다 불순한 기운에 잠식당한 사람들이 더 많기 때문인 것으로 보인다. 자고로 어리석은 다수의 행위가 현명한 한 사람의 행위보다 항상 정당하게 대접받는 이유도 아마 여기에 있을 것이다.

사람들이 많이 모이는 정치집회를 자세히 관찰하면, 이 같은 공명작용을 쉽게 발견할 수 있다. 먼저 사람들이 많이 모이는 까닭은 자신의 기운이 부족하기 때문이다. 기는 자석과 같아서 좀 더 큰 자력磁力에 작은 기가 끌려가기 마련이다. 따라서 기운이 허약한 사람일수록 사람들이 많이 모인 곳을 지나치지 못하는 경우가 많다. 이때 두서너 명의 사람들이 발산시킨 엉뚱한 기운이 옆 사람에게 전파되면서 순식간에 군중심리로 발전하게 된다.

이것이 바로 공명작용인데, 집회에 모인 대부분의 사람들은 마음속에 자기 자신이 없기 때문에 쉽사리 외부에서 느껴지는 파동을 받아들인다. 그리하여 다섯 명이 외친 소리가 열 명에게 전파되고,

열 명이 외친 소리가 스무 명에게 전파되는 식으로 기운이 확산되는 것이다. 결국 비교적 건전했던 사람들도 스스로의 확신을 버리고, 이 같은 강력한 대중심리를 받아들이게 된다. 특히 공명작용은 그 기운이 난폭하거나 불건전할 때 보다 빨리 대중에게 전파되는 특색을 지녔다. 이는 앞서 살펴봤듯이 세상에는 건전한 사상을 가진 사람보다 그렇지 못한 사람이 더 많기 때문인 것으로 생각된다.

한 사람의 지나친 열중도 이 같은 공명작용과 맞물려 거대한 기운으로 확장되는 경우가 많다. 예를 들어 용맹한 군인들이 한번 거칠어지면 악귀와 같은 모습을 보이곤 하는데, 이는 용맹함이 지나쳐 무모한 살기殺氣로 변질되었기 때문이다. 이처럼 대중에게 쉽게 전염되는 기운은 조급함과 난폭함, 정의감, 충성심, 질투, 분노, 원한처럼 온전한 이성으로 판단하기 어려운 극단적인 경향이 강하다. 이는 앞서 말한 대로 순결한 기운보다는 불순한 기운이 더 큰 소리를 낼 수 있기 때문이다.

미술과 음악은 인간이 자연을 모방해서 만들어낸 예술이다. 모든 사람에겐 각각의 기운이 있고, 이 같은 기운은 그의 활동을 통해 드러난다. 따라서 미술과 음악 같은 예술작품에도 작가의 기운이 스며들기 마련이다. 작가의 특정한 기운이 스며든 미술과 음악은 그 속에 포함된 기의 작용에 의해 감상자나 청중들에게 공명작용을 일으킨다. 앞서 예로 든 집회에서 경험하는 공명작용이 순식간에 대중을 사로잡는 기운이라면, 미술이나 음악에서 경험하는 공명작용은 지극히 개인적이고 더욱 깊게 전파된다는 특징이 있다. 이는 작가가 어떤 특별한 흥분 상태에서 활동한 결과로부터 얻어진 공명이므로 사람들이 한데 어우러져 발생하는 기운의 작용보다 훨씬 크다.

그림을 그리고 음악을 작곡하는 것은 예술가 자신의 기운을 밖으로 표출하는 것과 같다. 그 기운은 작품을 감상한 사람들에게 자연스럽게 미친다. 사람들은 의식적 내지는 무의식적으로 이 같은 기운에 자극을 받고, 이 자극은 감상자의 내부에서 공명작용을 일으킨다. 그러므로 퇴폐적인 감정이 함유된 작품을 보거나 들을 경우에는 감상자의 기운 또한 퇴폐적으로 변질될 수 있고, 예술가가 긴장한 상태에서 표현한 작품을 보거나 들을 경우에는 감상자 역시 긴장하게 되는 것이다.

활동적이고 진취적인 작품은 감상자의 기운을 활동적이고 진취적이게 만들며, 경박한 그림과 음악은 감상자의 마음을 경박하게 만든다. 바꿔 말하면 예술가와 감상자 사이에서 발생하는 공명작용이야말로 우리가 흔히 표현하는 감동의 정체라고 할 수 있다. 우리가 위대한 미술가나 음악가가 남긴 그림과 음악을 통해 아름다움과 기쁨, 비장함, 깨끗함 등을 느끼는 까닭은 작가가 예술작품을 창조할 때 내부에서 일어났던 기운이 우리에게 반영되었기 때문이다.

그러므로 예술가가 선택한 제목, 수법, 내용은 비단 그의 기운만 팽창시키는 것이 아니라 감상하는 사람의 마음에서도 얼마든지 팽창될 수 있다. 반면에 기운이 이완된 상태에서 창조된 작품은 감상하는 사람의 마음을 이완시킬 수밖에 없다.

그러나 안타깝게도 사람들은 몸에는 좋지만 입에는 쓴 약을 싫어하고, 달콤한 미주美酒(빛깔과 맛이 좋은 술)로 건강을 해치는 것에 대해 아무런 경각심도 갖지 못한다. 이렇듯 나쁜 기운이 깃든 작품은 사람들 사이에서 쉽게 받아들여지지만, 인간의 위대한 정신이 녹아든 작품에 대해서는 반감을 갖기 일쑤다. 이 또한 대중적인 공명작용과 마찬가지로 세상 사람들이 선량한 기운을 추구하는 어려운 길보다는 사악한 기운에 쉽게 매몰되는 것이 더 유익하다고 생각하기 때문이다. 그렇기에 역사적으로 위대한 작품들은 늘 시대의 외면을 받았으며, 외설적이고 사람의 정기를 흐트러뜨리는 작품들은 항상 열광적인 지지를 누려왔다.

미인을 소재로 그린 작품이더라도 성모나 성녀를 모델로 그린 작품은 느낌부터 다르다. 예를 들어 화가가 그림 제목에 알맞은 정신과 표현법을 통해 성모를 그렸다면, 우리는 미인을 그린 작품을 대할 때와는 달리 무엇인가 성별聖別(신성한 일에 쓰기 위하여 보통의 것과 구별하는 일)된 감정을 느끼게 될 것이다. 마찬가지로 그리움을 표현한 곡일지라도 상황에 따라 받아들이는 느낌이 달라진다. 예를 들어 정숙한 여인이 싸움터에 출병한 남편을 그리는 마음을 형상화한 곡이라면 일반적인 남녀의 정감에 대한 곡과는 그 느낌이 사뭇 다를 것이다.

사람의 기운은 음악이나 그림, 문학 같은 정신적인 자극에 의해서도 얼마든지 팽창되거나 이완될 수 있다. 따라서 예술작품을 통해 자신의 삶을 보다 생산적인 방향으로 이끌기 위해서는 근엄하고 어느 정도 격식을 갖춘 작품, 예술가의 역량이 느껴지는 성숙된 작품, 비속하거나 비열하지 않은 진취적인 작품 등을 접하여 내부의 기운을 팽창시키려는 노력이 필요하다.

새로운 환경 역시 이완된 기운을 팽창시키는 하나의 원인으로서 작용할 수 있다. 어제까지 관공서 한 귀퉁이에 앉아 있던 공무원이 장관의 뒤나 쫓아다녀야 하는 자신의 삶에 회의를 느껴 과감하게 사직서를 제출한 후 평소 뜻을 두었던 사업에 뛰어들었다면, 이는 그동안 막혀 있던 기운에 문을 열어주는 것과 같다. 또 문명의 혜택을 누릴 수 없었던 산간벽지에 살던 사람이 도시로 이사를 왔다든가, 먼지로 뒤덮인 도시에서 건강을 해친 사람이 산 높고 물 맑은 시골로 요양을 왔다든가, 혹은 가난했던 자가 갑작스레 부자가 되었다든가, 남편을 잃은 부인이 새 남편을 얻었다든가 하는 것처럼 새로운 환경이 전개되면 사람의 기운은 자연히 이 같은 환경에 적응하고자 팽창되기 마련이다.

물론 새로운 환경을 받아들이기 위해 그동안 억눌렸던 기를 의식적으로 확장시키는 수도 있으나, 자신의 의사와 상관없이 무의식적으로 팽창되는 경우도 적지 않다. 토지나 기후, 공기, 풍속, 습관, 언어 등이 어제와 달라지면 오늘 내가 살게 되는 인생 또한 크게 달라진다. 이렇듯 변화된 환경이 자신에게 이익이 되든, 불이익이 되든 간에 사람들은 변화된 환경에 적응하기 위해 자신도 모르게 생존의 본능을 발휘한다. 이 같은 생존의 본능을 가리켜 '활력'이라고 부르는데, 이 활력이 움직이면 뜻한 바와 상관없이 기운의 팽창이 이루어진다.

환경과 기운의 관계

그렇다면 환경의 변화는 왜 사람의 기운을 팽창시키는가. 이 질문에 대해서는 한 가지 대답만으로는 부족하다. 첫 번째는 환경이 좋게 변한 경우, 두 번째는 환경이 전보다 악화된 경우, 세 번째는 좋지도 나쁘지도 않지만 어쨌든 달라진 경우가 있다. 각각의 경우에 따라 사람이 받는 영향 또한 천차만별이다. 이처럼 환경의 변화로 말미암아 생성되는 심신의 변화는 그 조건과 개인의 차이에 의해 얼마든지 달라질 수 있으므로 이를 한마디로 정의하기란 매우 어렵다.

첫 번째로, 환경이 자신의 삶에 유리하게 변하는 경우에 대해 살펴보자. 환경이 좋게 변했을 경우에는 신체 상태와 정신 상태가 동시에 개선되며, 기운 또한 팽창된다.

예를 들어 혼탁한 공기 속에서 살던 사람이 깨끗한 지역으로 이주할 경우, 우선 공기가 깨끗해졌다는 이유 하나만으로 건강이 예전보다 좋아질 수 있다. 인후·기관·폐장의 기능과 더불어 폐에서 공급되는 산소의 양도 늘어나고, 이를 통해 혈액의 정화작용이 양호해진다. 또 위장이 소화 능력을 회복함으로써 섭취와 배설이 자연스레 좋아져 신진대사가 원활해진다. 이로 인해 신체는 건강을 되찾고, 건강한 신체로부터 정신의 조절까지 가능해진다.

상대적으로 오존의 발생빈도가 높은 해안, 자연적으로 기온이 조절되는 대양 근처, 공기의 양이 충분한 고지대 등이 사람에게 유리한 땅이다. 이와 더불어 신선한 채소와 어류, 육류, 오염되지 않은 땅에서 수확한 과일 등을 충분히 섭취할 수 있는 곳이라면 사람의 신체는 더욱 건강해지고, 정신 상태도 전보다 훨씬 양호해진다. 반대로 가난한 시골에서 풀뿌리만 뜯다가 우연한 기회에 도회지에서 고급스런 음식을 충분히 섭취할 경우, 부족했던 영양분이 채워지면서 사람의 마음도 풍요로워진다.

그밖에도 여러 사정이 있겠지만, 대체로 환경이 좋아지는 선변善變은 먼저 신체 상태를 유리하게 변화시킨 다음 정신 상태를 좋게 변하게 하는 작용을 한다. 영양을 충분히 공급받은 나무가 자연히 생장도 빠르고 이파리도 푸르러지는 것과 마찬가지로, 신체 상태가 좋아지면 사람의 정신 상태도 좋아지는 것이 자연의 이치다.

불량한 영양 섭취로 신체가 나날이 쇠약해질 경우, 어제는 분명 60킬로그램이 넘는 물건을 들었는데 오늘은 50킬로그램밖에 들지 못하는 일이 생긴다. 여기서 끝이 아니라 내일은 40킬로그램을 들기도 어려워진다. 이는 신체의 쇠약으로 인해 힘이 감소되었기 때문이다. 반대로 충분한 영양 섭취로 신체가 나날이 강건해질 경우, 힘도 점차 강해진다.

힘은 근력에 의해서만 유지되는 것도 아니고, 사람의 의지를 통해서만 강해지는 것도 아니다. 의지와 근력의 상호 조화에 의해 성립되는 기운이다. 힘을 발달시키는 데 필요한 요소들이 증가하면 힘은 자연히 증가한다. 또 매일 같이 의지를 단련시켜 운동을 게을리 하지 않을 경우에도 힘이 증가한다. 이처럼 의지에 의해 힘이 증가했다는 것은 힘을 기르는 데 필요한 요소들이 사람의 의지를 통해 맡은 바 책무를 다했다는 뜻이므로 의지에 의해서만 힘이 길러진 것은 아니다. 그러므로 굳은 의지로 힘을 키웠다는 것도 따지고 보면 근력을 키우는 데 필요한 요소들을 갖췄기 때문에 가능한 것이다. 설령 의지가 부족해도 근력을 키우는 데 필요한 요소들을 갖췄다면 어린아이가 세월에 따라 성장하듯이 조금씩 기운이 늘어나게 된다.

예전과 달리 영양 섭취가 양호해져 신체가 나날이 강건해지면 힘은 자신도 모르는 사이에 강해진다. 신체의 힘이 증가하는 원리와 정신의 힘이 증가하는 원리는 동일하다. 사람의 정신 또한 영양 섭취가 중요하다. 바른 식생활과 운동을 통해 신체가 강건해지듯이 정신도 이와 같은 방법으로 성장할 수 있다는 말이다.

아침에 바닷물이 서서히 밀려오듯이, 봄에 온도가 조금씩 올라가듯이, 사람의 몸이 건강해지면 정신력도 조금씩 증가하고, 정신력이 증가하면 내면의 기운도 자연스레 확장되기 마련이다. 이 같은 확장은 무無에서 유有를 가져오는 것과 마찬가지다.

예를 들어 심한 병을 앓던 환자가 건강을 회복하면 없던 기운도 생기는 것처럼 아주 조금이라도 정신력이 증가하면 자연스레 사람의 내부에서 기운이 포착된다. 환경이 사람에게 이로운 방향으로 변했을 경우, 즉 환경이 선변되었을 경우 정신 상태가 평소와 달리 쾌적해지는 원인은 기를 확장시키는 중요한 요소라고 할 수 있는 신체 상태가 좋아졌기 때문이다. 다시 말해 신체 상태가 건강을 되찾음으로써 정신을 좌우하는 뇌와 신경의 역할도 개선되고, 그 결과 정신의 힘이 증가되어 기운의 확장으로까지 연결되는 것이다.

이 같은 환경의 변화는 선변이든, 악변惡變이든, 아니면 불선불악변不善不惡變이든 그 결과에 상관없이 사람의 기운을 확장시킬 수 있다. 그 이유는 새로운 환경을 통해 얻어진 자극이 마음에 파동을 일으켜 여태껏 겪어보지 못했던 새로운 파도를 일으키기 때문이다. 마음속에서 몰아치는 파도의 충격으로 인해 그동안 굳어 있던 마음은 고요함을 잃고, 썩은 기를 소탕하며, 잃었던 원기를 되찾는다.

이처럼 새로운 환경의 출현은 사람의 마음에 상당한 자극을 부여한다. 다시 말해 모든 생물에게 동일한 조건으로 부여된 활력은 내부의 의지보다는 외부 환경의 변화에 대해 더욱 적극적으로 반응한다. 이는 외부 환경에 맞서 스스로를 보존하고자 하는 본능이 선천적으로 강하기 때문이다.

예를 들어 오랫동안 한 가지 업무에 종사하던 사람이라면 업무 효율을 높이기 위해 단순히 자신의 의지를 변화시키기보다는 잠시

휴가를 떠나거나 다른 업무를 맡음으로써 자신의 활력을 변화시키는 지혜가 필요하다. 외부 환경의 변화를 통해 내부의 문제점을 해결하려는 본능은 비단 인류에게만 국한된 사실은 아니다. 여타 동물이나 식물의 생존에서도 발견되는 우주만물의 진리다.

그 한 예로 동물원에 대해 생각해보자. 동물원은 야생과 비교했을 때 먹이도 충분하고, 잠자리도 편안하며, 천적의 위협도 없다. 그러나 우리에 갇혀 평생을 보내는 동물들은 각종 위협에 시달리며 야생에서 살아가는 동일한 개체들에 비해 활력이 극도로 저하된 모습을 보인다.

이는 식물도 마찬가지다. 화분에 심은 모종을 위해 아침마다 물을 주고, 비료를 주고, 햇빛이 잘 비치는 창가에 내놓아도 야생에서 제멋대로 자라나는 식물과 비교했을 때 성장과 활력 면에서 큰 차이를 보인다. 화분에 심은 꽃은 하루만 물을 주지 않아도 오후가 되면 시들거리는데, 야생의 꽃은 며칠간 비가 오지 않아도 늘 싱싱하다. 한해살이 식물인 콩을 심어본 사람이라면 누구나 아는 사실인데, 매년 같은 땅에 콩을 심으면 수확량이 현저히 떨어진다. 그 이유는 동일한 토지에서 동일 상태를 유지하는 것이 콩의 생장에 악영향을 끼치기 때문이다.

사람도 마찬가지다. 생활환경이 자주 바뀌는 사람은 단순히 정착에 대한 그리움만 느낄 뿐인데 반해, 한곳에 머물면서 호강하며 사는 사람은 툭하면 위장병에 시달리거나 괜히 울화통이 터지는 신경

쇠약으로 고생하는 경우가 많다. 물론 늘 이곳저곳으로 떠돌아다니는 삶이 좋다는 이야기는 아니다. 다만, 고정된 환경이 어느 정도까지는 사람을 행복하게 만들지만, 그 정도를 지나면 발달이 중단되어 차차 위축되기 시작한다는 이야기를 하는 것이다.

초목은 동물들과 달리 어느 한곳에 심어놓으면 스스로 이동하지 못하지만, 그 속을 들여다보면 땅속으로 뿌리를 넓게 퍼뜨리는 것을 볼 수 있다. 뿌리는 곧 식물의 생명이며, 기운이다. 비록 초목은 겉으로는 움직이지 못하지만, 그 기운인 뿌리는 쉴 새 없이 변화된 환경을 찾아 확장하고 있는 셈이다. 그래서 비가 오지 않는 야생에서도 오래 살아남을 수 있는 것이다. 반면 화분에 심은 식물은 쉽게 말라죽는데, 그 까닭은 뻗어나가던 뿌리가 화분 벽에 부딪혀 더 이상 확장되지 못하기 때문이다.

분재를 다루는 기술이 능한 사람들은 이 같은 식물의 성질을 미리 파악해서 항상 기를 죽여 나서지 못하게 하는, 다시 말해 억손법抑損法을 구사하곤 한다. 가지를 치거나 때때로 화분을 바꿔주는 등 계속적으로 변화를 제공하는 것이다. 이 억손법을 제때 활용하면 그런 대로 식물은 변화를 감지하여 생장을 유지한다. 그러나 억손법은 어디까지나 인위적인 노력일 뿐이고 자연스러운 기의 확장은 아니다. 뜰 앞에 심은 송백松柏(소나무와 잣나무)은 사람이 가꾸지 않아도 스스로 새로운 환경을 찾아 생장을 반복하지만, 화분에 심은 화초는 끊임없이 사람의 손길을 필요로 한다. 자연의 이치에 따른 변화가 아닌, 사람의 손길이라는 변화를 요구하는 셈이다.

사람도 이와 마찬가지여서 일정한 직업과 토지, 영양, 종교, 습관, 지식 등에 묶여 있을 때는 어느 정도까지 확실하게 발달하고 행복도 느끼지만, 그 뒤로는 자연스레 퇴화되어 이 같은 포박에서 벗어나고 싶다는 욕망이 싹트게 된다. 이는 세상에서 흔히 볼 수 있는 정경이다. 물론 아주 드물기는 하나, 안정성을 최고로 여겨 10년을 하루 같이 견뎌내는 사람도 있다. 그러나 이는 의지가 곧 변화임을 깨달은 사람들의 이야기일 뿐이고, 대다수의 평범한 사람들은 새로운 환경을 추구하며 고정된 틀을 벗어나고 싶어한다. 이 같은 요구는 그 사람의 의지가 부족해서가 아니라 인간의 내부에 잠재된 자연적인 본능이다.

콩과식물이 이어짓기(같은 땅에 같은 작물을 해마다 심어 가꾸는 일)를 싫어하는 까닭은 뿌리를 내린 토양의 양분을 모두 흡수했기 때문이거나 콩의 생장에 필요한 박테리아가 이미 결핍되었기 때문이다. 이는 다시 말해 새로운 땅에서 생장하고 싶다는 콩의 욕망이 분출된 결과다.

사람과 콩을 동일하게 논할 수는 없지만, 한 예로 삼대 이상 런던에서 태어나서 살아온 순수 런던사람은 그렇지 않은 사람에 비해 체질적으로 나약하다는 연구 결과가 있다. 런던이라는 대도시에서 오래 생활하면서 건강이 나빠졌을 수도 있고, 콩과 마찬가지로 사람도 어떤 한 상태에 머무는 것이 선천적인 체질에 영향을 미칠 수 있음을 나타내는 사례라고 볼 수도 있다. 사람들은 모두 새것을 좋아한다. 낡은 것에 싫증을 내서가 아니라 새로운 환경을 통해 자아를 변화시키려는 욕구에 순응했기 때문이다.

그러나 생물 중에도 혁신보다 안정을 더 좋아하고, 새로운 인연보다 맺어진 인연을 그리워하는 종도 있다. 초목은 땅속에 박힌 뿌리는 움직일지언정 대지 위로 솟구친 줄기는 움직이지 않는다. 게다가 대부분의 어류는 부화된 곳으로 되돌아오는 경우가 많다. 이것이 지구의 자기력 때문인지, 생물 고유의 기억 때문인지, 아니면 다른 어떤 원인이 존재하기 때문인지에 대해서는 아직 밝혀지지 않았지만, 어류처럼 단순한 지능을 가진 생물이 옛 연고지로 다시 돌아온다는 사실은 거의 기적이다. 이와 마찬가지로 사람들도 고향을 잊지 못하는 경우가 있으며, 고향에 대한 그리움으로 병에 걸리기도 한다. 비록 새로운 환경, 새로운 장소가 목전에 있을 때 사람의 기운 또한 새롭게 팽창될 수 있다고들 하지만, 때로는 이것이 팽창은커녕 사람의 기운을 흐트러뜨리거나 위축시키는 등 바람직하지 못한 경우를 발생시키는 원인이 되기도 한다.

새로운 환경이 늘 사람의 기운을 확대시키는 것은 아니다. 이 같은 불필요한 확산이야말로 내면의 기운을 촉발시키고자 하는 사람이 가장 조심해야 할 덕목이다. 사람의 일생에서 기운을 확대시키거나 팽창시키는 여러 가지 요인 중 하나가 새로운 환경을 만나는 데 있을 뿐이다.

새롭게 기운을 확장시키는 방법

　새로운 환경 덕분에 위축되었던 기운이 팽창되는 원리에 대해서는 앞서 설명한 바 있다. 위축되었던 기가 새로운 환경을 만나 팽창하게 되면 그동안 자신을 괴롭혔던 나쁜 기운들은 모두 소멸된다. 그럼으로써 허물어진 정신도 추슬러지고, 나약해진 신체도 건강을 되찾게 된다. 환자들에게 요양이나 온천욕, 해수욕 등을 권하는 까닭은 사람의 신체에 이로움을 주는 환경의 기운을 빌려 흐트러진 몸과 마음을 다스리려는 이유에서다.

　온천욕이나 해수욕은 단순히 사람의 몸에만 유효할 뿐 아니라 새로운 환경을 통해 정신도 일변시킬 수 있다. 오랜 병마에 시달려 몸과 마음이 모두 축난 환자들이 온천과 해변을 찾아가면, 환자의 몸은 새로운 환경에 적응하기 위해 체내에 항체를 만든다. 이렇게 생성된 항체를 통해 새로운 환경에 적응할 수 있을 뿐만 아니라 몸속에 쌓인 병의 찌꺼기들도 모두 제거할 수 있다. 이런 항체야말로 팽창된 기운이라고 할 수 있다. 환자가 늘 누워 있던 침상과 병실을 벗어나 새로운 환경에 놓이는 것만으로도 새로운 내성이 생겨 질병과 피로를 몸과 마음에서 사라지게 만든다.

　특히 현대인이 많이 앓는 신경쇠약 같은 질환은 내부의 기가 위축되었거나 조화를 잃어버린 데서 생기는 징후다. 즉 같은 일을 장시간 반복하거나, 불규칙한 생활리듬으로 기가 잘 조절되지 않거나, 심리적 또는 생리적으로 조절이 되지 않을 경우 발생하는 질병이다.

이 같은 병을 치유하기 위해서는 잘못된 기의 작용을 바로잡는 것이 중요한데, 이를 위해서는 무엇보다 위축된 기운부터 새롭게 확장시켜야 한다. 기운을 새롭게 확장시키는 데 가장 적절한 방법은 앞서 여러 차례 설명했듯이, 새로운 환경에서 자기 자신을 새롭게 조화시키는 방법이 적합하다.

모든 질병은 대부분 무의식중에 발생하는 경우가 많다. 자각하지 못했을 때는 병이 이미 체내에 스며들었다 하더라도 병의 실체를 모르기 때문에 증세가 나타나지 않지만, 단 한 번이라도 병을 자각했다면 그 순간부터 병의 징후가 세력을 떨치기 시작한다. 다시 말해 병이 있어도 자각하지 못하면 병이라는 존재를 삶에서 느끼지 못하지만, 병이 없더라도 무언가 징후가 포착된다면 이미 그 삶은 병세를 느끼게 된다. 신경쇠약이란 이처럼 병이 없음에도 병이 느껴지는 질환의 대표적인 사례다.

옛 중국 속담에 "병을 잊어버리면 병은 스스로 물러난다"라는 말이 있다. 이 말은 현재 병을 앓고 있는 사람이 새롭게 마주한 환경에 적응하고자 자신의 기운을 북돋는다면, 이것만으로도 전에 앓던 병에서 어느 정도 회복될 수 있다는 뜻이다. 병에 대한 불안에서 벗어나기만 해도 이미 병으로부터 자유로워진 느낌이 든다. 따라서 신체의 건강이 여러 면에서 훼손되었다고 생각하는 사람은 평소의 생활로부터 잠시 이탈해서 몸에 새로운 생기를 불어넣는 것도 좋은 방법이 된다.

그러나 며칠 또는 한두 주만 흘러도 새로운 환경에 대한 항체가 생성되어 팽창된 기운을 잠식시킬 소지가 있다. 이렇게 되면 또다시 병의 증세를 자각하게 되고, 전과 다름없는 고통이 시작된다. 이 때문에 요양을 가거나 새로운 환경을 조성한다고 해서 병을 뿌리 뽑을 수 있는 것은 아니라고 말하는 사람들도 있다. 새로운 환경에서 기대할 수 있는 효과에만 의지할 것이 아니라 다른 여러 가지 방법들과 더불어 새로운 환경을 조성하는 데 힘을 기울이는 것이 가장 유용한 활용이라고 할 것이다.

두 번째로, 환경이 전보다 악화되었을 경우에도 기운이 팽창된다. 이는 매우 모순된 표현으로 들린다. 그러나 환경의 악화 또한 어떤 의미에서는 평소 경험해보지 못한 새로운 환경일 수 있다. 따라서 악화된 환경 역시 사람의 기운을 팽창시키는 것이 가능하다. 물론 이런 경우 환경이 개선되었을 때보다 더 많은 노력과 인내, 시간이 필요한 것도 사실이다.

경우에 따라서는 환경이 전보다 더 좋아졌을 때보다 오히려 악화되었을 때 사람의 면역체계가 강해져서 정신적으로나 육체적으로 한층 더 성숙될 수도 있다. 앞서 소개한 남편의 갑작스런 죽음으로 어린 자녀를 돌보게 된 젊은 어머니가 이 경우다. 분명 남편의 죽음이 초래한 환경은 전과 다른 새로운 환경이다. 게다가 사랑하는 남편을 상실한 최악의 환경이다. 그러나 젊은 어머니의 입장에서는 남편에 종속되어 편하게 살던 때와 달리, 자신의 타고난 재능과 주어진 삶의 시간을 총동원하여 새롭게 인생을 살아간다는 점에서 내부의 기를 폭발적으로 증가시키는 기회가 될 수도 있다.

역사를 살펴보건대, 충신은 나라가 위기에 처했을 때 빛을 발하고, 효자는 가세가 기울어졌을 때 비로소 진정한 효심을 보이기 마련이다. 이는 악화된 환경 속에서 사람의 기운이 좋은 방향으로 팽창될 수 있다는 본보기다. 직장에서 쫓겨나 시름에 잠긴 젊은 청년이 마음을 새롭게 다잡은 후 평소 관심이 많았던 분야에서 대성하는 경우도 이에 속한다. 또 수적으로 열세에 처한 전쟁터에서 배수진背水陣을 치고 승리를 거둔 경우도 악화된 환경을 적절히 활용하여 최선의 결과를 얻어낸 사례라고 볼 수 있다.

예전보다 환경이 좀 더 나아짐에 따라 사람의 기운도 팽창하는 것을 '원동原動'에 비유한다면, 예전보다 악화된 환경을 통해 팽창하는 기운은 '반동反動'에 비유할 수 있다. 원동은 단순한 자연이며, 반동은 복합적인 자연이다. 또 원동은 천수이며, 반동은 인정이다. 좋은 변화에 의해 팽창하는 기운이 생성되었을 때 그 특징은 지속적이며, 좋지 않은 변화에 의해 팽창하는 기운이 생성되었을 때 그 기운은 일시적인 현상에 머물고 만다.

밀물과 썰물

기운이란 본디 일시적이며 지속적일 수는 없지만, 여기서 일시성이라는 것은 급속히 흩어지며 변화되는 과정을 말한다. 이를테면 조수는 매일 저녁 두 번씩 밀물이 되고 썰물이 된다. 밀물은 팽창하는 기운과 비슷하다. 그런데 이런 밀물도 길어야 다섯 시간 정도밖에 지속되지 않는다. 그나마도 분량이 채워지면 조수는 정지되고, 다시 썰물이 시작되므로 다섯 시간은 밀물의 기운이 팽창하는 데 소모되는 시간이다.

거센 밀물도 하룻밤을 견디지 못하는 것이 자연의 이치인데, 하물며 이 같은 이치를 사람에게 적용하면 어떻겠는가. 사람의 기운은 한 번 팽창하면 대부분 열여섯 시간 내외에서 그 흐름이 차단되기 마련이다. 극단적으로 말하자면 아무리 기운이 거세게 팽창되어도 엄연히 마지막이 있고, 그 끝에는 오히려 이완되는 기운이 서서히 생성되는 것이다.

예를 들어 스무 시간 내지 스물두 시간, 또는 하루 주야晝夜 동안 사람의 기운이 팽창되었다고 가정했을 때, 대부분의 시간은 어수선해진 기운이 다시금 순수해지는 데 소모되기 마련이다. 만일 하룻밤에 단 두 시간만이라도 온전히 팽창된 기운을 유지할 수 있다면 그것으로 사람은 만족해야만 한다. 조수가 최고조에 달하듯이 사람의 팽창된 기운도 최고조에 달하는 시기가 있다. 이를 활용하여 현재 자신에게 주어진 일에 매진한다면 집중력도 좋아지고, 그에 따라 큰 성과를 기대할 수 있을 것이다.

모든 인간은 하루를 살아감에 있어 한두 번쯤 기운이 팽창되는 것을 감지한다. 이를 한 달로 확산하여 논해보자. 조수는 월령月齡(신월新月의 때를 0으로 계산한 일수)의 제7일, 8일경부터 조금씩 높아지기 시작해서 제15일, 16일에 이르러서는 상당히 증대된다. 증대되는 최고점에 이르려면 적어도 7일은 걸리는데, 최고점에 이르면 또다시 감소하기 시작한다. 보통 7일 정도 지나면 감소가 극에 달한다.

이 같은 월령 기간에 따라 제7일, 8일에서 제15일, 16일에 이르는 동안의 조수를 사람에 비유한다면 이는 곧 극도로 팽창된 기운에 해당된다. 그리고 점차 낮아지는 조수는 이완되는 기운에 비유할 수 있다. 즉 한 달 중 7일가량은 팽창되고, 7일은 다시 이완되며, 또다시 7일은 팽창되고, 7일은 이완되는 것이다. 이렇게 해서 30일이 경과된다. 쉽게 말해 한 달에 두 번 조수가 팽창되며, 지속되는 기간은 대략 일주일가량이다.

조수와 마찬가지로 사람의 내부에서 팽창되는 기운 역시 지속하는 데 한계가 있다. 남성의 신체에서는 이와 비슷한 상황이 없으나, 여성에게서는 조수와 비슷한 작용이 매월 반복적으로 이루어진다. 그리고 이런 현상이 오갈 때 몸과 정신 상태는 평소와 다른 모습을 보여준다. 정신의 변화가 신체 상태에 변화를 끼치듯이, 신체의 이 같은 변화 역시 사람의 정신 상태에 상당한 영향을 미친다. 이는 밀물과 썰물에도 각각의 지속기간이 존재하듯이 사람의 기운이 팽창될 때에도 역시 지속기간이 존재함을 나타낸다. 이처럼 여성의 신체에서 한 달에 한 번씩 경시更始(옛것을 고쳐 다시 새롭게 시작하는 것)가 이루어지는 까닭은 자연을 지배하는 법칙이 인체에도 상당한 영향력을 행사하고 있다는 진리를 드러내기 위해서라는 생각이 든다.

비록 남성의 신체에서는 여성과 같은 육체적인 경시 상태를 찾아볼 수 없으나, 조수간만의 차이와 같은 순환경시의 법칙이 이루어지고 있음은 틀림없는 사실이다. 세상이 처음 그 모습을 드러낸 때부터 남성은 자의식이 결핍된 상태였기 때문에 여성과 같은 증세를 감지해내지 못했던 것으로 보인다.

실제로 남성과 여성을 비교해보면 남성은 다분히 외향적이고, 여성은 내향적이다. 즉 남성이 밖을 바라볼 때 여성은 자기 자신을 바라본다. 따라서 여성은 조수간만의 차이를 자신의 몸에서 발견한 데 반해, 남성은 이를 무시하고 깨닫지 못함으로써 오늘날과 같은 차이가 생겨난 것인지도 모르는 일이다.

낮이 있어야 밤이 존재할 수 있고, 달이 넘어가야 해가 바뀐다. 사람이 살아온 햇수가 더해지면 나이를 먹게 되고, 나이가 들어감에 따라 늙고, 결국 사망에 도달하는 삶의 법칙은 남성과 여성 모두 동일하다. 이는 결국 남성과 여성이 동일한 삶의 리듬에 지배된다는 사실을 밝히는 증거라고 할 수 있다. 남자만이 생리적인 리듬의 지배에서 벗어날 수는 없는 일이다. 계절의 순환과 시간의 시종始終은 일종의 리듬이다. 우주에 존재하는 생물 중 계절과 시간에서 자유로울 수 있는 생물은 아무것도 없다. 이 말은 곧 모든 생물이 조수간만과 같은 순환의 리듬에 지배당하고 있다는 뜻이다.

정확하게 정의하면, 팽창과 위축은 인위적일 수 없으며 단지 순환을 반복할 뿐이다. 잠들면 깨어나고, 깨어나면 언젠가는 잠을 자야 하는 것처럼 팽창된 기운은 결국 사그라지기 마련이고, 위축된 기운은 언젠가 타오르기 마련이다. 이런 진리를 인정한다면 몸과 마음의 조율에 힘쓰는 것이 삶에서 얼마나 중요한지 알게 될 것이다.

순조로운 환경에서 팽창된 기운, 다시 말해 자연적으로 기운이 팽창된 경우에도 그 끝은 있다. 되레 위축의 시기로 접어드는 마당에 역경으로 인해 갑작스럽게 팽창된 기운이 지속적으로 유지된다는 것은 망상에 지나지 않는다. 이렇게 생성된 사람의 기운이 유지된다는 것은 썰물로 빠져나가던 바닷물이 갑작스런 풍압과 천재지변에 의해 다시 해변으로 밀려오는 경우와 같다.

메마른 땅에 나무를 옮겨 심어도 작은 가지와 잎을 자주 제거해주면 나무는 일정 기간 푸른빛을 유지한다. 그러나 이것은 정상적인 생장 활동에 의한 결과가 아니다. 나무의 체내에 간직된 기운을 소모하는 데 불과하기 때문에 결국 이파리는 마르고, 나무는 영양이 부족해 죽고 만다. 비옥한 땅에서 나무의 생장이 좋아지는 것은 마치 시간이 되어 밀물이 몰려오는 것과 같은 이치다. 그러나 이 나무를 메마른 땅에 옮겨 심은 후에도 푸른빛을 유지하겠다는 것은 자연의 이치에서 벗어난 인위적인 활동이다.

　사람도 이와 다를 바 없다. 좋은 환경에서 기운이 팽창되었어도 이것이 죽는 날까지 지속될 수는 없다. 어느 정도 시일이 지나면 기운은 차차 수축되어 사라지고, 반대로 위축된 기운이 생성된다. 그러다가 또 시일이 경과되면 기운은 다시 회복되고, 확장을 거듭하게 된다. 그러나 악화된 환경에서 기운이 팽창되었을 때는 기름진 땅에서 잘 키운 화초를 메마른 사막으로 옮겨 심는 것처럼 꽃의 내부에 잠재된 재능과 기운을 갉아먹는 데 불과하다. 줄기가 머금고 있던 수분이 없어지면 자연스레 꽃잎이 떨어져나가듯이 악화된 환경에서 팽창된 기운은 사람의 잠재력이 소진되면 자연스레 소멸된다.

　적군에 포위된 병사들이 흙을 먹는 한이 있어도 계속 싸워 이기겠다는 의지를 보이는 것은 최악의 환경에서 스스로를 지키기 위해 그 기운이 생성된 것과 같다. 비록 흙을 먹고서라도 적을 이기겠다는 기상은 가상해도 실제 전쟁에서 고기와 밥으로 배를 채운 적을 이길 수는 없다. 이 같은 기상도 시간이 지나 배고픔과 갈증과 두려움에 떨다 보면 금세 사라지고 만다.

　이처럼 사람은 몸이 쇠약해지면 기운도 쇠해지고, 근력이 이완되면 기운도 이완된다. 그렇기 때문에 악화된 환경에서 팽창된 기운은 쉽게 소멸될 확률이 높다. 앞서 남편을 잃고 홀로 어린 자녀를 키우게 된 젊은 어머니를 예로 설명한 바 있다. 만일 그 여인이 특별한 기술이나 경험처럼 좋은 환경으로 이용할 수 있는 조건이 결여된 상태에서 무조건 자녀에 대한 사랑만으로 난관을 극복하겠다고 나섰다면, 얼마 못 가 더 참혹한 국면에 처했을 수도 있다. 즉 살기 힘든 나머지 자녀를 버렸을 수도 있고, 남편을 따라 목숨을 끊었을 수도 있다.

경우에 따라서는 악화된 환경에서 팽창된 기운이 계속적으로 유지되는 것처럼 느껴질 때도 있다. 예를 들어 가난한 부부가 있다고 가정하자. 가난에서 벗어나고 싶었던 아내는 돈 많은 노인과 바람이 나서 달아났고, 이에 분노한 남편은 돈을 벌기 위해 열심히 일하였다. 또 다른 예로, 한시도 바람 잘 날 없는 가정에서 몹시 괴로워하던 사람이 있다고 가정하자. 그는 파란 많은 삶에서 벗어나고자 예술이나 사업에 정진하였다.

두 가지 모두 주변에서 흔히 볼 수 있는 사례로, 기운이 팽창되었다고 볼 수 있다. 그러나 진위를 따져보면 기운이 잠시 동안 팽창된 데 불과하며, 진정한 의미의 확장이라고 보기는 어렵다. 다시 말해 아내를 잃은 남편의 분노는 아내가 돌아오거나 뜻대로 돈이 벌리지 않을 경우 언제든지 다시 위축될 수 있고, 예술가 역시 가정이 다시 화목해지거나 작품 활동으로 생기는 정신적 불만이 가정에서 느꼈던 불만보다 더 크다고 생각될 경우 언제든지 예술을 포기할 수 있다.

이렇듯 악화된 환경은 외부에서 겪는 경우도 많지만, 때로는 내 안에서 발생하는 경우도 있다. 예를 들어 예술에 온 생을 바치기로 작심한 젊은이가 있다고 가정하자. 그의 초심은 분명 순수했을 것이다. 그러나 세월이 지나면서 처음과 달리 세상 사람들에게 존경도 받고 싶고, 또 경쟁자들을 능가하고 싶을 때도 있고, 자신이 창조한 예술작품을 통해 큰돈을 만지고 싶다는 물욕이 발생할 수도 있다. 물론 이 같은 생각을 통해서도 기운은 팽창할 수 있다. 비록 처음의 순수했던 예술적 욕구는 아니지만, 어쨌든 예술 활동에 매진하는 데 상당한 자극이 될 수 있는 것이다.

이 같은 자극은 외부 환경의 악화된 변화가 아니라 내부 환경의 악화된 변화라고 할 수 있다. 즉 내부 환경의 악화된 변화를 통해서도 기운이 순간적으로 팽창될 수 있다. 그러나 이렇게 팽창된 기운은 얼마 못 가 그 끝을 드러내고 마는 것이 보통이다. 왜냐하면 내부의 좋은 환경, 즉 순수했던 초심에 의해 창조된 작품과 내부의 나쁜 환경, 즉 물욕이나 공명심, 허세 등을 채우기 위해 창조된 작품 사이에는 비교할 수 없는 가치의 차이가 존재하기 때문이다.

예를 들어 캔버스 위에서 붓을 놀리는 화가를 떠올려보자. 순수했던 시절, 다시 말해 꽃과 새를 캔버스에 그대로 옮기는 것이 목적이었던 시절의 그림과, 꽃과 새를 캔버스에 옮겨 돈과 명성을 얻는 것이 목적이 된 시절의 그림은 비록 동일한 꽃과 동일한 새를 그렸다고 해도 전달되는 감정에서 다를 수밖에 없다. 둘 다 팽창된 기운에 의해 그려진 작품일지라도 어떤 조건에 의해 팽창된 기운인가에 따라 결과가 사뭇 달라지는 것이다.

맑은 기운일 때 능력도 발휘된다

내부 환경에 따라 기량은 여전히 서투르고, 힘은 아직 미약하더라도 자신의 모습을 그대로 드러낼 수 있는 진실이야말로 꽃이 피고 새가 지저귀는 형태를 자연스레 묘사할 수 있는 힘이다. 이때 비로소 의지는 나와 하나가 되고, 스스로를 팽창된 기운 속에 몰입시켜 원하는 성과를 얻게 되는 것이다.

이 또한 밀물과 썰물의 순환처럼 팽창과 위축을 반복한다. 붓을 놓는 순간 마음속에서 또다시 타인에게 존경받고 싶다거나, 남을 이기고 싶다거나, 호평을 받고 싶다거나, 큰 보수를 받고 싶다는 심리가 싹튼다. 그렇더라도 붓을 잡고 캔버스 앞에 서는 순간, 기운이 다시 팽창되어 언제 그런 마음을 가졌냐는 듯 일에 매진하게 된다. 이 같은 반복이 내일도, 모레도 계속되고, 한 달, 두 달, 1년, 2년을 거쳐 십수 년에 이르면 진흙탕이 물과 흙으로 자연스레 분리되듯이 경계가 생긴다. 그리고 언제든 이 같은 경계를 통해 기운을 팽창시키는 경지에 도달하게 된다.

화가를 예로 들어보자. 붓을 놓는 순간에 물욕이 생기는 것은 어쩔 수 없지만, 그래도 붓을 잡고 캔버스에 그림을 그리는 동안만큼은 마음이 순수해진다면, 이는 경계를 통해 물욕이라는 흙과 예술의 진정성이라는 깨끗한 물이 나뉘어졌음을 뜻한다. 이것이 하루, 이틀을 넘어 10여 년간 반복될 경우 밀물과 썰물의 불변하는 이치처럼 그의 삶에서 확실한 경계로 자리 잡게 되는 것이다. 이 같은 경계가 사람의 마음속에 자리를 잡으면 외부의 변화가 좋건 나쁘건 구애받지 않고 자신의 삶에 필요한 기운을 언제 어느 때고 팽창시킬 수 있게 된다. 물론 이만한 경지에 도달했다고 해도 사람의 타고난 그릇에 따라 그 결과와 소요되는 시일은 얼마든지 다를 수 있다.

예술가가 항상 맑은 기운으로 자신의 임무에 충실할 수 있다면 참으로 대단한 일이 될 것이다. 비록 예술상의 팽창하는 기운이 좋지 못한 내부적 환경, 다시 말해 물욕이나 공명심 등에서 비롯되었다 하더라도 이를 바로잡아 훗날 깨끗하게 정화된 기운을 통해 창작에 임할 수 있다면 예술가로서 품어야 할 경지에 도달했다고 볼 수 있다.

내부의 기운을 팽창시켜 뜻하는 바를 성취하는 것도 중요하지만, 그 기운을 맑게 다스리는 것 또한 팽창되는 과정 못지않게 중요하다. 선명한 기운은 팽창한 뒤에도 지속될 수 있지만, 그렇지 못한 경우 팽창된 기운으로 인해 오히려 병폐가 생길 수 있기 때문이다.

예를 들어 선명하게 맑은 기운을 팽창시켜 자신의 예술세계를 펼쳐나갈 경우에는 그 진위를 타인에게까지 전달할 수 있다. 그러나 선명하지 못한 기운, 즉 물욕이나 공명심에 좌우되어 옳지 못한 방향으로 예술의 정신을 극대화시킬 경우에는 어떤 상황에서도 예술의 진정성을 타인에게 인정받지 못하게 된다. 이처럼 자신의 기운을 깨끗하게 갈고닦은 후에 예술 활동을 한다면, 가령 둔한 재능을 타고난 사람일지라도 시간이 흐르면서 일정 부분 진보하게 된다. 그러나 팽창된 기운이 물욕과 공명심 등에 몰두하는 기운으로 바뀐 사람은 아무리 타고난 재능이 특출해도 결국 진보의 경지에 도달할 수 없다.

7년간 바둑을 둔 사람은 최소한 천 번 이상의 대국을 경험한다. 천 번의 대국이라면 바둑이라는 환경에서 자신의 기운을 최대한 팽창시켰다고 자부해도 무방할 것이다. 그러나 7년이라는 세월 동안 바둑에 매진한 기운이 단지 승패에 따라 일희일비一喜一悲하는 수준에 매몰되었다면, 이는 결코 진보라고 말할 수 없다.

혹은 악화된 환경에 의해 바둑을 선택하는 경우, 예를 들어 좋지 않은 가정사로 심신이 지쳐 바둑에 입문했을 경우를 생각해보자. 비록 처음에는 바둑이라는 새로운 환경을 만나 기운이 팽창되지만, 이는 앞서 여러 차례 언급했듯이 순간의 착각일 뿐이고 결국 바둑의 진정한 체득에까지는 미치지 못한다. 그 이유는 바둑을 선택한 기운 자체가 맑지 못하며, 힘겨운 가정사를 잊고 어딘가에 몰두하기를 바랐기 때문이다. 많은 사람이 팽창된 기운을 이와 같이 허비하는 수가 많은데, 매우 조심할 점이다.

자신의 내부에서 팽창되는 기운이 좋은 환경에 의해 비롯되었거나, 그 뜻이 합당한 경우에는 잠재적으로 그 기운이 맑아진다. 기가 맑아진다는 것은 삶이 구차하지 않음을 뜻한다. 이는 예술에만 국한되는 이야기가 아니다. 세상 모든 사람들은 구차한 삶보다는 맑고 쾌적한 삶을 희망한다. 맑고 쾌적한 삶을 영위하기 위해 그들은 무엇보다 재물이나 학벌, 직위 등이 충족되어야 한다고 생각한다. 그러나 이것은 어디까지나 인생의 진실을 왜곡한 데서 비롯되는 기의 잘못된 팽창이다. 진실로 맑고 쾌적한 삶을 누리고 싶다면 내부의 기운부터 맑고 깨끗하게 가꾸려는 노력이 필요하다.

사람의 기운이 팽창되었을 때 비로소 사람은 제 역할을 충실히 해낼 능력을 얻는다. 그러나 팽창되는 기운이 자칫 몰두하는 기운으로 변형되기라도 하면, 맡은 바 역할을 감당하기는커녕 뜻하지 않은 길에서 쓰러지는 수가 있다.

한 예로 바둑은 분명 팽창된 기운을 요구한다. 그러나 이 팽창된 기운의 성격이 승패에 대한 집착이나 명예욕, 물욕 등이라면 결코 승리할 수 없다. 실제로 세상의 많은 사람이 팽창된 기운에 의해 잠시 성공의 기쁨을 누리지만, 오래가지 못하고 참혹한 결말을 맺는 까닭은 팽창된 기운의 성격이 맑지 못하기 때문이다.

천수의 지배를 받는 우리의 삶

지금까지 인간사에서 기운의 팽창에 의해 발생되는 결과들을 대략적으로 살펴봤는데, 좀 더 자세하게 설명하기 위해서는 아직도 많은 것들을 살펴봐야 한다. 인간의 삶은 당사자에겐 하늘의 수, 즉 천수天數보다 더 귀하고 더 간절한 것이기에 먼저 사람의 생각과 방법부터 내세우게 된다. 그러나 이치를 따져봤을 때 인간사는 결국 천수의 한 부분이므로, 상황이 급박해질수록 자신의 생각을 고집하기보다는 세상의 이치를 따르는 편이 보다 나은 결과를 불러올 수 있다.

인간사는 천수의 수많은 파도 중 하나에 불과하다. 하늘의 수 중에서도 극히 작고, 극히 짧고, 극히 약하고, 극히 보잘것없는 것 중 하나가 바로 인간사의 전체적인 모습이다. 이런 인간사 중에서도 극소, 극단, 극약의 지위를 가지고 있는 것이 바로 개인의 삶이다. 게다가 또 전체적인 개인의 상태 중에서도 가장 박약한 지위를 가지고 있는 것이 바로 오늘 내게 주어진 시간이다. 인간의 모든 순간들을 자연에 비유한다는 것은 사실 불가능한 일이다. 인간이 스스로를 영장(영묘한 힘을 가진 우두머리)이라 부르지만, 자연 앞에서 인간이 얼마나 비천한 존재인지 우리들 스스로가 너무나 잘 알고 있다.

인간사에서 발생하는 팽창된 기운에 관한 내용들을 살펴본 이상, 천수로 인해 발생하는 기운의 팽창에 대해 살펴보지 않을 수 없다. 이에 대해서는 짧은 지면으로나마 개략적으로 설명하고자 한다.

하늘의 수는 인간이 도달할 수 없는 진리다. 우리가 깨닫는 천수 중 가장 기본이 되는 것은 하루 스물네 시간이다. 이 스물네 시간은 둘로 나뉘는데, 바로 낮과 밤이다. 낮과 밤이 계속적으로 반복하여 한 달이 되는 동안 달은 보름에서 그믐으로 바뀌고, 달이 보름에서 그믐으로 바뀌기를 열두 번 순환하는 동안 봄·여름·가을·겨울이 이어진다. 인간의 삶에 직접적으로 영향을 주는 천수가 이와 같다. 여름이 오지 않기를 아무리 바란들 봄이 지나면 여름이 되고, 밤이 되지 않기를 손 모아 기도해본들 날이 저물면 자연히 어둠이 시작된다. 이것은 인력으로 어떻게 해볼 수 없는 자연의 이치다.

인간이 젖먹이에서부터 시작해 소년이 되고, 청년이 되고, 장년이 되고, 노년이 되어 죽음에 이르는 그 모든 순간들이 천수이며, 무한히 살고 싶은 욕망이 죽음 앞에서 꺾이는 것 또한 천수라 할 수 있다. 많은 인간들이 삶을 탐내 장수의 개념을 발견했다고는 하나, 천년은커녕 기껏해야 125세가 인간 욕망의 한계인 것도 모두 천수에서 비롯되었다고 할 수 있다. 그렇다면 이 같은 천수의 팽창과 이완을 관찰해보는 것도 내 안의 기운을 살펴보는 것 못지않게 삶에서는 중요한 요소임을 깨닫게 된다.

이 세계를 숫자로 표현한다면 아마도 다음과 같을 것이다.

'무시無始 … 1, 1, 1, 1, 1, 1, 1, … 무종無終.'

여기서 '무시'는 시작이 없음, 그리고 '무종'은 끝이 없음을 의미한다. 이것이 천수의 정체라 할 수 있다. 1을 하루로 풀이해도 좋고, 한 시간으로 풀이해도 좋으며, 한 달 또는 한 계절, 한 해로 풀이해도 상관없다. 다만, 확실한 것은 '무시'에 대해 인간이 논할 수 없다는 사실이다. 따라서 '무종'도 인간이 생각해볼 수 없는 경지다. 그렇기에 인간은 1, 1, 1, 1, 1의 경우와 상태를 파악하여, 그에 맞게 살아가는 데 지나지 않는다. 이를 바꿔 말하면 '무시 … 1, 1 다음의 1 = 제2, 1 다음다음의 1 = 제3, 제4, 제5, 제6, … 무종'인데, '무시 … 갑, 을, 병, 정, … 무종'으로 표현해도 달라지는 것은 없다.

여기서 잠시 '무시'는 논외로 두고, 인류 발생의 해를 제1로 가정해보자. 우리가 존재하는 현재가 제 몇 만 몇 천 몇 백 몇 십 몇 년째인지 모르겠으나, 어쨌든 우리는 제 몇 만 몇 천 몇 백 몇 십 몇 년을 살아가고 있다. 통상적인 계산에 따라 사람의 인생을 50년으로 책정했을 때, 우리는 고작 무한대인 천수에서 50이라는 숫자를 센 것에 지나지 않는다. 이를 더욱 세분화하여 인간의 수명인 50년을 천수로서 산정해본다면 200계절, 600개월, 1만 8,250여 일, 43만 8,000여 시간에 불과하다. 이 기간 동안에는 아무리 사람의 내부에서 기운이 팽창하더라도 새벽이 되면 잠에서 깨어나고, 밤이 될 때까지 낮 동안 수고하며, 어둠이 싫어도 낮이 계속되지 않고, 겨울을 걱정해도 가을은 끝이 나며, 여름이 오지 않기를 바라도 봄은 점점 무더워지고, 피해가고 싶어도 바람·비·눈·가뭄·지진·홍수·분화噴火 등 여러 가지 자연의 지배를 받게 되는 것이 우리네 삶의 현실이다.

여기서 가장 가까운 것부터 논한다면, 첫 번째로 인간은 낮과 밤의 지배를 받고 있다. 등불의 사용법을 발견한 것이 지금으로부터 몇 천 년 전의 일인지 모르겠으나, 짐승과 새처럼 등불의 사용법을 모르던 인류의 조상은 날이 밝으면 일하고, 날이 저물면 휴식을 취하는 생활에 길들여졌을 것이다. 이 같은 습관이 우리의 영성靈性에 그대로 남아 있어 오늘날과 같이 전등도 있고, 가스등도 언제든 밝힐 수 있는 시대가 되었음에도 해가 뜨면 일어나고, 해가 지면 잠자리에 들어가는 천수에 복종하고 있다.

사람은 누구나 새벽에 눈이 뜨이고, 해질녘에는 쉬고 싶어진다. 이는 우리에게 무엇을 말하는가. 사람의 정신력은 동물과 비교할 수 없을 만큼 강하고 지혜롭지만, 그렇다고 과대평가해서는 안 된다. 인류는 지금 이 순간에도 문명을 발달시키고 있지만, 어떤 면에서는 천수가 지배하는 물질세계의 법칙에 지배당하고 있다. 따라서 치외법권이 허용된 작은 범위를 통해 문명이라는 작은 도구를 만들어낸 것임에 불과한 것인지도 모른다.

몸과 마음이 서로 교섭함으로써 만들어지는 사람의 기운은 천지의 기운과 그 조화를 함께 이루고 있다. 사람의 기운은 개별적인 존재에 의해 만들어진 성과가 아니며, 다만 천지를 융통하는 기운의 지배를 받아 유지될 뿐이다.

아침에 경험하는 기운과 저녁에 느껴지는 기운은 분명 차이가 있다. 지금으로부터 2000년 전의 시대를 살아갔던 손자孫子의 입에서도 확인할 수 있는 진리다. 아침과 저녁의 기운이 서로 다르기 때문에 인간 역시 시時에 따라 서로 다른 기운을 받는다는 사실은 맹자孟子도 언급한 바가 있다. 매일 아침마다 사람은 저절로 기운이 팽창되는 느낌을 받는데, 이런 현상은 아마도 일출과 더불어 충만해지는 천지의 양성적인 기운이 사람에게 영향을 미쳤기 때문일 것이다.

사람의 기운이 저녁보다 아침에 더 팽창된다는 사실은 비단 기운에서만이 아니라 생리적인 현상에 의해서도 깨닫게 된다. 그 이유는 첫째로, 사람들은 누구나 아침에 피로가 회복되는 것을 느낀다.

이는 수면 중에 우리 몸이 찌꺼기들을 처리한 후 기상과 더불어 배설하기 때문이다. 이를 통해 새로운 하루를 살아가는 데 적합한 인체의 상태가 유지될 수 있다. 다시 말해 아침마다 피로의 원인이 되는 찌꺼기가 제거된다는 뜻이다.

둘째로, 아침에는 위가 비어 있기 때문이다. 위는 사람의 장기 중 가장 많은 혈액이 소모되는 곳이다. 그러나 수면 중에 모든 소화작용이 끝나 더 이상 위에 혈액이 공급될 필요가 없어지면, 남아도는 혈액은 뇌로 올라간다. 즉 아침이 되어 속이 비어지면 피가 머리로 올라가게 되고, 이를 통해 머릿속이 개운해지는 것을 느끼면서 무엇인가 생각하거나 계획하고 싶은 충동, 다시 말해 머리에 유입된 혈액을 사용해보고 싶다는 신체적인 욕구가 발생하는 것이다.

어떤 한 의사가 두개골이 손상된 사람을 수술하게 되었다. 수술하면서 그는 뇌가 운동할 경우, 즉 생각하고, 판단하고, 계획하고, 계산할 때마다 혈액 공급을 필요로 한다는 사실을 알아냈다. 그 뒤에 증명하기 어려웠던 정신노동의 인과관계가 밝혀졌는데, 정신노동 또한 근육을 사용하는 일반적인 노동과 마찬가지로 혈액이 필요하다는 사실이 증명되었다.

사람은 하루 세끼를 먹는다. 이 말은 곧 하루 세 번 주기적으로 위장이 채워진다는 뜻이다. 위장이 채워지면 신체는 소화라는 활동을 시작하는데, 이때 위장에 상당한 혈액이 공급되어야 한다. 일반적으로 사람의 몸속에는 일정한 양의 혈액이 흐르는데, 어느 한쪽에 혈액을 더 공급하기 위해서는 다른 한쪽에 공급되던 혈액의 양을 줄여야 한다. 이 말은 소화에 필요한 혈액을 확보하기 위해 뇌에서 끌어오는다는 의미다. 식후에 졸음이 쏟아지는 까닭이 바로 이 때문이며, 폭식을 통해 정신적인 고민을 해결하려는 사람들이 발생함도 이와 같은 신체의 작용을 이용하기 위해서다.

과식이 졸음의 한 원인이라는 사실은 굳이 의학적인 설명을 덧붙이지 않아도 대부분의 사람들이 깨닫고 있는 상식이다. 그래서 잠을 적게 자야 할 필요가 생겼을 때 저녁을 적게 먹으라고 이야기하는 것이다.

인체의 혈액은 어떤 곳에서 활동한 뒤에는 반드시 찌꺼기를 남긴다. 소화가 끝나면 배설이 시작되는 것과 마찬가지로 혈액을 이용한 뇌의 활동이 끝나면 곧 찌꺼기가 생성된다. 사람의 배설물에 독소가 포함돼 있는 것처럼 정신노동이 만들어낸 찌꺼기에도 정신노동을 이완시키는 독소가 들어 있다. 그 결과 갑작스레 산만해지거나 두통이 생기는 것이다. 이 같은 찌꺼기들은 일정한 휴식, 즉 수면을 취하면 체내에서 방출되는 것이 보통이다. 이 과정을 거쳐서 뇌에 다시금 신선한 혈액이 공급되면, 뇌는 또다시 상쾌한 운동을 시작한다. 노동과 휴식이 때에 따라 적절히 이루어지는 상태가 인간의 가장 보편적인 상태라고 말할 수 있다.

몸과 마음의 관계를 보여주는 꿈

마음과 몸을 구별해서 생각하는 것은 잘못이지만, 이에 못지않게 마음과 몸이 동일하다고 생각하는 것 또한 큰 잘못이다. 어떤 사람들은 마음이 곧 몸이며, 몸이 곧 마음이라고 이해하는데, 이는 분명 잘못이다. 마음과 몸은 하나면서 동시에 둘이고, 둘이면서 동시에 하나인 존재다.

예를 들어 어떤 사람은 수면시간이 부족한데도 잠이 오지 않고, 또 어떤 사람은 충분한 수면을 취했음에도 계속해서 잠이 쏟아지기도 한다. 그 이유는 몸과 마음이 서로 다른 작용을 하기 때문이다.

몸과 마음이 하나라면 몸이 요구할 때 마음이 잠들고, 마음이 요구할 때 몸이 잠들어야 한다. 그러나 실제로는 몸이 요구하지 않는데도 마음이 잠들거나, 마음이 요구하지 않는데도 몸이 잠드는 수가 더러 있다.

예를 들어 오늘 잠자리에 들면서 내일 아침 다섯 시에 일어나 사냥을 해야겠다고 다짐하는 것은 분명 마음이 하는 작정이다. 그렇다고 사람이 꼭 다섯 시에 일어나는 것은 아니다. 여섯 시에 일어날 수도 있고, 간혹 네 시 반에 일어날 수도 있다. 마찬가지로 내일 아침 여섯 시에 일어나 글을 써야겠다고 마음먹어도 깨어나는 시각은 다섯 시일 수도 있고, 일곱 시일 수도 있다. 몸이 무조건 마음을 따르는 것이 아니며, 마음이 무조건 몸에 맞게 작정하는 것도 아니라는 이야기다. 따라서 마음만 다잡는다고 해서 몸이 따라오는 것이 아니며, 몸 상태가 좋다고 해서 마음의 작정이 확실해지는 것도 아니다. 이 둘은 서로 관계를 주고받으면서도 엄연히 다른 존재이므로 그 특성을 파악하여 몸과 마음의 조화를 꾀하는 것이 중요하다.

꿈에 대해 한 번 생각해보자. 꿈은 몸과 마음의 관계가 무엇인지를 보여주는 가장 적절한 사례다. 꿈은 모두가 알고 있는 것처럼 정신상의 한 과정이다. 수면으로 인해 신체가 불완전한 상태임에도 불구하고, 감정·기억·지려智慮·의식(생각) 등이 활동하고 있음을 나타내는 증거다. 꿈의 고유한 특성 중 하나는 어떤 꿈을 소망한다고 해서 항상 그 꿈을 꿀 수 있지는 않다는 점이다.

꿈은 앞서 설명한 대로 정신상의 과정이다. 이 말은 사람의 마음이 주관하여 다스릴 수 있다는 뜻이다. 그러나 꿈의 경우 잠들기 전에 아무리 노력해도 특정한 꿈을 꾸게 되지는 않는다. 다시 말해 생각지도 않게 꿈이 꿔지는 것이다. 사람의 정신 속에서 일어나는 현상임에는 분명하지만, 자유자재로 꿈을 꿀 수 있는 것은 아니다. 어떤 날은 꿈을 꾸기도 하고, 또 어떤 날은 아무런 꿈도 못 꾸기도 한다.

이런 꿈에 대해 심리적인 해석을 덧붙이자면, 일상에서 겪었던 어떤 현상이나 사물이 자신도 모르는 사이에 마음속에 깊이 각인되어 신체가 잠든 후에도 이에 대한 정신적인 활동이 계속된 나머지 꿈이라는 현상으로 출현하게 된다는 정도일 뿐, 사람이 꿈을 꾸는 정확한 원인에 대해서는 설명하지 못한다.

모든 사물의 발생과 존재, 변화, 운동은 무엇을 막론하고 항상 힘을 필요로 한다. 꿈은 그 무게를 측량할 수 없는 정신의 작용이지만, 정신적인 활동의 일부인 만큼 사람의 정신을 만들어내는 어떤 힘에 의해 생성되고 있을 것이다.

앞서 정신노동 역시 혈액을 소비한다는 사실을 살펴본 바 있다. 즉 정신은 혈액을 필요로 한다. 이 점을 감안했을 때 꿈이라는 정신 현상 역시, 비록 경미한 현상에 속할지라도 혈액의 영향을 상당히 받고 있음이 분명하다. 따라서 사람이 꿈을 꾸는 순간 신체에서 감지되는 혈행血行 상태를 고찰해보면, 이른바 꿈이라는 현상에 대해 부족하나마 신체적으로도 설명할 수 있을 것이다.

꿈의 성립 요인은 지금까지 밝혀진 바와 같이 심리적인 작용에 의지하고 있으나, 어떤 부분에서는 생리적인 변화 역시 꿈에 상당한 영향력을 행사한다고 생각된다. 풀어서 설명하면, 수면 중 갑작스럽게 뇌로 공급되는 혈액이 늘어나거나 줄어들 때 사람의 신체에서 어떤 변화가 감지되고, 이 같은 변화가 심리적인 작용과 결합되어 꿈이라는 정신 활동으로 발현되는 것이다. 생리적인 혈행의 초기 또는 말기가 심리적인 어떤 기억, 감정, 예상 및 그밖에 어떤 정신 현상들과 연결되었을 때 비로소 꿈의 출현이 자각되는 것이다.

생리적인 혈행에 심리적인 상념이 더해져 만들어지는 꿈은 밀물이 시작될 때 해변에서 감지되는 변화와도 비교할 수 있다. 밀물의 시작과 함께 해변은 바람이 거세지기 마련이다. 이는 때마침 바람이 불어왔다기보다는 밀물이라는 거대한 힘의 작용이 바람을 생성했다고 보는 편이 더 적절하다.

조수가 바람을 유도한 것은 아니지만, 밀물 때는 바람이 세지기 쉬운 조건이 만들어지기에 평소보다 더욱 거세지는 것이다. 이런 바람을 일컬어 바닷바람이라고 한다. 조수 때 비바람이 동반되는 것과 마찬가지로 사람이 잠들었을 때 일어나는 생리적인 혈행이 심리적인 현상과 합쳐져 꿈이라는 정신 활동을 생산한다고 볼 수 있다.

천수의 활용

이 책의 목적이 꿈에 대한 연구는 아니므로, 꿈에 대해서는 여기까지만 하자. 대신 반성반수半醒半睡, 즉 반쯤 깨어 있고, 반쯤 잠들어 있는 상태에서 꿈을 꾸게 되는 일반적인 상황을 고찰해본다면, 사람의 몸과 마음에 나타나는 변화가 사람에게서만 비롯되는 것이 아니라 천수에 의해서도 어느 정도 예견됨을 명확하게 인식할 수 있을 것이다. 즉 꿈은 수면이라는 조건을 필요로 하고, 수면은 주로 천지의 기운과 더불어 사람의 기운도 쇠해지는 어둔 밤에 시작된다. 그 결과 사람의 몸에서 낮과 다른 혈행이 이루어져 꿈이라는 현상에 이르는 것이다.

비록 사람마다 꾸는 꿈의 내용은 다르지만, 대부분의 꿈이 밤이라는 천수에 이루어진다는 점에서는 동일하다고도 이야기할 수 있다. 따라서 꿈처럼 지극히 개인적인 일상마저 하루를 주야로 나눈 천수의 영향을 직간접적으로 받고 있는 것이다.

하룻밤 하루 낮 중 새벽은 기운을 팽창시키고, 저녁은 다시 이완시키며, 또다시 새벽에 이르면 기운이 팽창하는데, 이는 사람의 의지와는 상관없는 천수의 작용이다. 그러므로 하루에 대해 논한다면 아침에 사람의 기는 자연스레 팽창하고, 그 기운을 따라 혈행도 자연히 증가한다. 사람이 하루라는 시간을 통해 경험하는 기운의 팽창과 이완이 이와 같다기보다는 자연이 책정한 하루 스물네 시간의 이완과 팽창의 시기를 따른 데 불과하다고 볼 수 있다.

해가 지기 시작하면 하늘의 정기는 하강하고, 해가 떠오르면 대지의 정기는 상승한다. 이것은 어디까지나 불변의 법칙으로서 사람뿐 아니라 온 우주만물이 이를 따라야만 한다. 하잘것없는 초목만 보더라도 주야의 흐름을 깨달아 일광日光과 일온日溫의 작용에 맞게 대기를 흡수하고, 기온과 기압의 작용에 맞게 수분을 섭취해 스스로를 생장시키고 있다.

초목의 꽃이나 이파리만 살펴봐도 지금이 몇 시인지, 또 오후인지, 오전인지 등을 알 수 있다. 그만큼 초목은 하루 동안 진행되는 기의 팽창과 이완을 자신의 생장에 적극적으로 부합시켰다. 특히 나팔꽃이나 연꽃처럼 주변 환경에 민감한 화초들을 살펴보면, 대략 오전 몇 시부터 오후 몇 시까지는 기운을 극도로 팽창시키고, 이후에는 팽창시킨 기운을 보존하는 데 주력하며, 다시 다음 날 아침에 이르러 밤새 소비된 기운을 회복시키는 등 하루를 살아감이 다분히 과학적이고 주기적임에 절로 감탄사가 나온다. 물론 다 같은 초목이라 할지라도 타고난 성질에 의해 기운을 팽창시키는 시기가 다를 수 있다. 나팔꽃처럼 새벽과 아침을 택해 기운을 팽창시키는 꽃이 있는가 하면, 메꽃처럼 한낮을 좋아하는 꽃도 있다.

인간은 초목이 갖지 못한 자유로운 의식과 감정을 가졌기에 천수의 변화를 더욱 세분화하여 활용할 수도 있고, 오히려 이를 무시하고 거부할 수도 있다. 그러나 한 가지 명백한 사실은 사람 또한 초목과 마찬가지로 본래적인 생장에서는 천수를 벗어날 수 없으므로, 타고난 성질만 추구하기보다는 타고난 성질을 조절하여 천수를 알맞게 활용하는 편이 더 나은 삶을 사는 지름길이 될 수 있다는 점이다.

산소를 내뿜는 나뭇잎, 스스로 질서를 만드는 콩의 뿌리, 산소를 거둬 줄기를 만드는 여름의 강렬한 태양, 심오한 도리를 간직한 채 다시 찾아올 봄바람을 기다리는 겨울의 침묵, 함수초含羞草의 정情처럼 비를 받아들이는 연꽃의 지혜, 햇빛을 즐길 줄 아는 해바라기처럼 작은 세포로 구성된 화초들조차 스스로를 조절하고 절제하여 천지의 기운을 자신에게 이롭도록 사용하고 있다. 그런 의미에서 꽃을 피우고, 이파리를 떨어뜨리며, 계절에 따라 그 색을 달리하는 화초의 생장은 스스로 변화되는 기운들을 적합하게 이용했다기보다는 오히려 외부의 기운에 자신의 기를 맞춰왔다는 표현이 더 적절할 것이다.

초목 외에도 짐승이나 벌레, 물고기들을 자세히 관찰해보면, 이들 또한 하루라는 시간 속에서 순환하는 기의 팽창과 이완을 적절히 고려하여 자신의 삶에 필요한 여러 가지 힘과 모습을 갖춘다는 사실을 알게 된다.

날짐승도 새벽의 기운을 느껴 더 높이 솟아오르고, 서로 우짖으며, 필요한 먹이를 찾고, 암컷과 수컷이 더듬으며 정을 표시한다. 뿐만 아니라 말과 개, 소 같은 가축들도 아침이 되면 그 솟구치는 힘에 감격하여 활발하게 활동한다. 벌레는 저녁에 기운이 솟는 경우가 많지만, 그래도 아침부터 한낮까지 쉴 새 없이 돌아다니며 생활에 필요한 움직임을 보여준다. 수많은 어류 중에서도 바닷물고기는 조수간만의 차이에 의해 그 기운이 팽창되거나 이완되는 때가 많지만, 민물고기는 아침과 저녁의 기운을 감별해 자신에게 적합한 시간을 활용한다. 이는 낚시를 좋아하는 사람이라면 누구나 알고 있는 지식이다.

이처럼 세상만물은 저마다 자신에게 맞는 터와 시간 속에서 행복해한다. 물론 빛을 좋아하는 꽃들 중에서도 저녁나절에야 봉오리를 틔우는 꽃이 있고, 새벽에 주로 지저귀는 새들 중에서도 한밤중이 되어야 기운이 솟는 올빼미나 두견새 같은 새도 있으며, 떼를 지어 몰려다니는 짐승들 중에서도 밤만 되면 더 시끄러워지는 쥐와 같은 짐승도 있다. 마찬가지로 개똥벌레나 지렁이 등은 밤을 더욱 좋아한다. 대부분의 물고기가 깨끗한 물을 좋아하는 듯싶어도 메기 같은 어류는 흙탕물이 생리에 맞는다. 요컨대 새벽에서 저녁에 걸쳐 기가 팽창했다가 밤이 되면 위축되는 것이 보통이나, 그 타고난 성질에 따라 얼마든지 반대가 될 수도 있다. 다만, 절대다수의 생물들이 천수를 따라 낮에 더 활발해지는 것뿐이다.

자연의 법칙이 이와 같으므로 사람 역시 자연의 힘에 의해 우주 만물의 기가 팽창하는 새벽에서 저녁 사이에 기운이 팽창하는 경우가 많다. 그러므로 특별한 이유가 발견되지 않는 한 이 시간을 이용하여 이루고자 하는 목표에 매진하는 것이 좋다. 이것이 바로 천수를 활용하는 가장 초보적인 지혜다.

물론 밤이 되어야 기가 팽창하는 사람이라면 당연히 밤에 일하는 것이 마땅하다. 사람의 일 중에는 간혹 밤의 수축된 기운에 의해 집중력이 더 높아지는 경우도 있기 때문이다. 다만, 대다수의 사람들은 자연에 순응하여 자연과 자신의 기가 온전히 화합할 수 있는 시간에 일하는 것이 그렇지 않은 시간에 일하는 것보다 좋다는 이야기다. 물론 살다 보면 불어오는 바람에 맞서 배를 몰아야 할 때도 생기기 마련이다. 그러나 굳이 맞바람과 싸우느라 힘을 빼기보다는 바람이 언제, 어떻게 부는지 그 천시를 깨달은 후 시기적절하게 돛을 올리는 것이 훨씬 더 바람직하다.

이처럼 자연을 거슬러서 자신의 내부에 존재하는 기운을 팽창시키는 것은, 이를테면 북풍이 불어오는 바다 한가운데서 억지로 배의 키를 북쪽으로 잡아끄는 것과 같다. 이는 어디까지나 어리석은 행동이자 인간의 쓸데없는 만용일 뿐이다. 지혜를 갖춘 사람이라면 하늘의 때를 이용할 줄 알아야 한다. 이 또한 삶에서 절대적으로 필요한 인간의 노력이다. 아침의 팽창된 기운을 받아 자신의 기운을 팽창시키는 것은 단순히 자연에 대한 순응일 뿐 아니라 자신을 위하는 길이기도 하며, 우주의 법칙에 맞게 인생을 설계하는 지혜이기도 하다.

사계절의 순환

이번에는 1년 주기에 해당하는 기의 성장과 성쇠에 대해 알아보기로 하자. 겨울이라는 단어에서 가장 먼저 떠오르는 느낌은 바로 추위다. 우리가 떠올리는 겨울의 형상은 모든 사물이 수축하는 모습이다. 겨울에 기운이 응축할 수밖에 없는 이유는 굳이 지면을 할애해 설명할 필요가 없을 것이다. 가을이라는 단어에서 가장 먼저 떠오르는 것은 공허한 느낌과 청명한 하늘이다. 이처럼 가을과 겨울은 그 단어 자체에서부터 왠지 모르게 기운이 수축되는 느낌을 받으며, 실제로도 기운이 수축되는 기간이다.

이에 반대되는 개념은 봄과 여름이다. 그중에서도 여름은 겨울의 대칭으로서 우주의 기운이 충만해지는 시절이다. 온 세상의 풀과 나무들이 기력을 얻어 본래의 형태를 완성해나가는 기간인 셈이다. 가을의 대칭이라고 할 수 있는 봄은 쓸쓸하게 사라지는 가을의 기운과 달리 무조건 앞으로 뻗어나가려는 기운이 강하다. 대지를 뚫고 고개를 내미는 초목의 새싹만 봐도 그렇다.

이처럼 봄이 되면 만물은 안에서 밖으로 뻗어나가려는 강한 충동을 느낀다. 물 또한 예외가 아니어서 수분들이 공기 중에 널리 퍼져 사방을 가득 메우게 된다. 봄에는 사람의 기운 역시 자연히 팽창되어 밖을 향하게 된다. 엄동설한에 맞서 자신을 보호하느라 기운이 쇠약해진 생물들은 봄이 찾아오기 무섭게 팽창된 기운을 한껏 누리는데, 초목부터 벌레에 이르기까지 모든 생물이 활기로 넘실거린다. 인간의 생리 및 심리 상태도 변화를 보인다. 봄에는 겨울과 달리 쉽사리 흥분하고 분위기가 한결 밝다. 식물의 체내 상태가 변하듯 인간의 신체 또한 변하는 것이다.

사계절에서 봄이 차지하는 기운은 여름이나 가을, 겨울과 비교했을 때 확실히 팽창되는 성질을 지녔다. 봄이 되어 스스로를 팽창시키려는 기운은 자연에 속한 초목이나 생물뿐 아니라 사회나 국가, 가정 같은 무생물의 형질들에서도 발견된다. 사계절의 순환에 따라 세상은 봄의 팽창과 여름의 성숙, 가을의 쓸쓸함, 겨울의 수축을 반복한다.

그런데 더 놀라운 사실은 사계절의 순환이 자연계에만 존재하지 않고, 국가의 흥망성쇠나 개인의 역사, 한 집단의 출현과 쇠퇴 등 우주만물에 존재하는 유무형의 모든 개념과 실존 등에도 동일하게 적용되고 있다는 점이다. 즉 봄이 되어 만물의 근원이 시작되고, 여름이 되어 성숙되고, 가을에 그 결과를 보고, 결국 겨울이 되어 지나간 세월들을 추억하는 사계절의 순환 논리는 인생에서도 적용되는 논리다.

이 같은 네 가지 순환, 다시 말해 '4'라는 천수가 자연에서는 사계절이며, 인생에서는 네 가지 단계로 나타난다. 앞서 천수를 미리 알고, 이를 따라야 한다고 여러 차례 설파했는데, 그 진위가 바로 여기에 있다. 이 같은 순환의 논리는 생물과 자연계에만 국한되는 진리가 아니라 지구의 성립과 흥망, 쇠퇴와도 어김없이 부합된다.

근래 들어 태양의 온도가 예전만 못하다는 학설이 제기되고 있음은 주지의 사실이다. 오늘부터 수천 년 내지 수만 년, 수십만 년이 지난 후에 존재할 태양은 분명 오늘 우리가 바라보는 저 태양보다는 좀 더 차가워졌을 것이다. 그리고 지구에서 진행되는 인류의 삶 역시 정해진 순리대로 흥망과 쇠퇴의 길을 걷는 저 태양처럼 우리가 예측할 수 없는 어떤 새로운 형태로 이어지고 있을 것이다.

지금으로부터 수천 년 내지 수만 년, 수십만 년 전의 지구에 대해 생각해본다면 분명 지금보다 몹시 고온이었고, 오늘날 우리가 사막이라 부르는 지대는 온갖 식물과 동물들이 만발한 낙원 같은 곳이었을 것이다. 이에 대한 증거로 사막이 뿜어내는 석유를 예로 들 수 있다. 석유는 동식물의 사체가 지층에 쌓여 수만 년의 세월을 보낸 결과로 만들어진 거대한 기름띠다. 이는 곧 현재는 생물의 그림자조차 찾아볼 수 없는 사막이 수만 년 전에는 생명으로 넘치는 기름진 땅이었음을 증명한다. 그러므로 또다시 지금으로부터 수만 년이 흐른 뒤에 우리가 살고 있는 아름다운 대지가 사막이 되고, 북극이나 남극처럼 영하의 날씨에 얼어붙은 땅이 푸른 초목으로 뒤덮이게 될지도 모르는 일이다.

생물의 힘이 쇠약해지지 않고 번창하는 동안에는 기운이 계속적으로 팽창한다. 그러나 이 팽창하는 기운이 음양의 조화를 터득하지 못하면 저 사막처럼 종말을 경험하게 된다. 아름다운 대지를 사막으로 만든 것은 태양이라는 팽창된 기운이었다. 여름이 따사롭다고 해서 여름만 계속되면 이 땅에 살아남을 식물은 없다. 그렇기에 고통스러운 겨울이 존재하고, 쓸쓸한 가을이 찾아오는 것이다. 태양이 점차 차가워지는 까닭도 아마 이와 같을 것이다. 지구가 겪은 수만 년의 세월은 어쩌면 따뜻한 봄의 천수에 해당되었는지도 모를 일이다.

지구의 기운과 우리의 인생

눈에 보이고 느낄 수 있는 모든 것들을 한마디로 '개체'라고 정의내릴 수 있다. 사람도 개체이고, 국가도 개체이며, 지구와 태양도 개체에 불과하다. 이 같은 개체는 현상을 필요로 하는데, 현상이란 개체 내부에 잠재된 기가 발현하여 일정한 상像을 만들어내는 것이다. 이렇듯 개체로부터 현상이 출현하기 위해서는 일정한 기의 발현, 다시 말해 힘이 필요하다. 따라서 개체-현상-힘의 이동 상태를 관찰하는 것만으로도 팽창과 이완의 순환을 어느 정도 감지할 수 있다. 이와 같은 논리는 지구라는 거대한 개체에서도 예외는 아니다.

지구의 기운에도 팽창과 이완이 존재하고, 번성과 쇠퇴가 나타난다. 만일 먼 훗날에 지구와 태양의 관계가 오늘날과 달리 냉랭해진다면 지구는 단단한 돌처럼 굳어버릴지도 모른다. 그때 지구의 모습은 분명 우리가 생존하는 현재와 여러모로 다를 것이다.

따라서 지구의 기운은 태양이라고 할 수 있다. 현재와 같은 지구의 현상을 드러내는 데 있어 태양만큼 절대적인 힘은 존재하지 않는다. 그렇다면 만에 하나 그 스스로 개체라 할 수 있는 태양이 자체적인 열량, 즉 힘을 모조리 다 쏟아 부은 뒤에는 어떤 현상으로 남게 될까? 또 지열도 냉해지고, 태양으로부터 받는 열도 적어진 지구의 현상은 과연 어떻게 될까?

개체-현상-힘의 논리는 생명의 주기이며, 셋 중 어느 하나가 비정상적으로 돌변할 경우 온전한 조화를 기대할 수 없다. 이는 태양과 지구처럼 거대한 개체는 물론이고, 인간의 삶 또는 하잘것없는 들꽃도 마찬가지다.

본디 천체의 존립에 대한 문제는 사람이 예측할 수 없는 사태다. 예를 들어 혜성과 다른 별들의 충돌 내지는 그 같은 사태가 도래하는 원인 등에 대해 인류가 확신할 수 있는 지식은 매우 적다. 물론 혜성과 지구의 충돌은 사실상 기우에 지나지 않으나, 만에 하나 이 같은 사태가 벌어지지 말라는 법도 없다. 여기서 우리가 짚고 넘어가야 할 대목은 혜성과 지구의 충돌이라는 사태가 아니라, 지구라는 하나의 개체가 외부 존재로부터 어떤 영향을 받는 것이 가능하다는 점이다.

현재 우리가 살고 있는 지구의 질량은 불변일까, 아니면 가변일까? 지구의 질량이라는 한 분야만 따져봤을 때 불변과 가변에 의해 지구의 성질은 엄청나게 달라질 수 있다. 앞서 개체-현상-힘이라는 관계를 살펴본 바 있다. 개체가 지구이고, 현상이 지구를 토대로 살아가는 인류 및 여타 다른 생물들의 삶이라고 생각해보자. 그러면 이같은 삶을 뒷받침하는 근원, 즉 힘이 어디로부터 비롯했는지를 깨닫는 것 또한 지구라는 외적 환경을 토대로 생활하는 인류에게 반드시 필요한 지식일 것이다.

특히 이 같은 힘이 불변, 즉 지구의 내부에서 팽창되는 기운의 순환인지, 아니면 가변, 즉 외부 환경의 변화에 따라 얼마든지 그 내부의 힘이 팽창과 수축을 반복할 수 있는지의 여부에 따라 지구의 개체-현상-힘에 대한 정의가 달라질 수 있다. 그런 의미에서 혜성이나 소행성과의 충돌만으로도 그 존립에 위협을 받는 지구의 생존은 다분히 가변적이라고 할 수 있다.

우리가 살고 있는 이 세계 자체가 외부의 어떤 영향에 의해, 앞서 살펴봤던 태양의 변화나 혜성과의 충돌 혹은 우주에서 벌어지는 갖가지 사태를 통해 지금과 다른 현상에 직면할 수 있다는 이야기다. 인류라는 개체가 지구라는 외적 변화로 말미암아 사계절이라든가, 아침과 저녁의 천수라든가 하는 것 등에 영향을 받는다면, 지구의 천수는 바로 저 광대한 우주에서 벌어지는 갖가지 사건과 사태라고 할 수 있다.

간혹 운석이나 천강철天降鐵 등이 지구에 떨어지는 경우가 있다. 그렇다면 이것들은 대체 어디에서 오는 것일까? 운석이나 천강철은 의심할 것도 없이 다른 세계, 즉 우주에서 온 것들로서 지구에 이 같은 물질이 더해지는 순간 지구의 질량이 증가하는 변화가 일어난다. 다시 말해 지구 전체의 질량이 우주에서 날아든 철과 다른 광물질에 의해 얼마든지 변화될 수 있다는 뜻이다.

이렇듯 지구의 질량에 변화가 생기면 자연히 지구의 궤도에도 그 영향이 미친다. 평소 태양과 여타 다른 행성들과의 원심력 및 구심력을 이용해 동일한 궤도를 상회하던 지구의 질량이 우주의 어떤 변화로 인해 증가되었을 때, 분명 평소에 필요했던 원심력보다 더 많은 힘이 태양과 다른 행성들에게 요구될 것이다. 따라서 수리적으로도 지구의 질량에 변화가 생김으로써 태양을 비롯한 은하계의 궤도에 미세하나마 변화가 생겨난다.

우주에서 운석이 떨어지는 경우는 몇 수십 년에 한 번 있을까, 말까한 일이다. 그러나 지구가 생성된 이후로 거슬러 올라간다면 그간 지구에 떨어진 운석의 총량은 결코 적지 않다.

북동항로北東航路를 개척한 스웨덴의 탐험가 닐스 노르덴셸드가 유럽에서 시베리아 북해를 거쳐 일본까지 이어지는 긴 여정 동안 관찰한 바에 따르면 지구에 떨어진 작은 운석, 즉 우리가 아무런 관심도 기울이지 않았던 운석의 총량은 실로 놀랄 만한 양이었다. 그는 지구에 일어나는 여러 가지 변화의 원인 중 하나가 오랜 세월 동안 지구에 쌓인 운석의 양 때문이라고 생각했다. 비록 노르덴셸드의 운석설을 진리라고 판정할 수는 없으나, 확실히 태곳적부터 오늘에 이르기까지 우주에서 떨어진 운석들이 지구의 질량에 영향을 미쳐 조금이라도 궤도 수정을 일으켰다면 이것은 실로 작은 변화가 아니다. 이를 바탕으로 지구도 사람과 마찬가지로 외부 환경의 변화에 의해 내부의 기운이 팽창되거나 위축될 수 있음을 알 수 있다.

오늘날 모래폭풍만이 휘몰아치는 사막에서 석유가 뿜어져 나오는 것은 먼 옛날 그곳에 수많은 동식물들이 생존했기 때문이다. 생명체가 살았을 정도로 푸르렀던 대지가 사막으로 변한 까닭은 지구 자체 내의 기온이나 지질이 변했기 때문만은 아니다. 그 원인은 운석에 의해 질량이 증가한 지구가 태초의 궤도에서 조금씩 수정되어 태양과의 거리가 달라진 데서 찾을 수 있다.

일식·월식·폭풍·천둥 따위의 천변天變은 인류의 생활에 직접적으로 영향을 미치는 천수로서, 이는 지구 자체의 변화, 즉 내부의 기운이 변한 데서 비롯한다. 하지만 앞서 살펴본 내용들을 토대로 정밀하게 논한다면 우리가 살아가는 세계는 자체적으로 변화하는 부분도 있으나, 그에 못지않게 태양열이나 운석처럼 다른 외부 세계의 힘에 어느 정도 영향을 받아 변화하는 경우도 많다.

인류의 삶은 지구라는 외부적 환경을 바탕으로 성립되며, 지구의 생존은 우주라는 외부적 환경을 바탕으로 성립된다. 인류는 아직 지구에 대해서도 확실한 지식을 구축하지 못한 상태다. 게다가 인간의 눈은 지구는커녕 여전히 자기 안에 매몰되어 있다. 사람은 스스로의 힘으로 살아간다고 생각하지만, 이처럼 지구의 기운에 따라 인생이 바뀌고, 또 우리와 아무 관련도 없다고 여겨지는 우주의 작은 변화를 통해서도 그 생존의 질이 달라질 수 있다.

천지의 기운과 우주의 때를 알아야 한다

인간의 삶이 진행되고 있는 지구는 현재도 계속 변화하고 있다. 다시 말해 현재상現在相, 현재성現在性, 현재체現在體, 현재력現在力 등이 계속적으로 소멸과 생성을 반복하고 있다. 이것이 바로 인간에게 가장 큰 영향을 미치는 시간의 정체다. 인도 사상에는 '생주괴공설生住壞空說'이 있고, 중국 사상에는 '역리설易理說'이 있다. 이 둘은 지구의 변화에 대해, 더 나아가서는 우주의 변화에 대해 설파하고 있다.

어떤 사람들은 지구의 변화가 인간과 무슨 상관이 있으며, 우주의 변화가 사람에게 어떤 영향을 끼칠 수 있느냐고 반문할지 모르겠다. 그러나 앞의 내용들처럼 우주에서 발생한 작은 운석 하나가 지구에 떨어지기만 해도 지구의 현상은 어제와 달라지고, 그렇게 달라진 현상은 인간의 삶을 어제와 다르게 만들 수 있다. 이 같은 변화는 시간에 의해 구체화되고, 현실화된다는 특징을 보여준다.

우리는 시간의 제한에 대해 부인하지 못한다. 다시 말해 우주와 지구와 인간이 겪는 모든 변화는 시간의 제약을 받는다는 이야기다. 운석이 떨어져 지구의 질량이 변하는 것도 시간의 제약이 있기에 그 앞과 뒤를 구별할 수 있으며, 인간의 삶도 그 시작과 종말이라는 변화에 대해 시간으로서 설명하게 된다.

다시 말해 우주만물을 막론하고 변화에는 시간이 뒤따르고, 이 같은 시간에 의해 변화가 확인되는 것이다. 우주만물의 탄생도 시간이며, 그 중간도 시간이고, 그 종말도 결국은 시간이다. 시작과 끝이라는 단어는 인간을 비롯한 지구와 우주를 모두 포함하고 있다. 우주도 그 시작이 있고, 지구도 그 시작이 있으며, 사람도 그 시작이 있다. 이는 무에서 유가 창조된 일종의 변화다. 그리고 이 변화를 변화로서 감지케 하는 것이 바로 시간이다.

시기時期가 존재하는 이상, 성할 때가 있으면 당연히 언젠가는 쇠할 때도 있기 마련이다. 이는 사람의 일생에서만 보이는 변화가 아니라 지구나 우주도 마찬가지다. 지구와 우주도 그 시작이 있었던 만큼 언젠가는 끝을 보게 된다. 이는 인류가 역사를 창조해낸 이후 모든 사상과 종교에서 발견되는 종말론의 핵심이기도 하다. 왜 인류는 지역과 세대를 뛰어넘어 그토록 종말론에 집착하는 것일까? 이유는 단순하다. 시작이 있으므로 끝이 존재한다는 우주의 질서가 몸속에서 작동하고 있기 때문이다.

세계가 영원히 동일 상태일 수 없고, 동일한 힘과 몸과 성을 가질 수 없음은 앞서 설명한 바와 같다. 현재 석탄으로 불태워지는 존재들은 먼 옛날 지구를 아름답게 수놓았던 식물들이다. 그러나 오늘날 인류는 그들의 존재를 석탄으로서 기억할 뿐이다. 한때는 코끼리의 조상으로 알려진 매머드와 같은 거대동물들이 지구를 가득 메운 적이 있었다고 하나, 우리가 그 시절을 기억할 수 있는 것은 다만 석유에 의해서다. 이처럼 우리의 먼 후세들 또한 우리가 이룩한 문명들을 단지 석회가루와 철조각으로 인식할지도 모르는 일이다.

우리가 살고 있는 세계는 시간에 의해 결코 동일해질 수 없다. 지금 이 순간 1초가 흘렀다면 1초 전의 세계와 1초 안에 포함된 현재, 그리고 1초 후에 나타날 세계가 서로 다르다. 이것이 바로 거대한 우주의 생성부터 이어져 내려온 변화의 핵심이다.

그러나 인류는 여전히 팔짱을 긴 채 사멸하고 있는 자신의 존재에만 몰두하기 바쁘다. 인류는 현재 멸망을 향해 치닫고 있다. 우주도 그 생성의 끝을 향해 달려가고 있으며, 사람 또한 죽음을 향해 내달리고 있다. 다시 말해 우리는 소멸해가고 있는 것이다. 이 같은 소멸의 과정은 인간의 힘으로는 도저히 어찌할 수 없는 필연이다. 따라서 중요한 것은 시작할 때와 성할 때, 쇠할 때를 파악하여 될 수 있으면 오랫동안 팽창된 기운으로 인생을 보람되게 살 수 있게끔 노력하는 일이다.

오전 11시가 지나면 12시가 되고, 12시가 지나면 오후 1시가 되고,

2시가 되며, 3시가 된다. 이것은 사람이 어찌할 수 있는 일이 아니다. 이 같은 기간을 허탈하게 보냈다가는 어느새 저녁에 이르러 한恨을 삼키면서 마침내 석탄이나 매머드의 추억으로 매몰되고야 말 것이다.

현재 인류가 처한 시기는 다행히 성하는 기간이다. 그 이유로서 현대인들은 과거의 영화보다 앞으로 다가올 문명의 성과에 더 큰 기대를 걸고 있다. 만일 인류의 역사가 현재 쇠하는 기간에 접어들었다면 대부분의 인류가 지나온 성과에 더 많은 집착을 보였을 것이다.

이러한 번창이 앞으로 얼마나 더 지속될지는 아무도 모른다. 허위의 문명과 비루하기 짝이 없는 사욕을 발판 삼아 인류는 무분별한 성장을 계속하고 있다. 분명 모든 곳에서 팽창하는 기운이 느껴지는 시대다. 다만 아쉬운 점은 지력地力이 떨어진 대지에 콩 씨앗을 심어봤자 수확을 기대할 수 없듯이, 인류가 영속적인 의미에서의 발전보다는 눈앞의 이익을 충족시키고자 스스로의 기운을 낭비하는 것은 아닌지 걱정스러울 뿐이다.

오늘날은 확실히 팽창하는 기운이 왕성한 시절이다. 1년 중 봄은 기운이 가장 팽창하는 기간인데, 봄의 팽창되는 기운이 여름을 지나 가을, 겨울까지 이어진다면 아무리 좋은 기라도 쇠할 수밖에 없다. 부디 이 같은 천수를 명심하여 인간 스스로가 자신의 삶을 지혜롭게 성찰할 수 있기를 바랄 뿐이다.

인간사와 천수 사이에 존재하는 인간의 수명은 사람의 일생이 경험하는 변화를 구별하는 매우 중요한 위치다. 인간의 수명에 대해 논한다면 사람이 태어나 장년이 되고, 장년이 노년이 되고, 노년이 결국 죽음에 이르는 시간의 반복이라고 하겠다.

사람은 그 시작과 더불어 기운이 팽창되기 시작하여 노년에 이를 때까지 팽창된 기운을 지속한다. 물론 하루를 따져봤을 때도 팽창과 수축을 반복하고 있다. 넓게 봤을 때 청년기와 장년기는 여름에 해당하며, 사람의 기운이 절정에 달하는 시기다. 장년에서 노년, 노년에서 죽음에 이르기까지 호흡이 존재하는 한 인간의 기운은 팽창과 수축을 반복한다. 비록 겨울이라 하더라도 식물은 죽는 것이 아니라 단지 위축될 뿐이다. 살아있는 동안 사람은 언제든 팽창할 수 있고, 또 수축될 수 있다. 이렇듯 팽창된 기운을 단 하루로 끝낼 것인지, 혹은 계절의 변화처럼 1년 동안 유지시킬 것인지, 아니면 태어나서 성장하고 생을 마치는 것처럼 일생에 달하게 할 것인지는 삶에 대한 이해와 노력에서 판가름 날 것이다.

하늘의 수와 인간의 삶과 이를 지속시키는 수명을 고찰하여 자신에게 알맞은 기운을 찾아 팽창시키는 것이 삶의 지혜다. 밀물이 때에 따라 해변을 적시듯 사람도 천지의 기운과 우주의 때를 알아 자신의 삶을 새롭게 변화시킨다면, 무궁토록 풍성해지려는 사람의 희망은 결코 꿈으로 끝나지 않을 것이다.

03

계절

인간은 내면이 가슴속에 있다고들 한다. 이 가슴속은 한계가 없어서 천지도 포용할 수 있고, 시간의 제약을 뛰어넘어 고금古今의 역사를 모조리 담아낼 수도 있다. 천지는 비록 끝이 없다고들 하지만, 사람의 마음은 이를 품고도 남을 만큼 광대하다. 고금은 비록 유구하지만, 사람의 마음속에서 존재하기에 아무런 무리가 없다.

그런 의미에서 인간의 진실은 외부가 아닌 내부에 포함돼 있다고 해야 할 것이다. 사람만큼 커다란 존재는 이 세상에 없다. 외적으로 판단하건대 인간은 천지간을 아우르는 바닷물은커녕 그 물 한 방울에 지나지 않는 존재이며, 사막의 모래알과 같은 존재이며, 하늘의 티끌과도 같은 존재에 불과하다. 사람이 공간과 시간에 의해 그 존재의 가치를 규정당할 경우, 한낱 미물에 지나지 않는다.

내적인 측면에서 인간을 살펴보는 것은 나중에 생각하고, 먼저 외적인 측면에서 인간을 다뤄보자. 사람은 공간과 시간에 포함되는 생존의 과정에 불과하다. 외적으로는 자아를 포위하고 있는 공간과 시간의 커다란 위력 앞에서 나약해질 수밖에 없으므로 이 같은 거대한 세력의 변화에 좌우될 수밖에 없다.

예를 들어 일본이라는 공간에서 태어난 사람은 자연스럽게 그 시대의 일본어를 사용하고, 일본인의 성정을 가지며, 일본인의 습관을 따르는 것이 당연하다. 마찬가지로 러시아라는 공간에서 태어난 사람은 자연스럽게 러시아어를 사용하고, 러시아인의 성정을 가지며, 러시아인의 습관을 따르는 것이 당연하다. 이와 같은 사례는 인간이 공간의 위세에 좌우될 수밖에 없음을 말해주는 좋은 예이다.

공간이 인간에게 얼마나 큰 영향을 미치고 있는가에 대해서는 나중에 다시 논하기로 하고, 이번에는 시간이 인간에게 얼마나 큰 영향력을 행사하고 있는지에 대해 알아보자.

어느 한 시대를 살아가는 사람은 자연히 그 시대의 언어와 풍속과 습관에 길들여지기 마련이며, 시대를 재단하는 사상과 감정에 익숙해진다. 다른 시대를 살아가는 사람 역시 그 시대의 언어와 풍속과 습관에 능통해지며, 그 시대를 살아가는 사람들 사이에 공존하는 사상과 감정을 가지고 인생을 설계하게 된다. 각자의 유전과 특질에 따라 차이가 있을 수 있지만, 시대의 위력 앞에 모든 사람들은 일정 부분 동일한 색채를 띤다.

이처럼 한 시기 또는 한 시대라는 시간의 위력이 사람에게 미치는 영향은 엄청나다. 이 같은 영향은 사람의 탄생부터 죽음의 순간에 이르기까지 일생을 두고 따라다니기 마련이다. 여기서는 먼저 1년 사계절이 사람에게 미치는 위력과 그 같은 위력에 대해 사람이 어떻게 반응하고, 어떻게 활용해야 되는지에 대해 간략하나마 살펴보고자 한다.

사계절과 인간의 관계

1년 사계절이 사람의 일신에 미치는 영향 또한 공간과 시간으로 양분할 수 있다. 한 시대는 한 시대로서 그 권세와 위력을 가지고 있으며, 그것은 10년, 20년 이상 지속된다. 이는 1년이라는 시간에서도 동일하게 나타난다. 1년은 10년에 비해 짧은 시간이지만 그 나름대로 누리고 행사할 권세와 위력을 지녔으며, 사람들의 생활에도 영향을 미친다. 좀 더 자세히 말한다면 봄은 봄의 위력을 통해 사람들에게 영향을 미치고, 여름은 여름의 위력을 통해 사람들에게 영향을 준다. 또 가을은 가을대로, 겨울은 겨울대로 나름의 위력을 통해 사람들의 일상에 영향을 미친다는 이야기다.

인간과 계절의 관계에 대해서는 오래전부터 감각이 예민한 시인들을 통해 거론되어 왔다. 옛 시가詩歌들을 읽다 보면 계절의 변화가 사람에게 미치는 영향들이 자주 등장한다. 예를 들면 봄에 쓴 시가에는 봄의 위력이 인간에게 어떤 영향을 미치는지 묘사되어 있고, 가을에 쓴 시가에는 가을의 위력이 인간에게 어떤 영향을 미치는지 묘사되어 있다. 사계절에 대해 읊은 옛 시가는 바꿔 말하면 대부분 사계절의 위력이 인간에게 어떤 영향을 미쳤는가에 대한 노래들이라고 할 수 있다.

시가 외에도 오래전부터 사계절이 인간에게 미친 영향에 대해 설파하고 있는 경우는 무수히 많다. 그 단편들을 섭렵해서 증거로 내세운다면 얼마든지 내세울 수 있을 정도다. 옛사람들은 천시天時(계절이나 밤낮 등 때를 따라서 돌아가는 자연현상)가 인간사와 관계있을 뿐 아니라 인간사가 천시에도 상당한 영향을 미칠 수 있다고 생각했다. 그 뿐만이 아니다. 하늘과 사람은 매우 긴밀하게 연결돼 있다고 믿어왔다. 이런 사상을 고증하는 것이 이 책의 목적은 아니므로 여기서는 논의를 피하겠지만, 이 같은 사례는 얼마든지 보여줄 수 있다.

옛날은 분명 지나간 시간이다. 현재와는 많은 부분에서 차이가 있으므로 여기서는 현재 우리가 느끼는 점을 바탕으로 설명하고자 한다. 그러나 시간이 사람에게 미치는 영향만큼은 예전이나 현재나 다르지 않음을 명심하기 바란다.

사계절이 삶에 미치는 영향

광물계에도 생리生理가 존재하는지에 대해서는 확실치 않으나, 상식적으로 생각했을 때 생리는 없다고 판단된다. 만일 존재하는 것이 있다면 오직 물리物理뿐일 것이다. 식물계 또한 생리의 존재 여부가 분명치 않으나, 생리와 비슷하게 작용하는 물리가 있을 뿐이라고 여겨진다. 석류석石榴石이 생장한다느니, 보석의 하나인 황옥黃玉이 시간이 흐르면서 색을 잃는다느니 하는 말이 사실일지는 모르나, 이것은 물리적인 현상으로서 생리와는 아무런 관계가 없다. 가령 어떤 식물들은 시기가 지나면 스스로 거처를 옮긴다고 하는데, 이는 물리적인 생리가 그렇게 시켰을 뿐이고 내면의 심리적인 활동에 의해 식물이 거처를 옮길 수는 없는 노릇이다. 이에 반해 사람과 동물은 물리와 생리뿐 아니라 심리도 갖추고 있다.

물리에 지나지 않는 광물 역시 사계절의 영향에서 자유롭지 못하다. 광물의 틈으로 스며든 수분은 겨울 추위가 시작되면 얼어붙는데, 이는 광물의 팽창으로 이어진다. 이것이 봄의 따사로운 기운과 만나면 녹으면서 빈 공간을 만든다. 그럼으로써 종종 광물이 무너지기도 한다. 또 한여름의 내리쬐는 열기와 장마에 의해, 혹은 가을의 폭풍과 서리에 의해 역학적·열학적인 작용이 발생해 광물로 구성된 지표는 끊임없이 변화한다. 이는 분명 사계절의 작용이라 할 것이다. 식물은 광물에 비해 더 많은 영향을 받는다. 일조량이 계절마다 달라지고, 열기가 때에 따라 달라지므로 식물은 물리작용 외에도 스스로 일정 부분 생리작용에 매진해야만 한다.

봄에는 꽃이 피고, 여름에는 무성해지며, 가을에는 열매를 맺고, 겨울에는 다시 얼어붙는 것은 사계절의 변화에 대한 수목들의 일반적인 반응이다. 이 같은 자연의 상태는 모든 사람들이 인정하는 바이며, 사람들은 이러한 자연 환경을 이용해 봄이면 파종을 시작하고, 여름이면 논밭을 갈아 김을 매고, 가을이면 수확하는 이치를 반복한다. 이것이 곡물을 추수하기 위해 인간이 정성을 들일 수밖에 없는 까닭이다. 즉 물리가 계속 변하기 때문에 식물의 생리까지 돌보게 되는 것이다.

사람들은 식물과 사계절의 관계를 알고 있으며, 이 같은 지식을 통해 유용한 방향으로 발전해왔다. 이를 더욱 확대해 가축을 길들이고, 벌을 길러 꿀을 거두고, 누에를 키워 비단을 만들고, 닭을 키워 달걀을 얻고, 소를 키워 송아지를 생산하는 등 계절에 순응함으로써 지혜를 더욱 발전시켜왔다.

이를 종합적으로 생각했을 때 내적으로 성찰할 수 있는 힘을 가진 인류는 자신이 사계절의 작용에 대해 어떻게 반응하는지를 관찰하고, 사계절과의 관계를 통찰하며, 그 관계에 순응하는 것이 바람직하다는 것을 깨달았다고 할 수 있다. 이 같은 깨달음은 인류가 다른 짐승들보다 월등히 타고난 심리적 작용을 가지고 있었기에 가능했다. 심리적인 활동이 탁월하면 탁월할수록 사계절의 지배를 받는 영향력에서 좀 더 우월한 위치를 선점할 수 있다.

　동물의 경우 하등동물일수록 심리적인 힘이 약하고, 심리적인 힘이 약하면 약할수록 사계절의 지배로부터 더 벗어날 수 없음을 인식해야 한다. 그 한 예로서 개나 말 같은 고등동물은 상당한 심리 활동을 보여준다. 이에 반해 해삼이나 곤충들은 대부분 생리만을 추종한다. 심리를 통해 행동한다는 말은 외부적인 물리를 다만 물리로서 받아들여 순응하는 것이 아니라, 자신만의 고유한 생리를 발동시켜 유리하게 활용하는 능력을 뜻한다.

　이 같은 심리적인 활동은 의지의 표출이며, 자연을 단순히 자연으로 보는 데 그치지 않고 내게 유용한 어떤 환경으로 바꾸는 데 필요한 밑거름으로 삼는 것이다. 그중에서도 인류는 자의식이 왕성한 존재이므로 자신의 행동을 자신이 판단하고, 능동적으로 해석하고자 하는 의욕이 강하다. 따라서 자연의 생태에서 벗어나 그 생태를 활용하는 데 도달할 수 있었던 것이다.

　그러나 아직도 인류는 사계절이 인류에게 미치는 영향을 제대로 파악하지 못했으며, 스스로 이를 이용해 삶을 풍요롭게 만드는 수준까지는 도달치 못한 것으로 보여 참으로 안타깝다. 만일 식물이나 가축의 성장에서 사계절이 작용하는 영향력을 무시할 수 없다면, 또 사계절의 작용에 순응하여 이를 이용하는 편이 유리하다는 사실을 인정한다면, 다른 동물이나 식물과 마찬가지로 사계절의 작용을 받고 있는 인류는 사계절이 자신에게 작용하는 영향력에 의지하여 삶을 보다 쾌적하고 편리하게 가꿀 필요가 있다.

내면의 왕성한 자의식을 방편 삼아 삶의 모든 조건이 나로부터 출발한다고 생각하는 것은 자신의 조그마한 손바닥으로 눈을 가린 채 세상을 바라보는 것과 다름없다. 인류가 다른 동물과 비교할 수 없을 만큼 우수한 자질과 능력을 보여주는 원인은 '자의식自意識'이라는 자존적 성립의지에서도 찾을 수 있겠지만, 자의식만으로는 천지와 조화를 이루는 완벽한 삶에 도달할 수 없다.

태양은 자의식이 왕성한 인간에게만 허락되는 조건이 아니다. 무의식적으로 생리를 반복하는 모든 식물에게도 동일하게 적용된다. 이처럼 사계절의 순환은 일체의 사물 위에 평등하게 이뤄진다. 자의식이 왕성했기에 자연이 인간에게 허락된 것이 아니라, 이 같은 보편적인 조건에서 보다 나은 삶을 살기 위해 인간의 자의식이 성장했다고 보는 것이 더 합리적이다.

봄은 초목에 꽃을 피우고, 싹을 돋게 하며, 날짐승과 길짐승, 벌레와 물고기들을 동면에서 깨우는 힘을 가지고 있다. 초목에서 꽃이 피고 싹이 돋는다는 것은, 다시 말해 초목의 체내에서 생활의 작용이 왕성해져 그 영양분인 수분이 뿌리로부터 흡수되어 줄기와 가지로 이어졌음을 의미한다. 바꿔 말하면 따뜻한 햇볕이 가해지고 공기의 습도가 달라짐으로써 말단신경이 자극을 받게 되고, 그로 인해 지표의 물기를 빨아들여 잠들었던 생장의 본능을 일깨우는 것이라고 할 수 있다.

날짐승, 길짐승, 벌레, 물고기 등이 봄만 되면 활동량이 증가하는 이유는 바로 이 같은 현상에 의해서다. 요컨대 첫 번째 이유는 기온의 변화와 지표면 상태의 변화에 의한 것이고, 두 번째 이유는 동물이 섭취하는 식물의 성능 차이에 따르는 것이다. 여름, 가을, 겨울의 세 계절에서 식물과 동물이 자연으로부터 받는 영향은 봄과 큰 차이가 없다. 하지만 결정적인 것은 따로 있다. 바로 태양의 온도 차이와 이로 인한 지표면 상태의 차이, 그리고 이 같은 지표면에서 생장하는 식물의 차이가 이를 주식으로 삼는 동물들에게까지 영향을 미치는 것 같다.

사계절에 순응하는 삶

그렇다면 인류는 사계절로부터 어떤 영향을 받았을까? 봄이 시작되어 바람이 부드러워지면 사람들도 겨울철 움츠렸던 기운에서 깨어나기 시작한다. 봄이면 들판에만 꽃이 피는 것이 아니라 사람의 얼굴에도 꽃이 핀다. 이 같은 현상은 옛사람들에게서도 마찬가지로 관찰되었다. 겨우내 누렇고 거무스름했던 사람의 얼굴은 봄바람과 더불어 붉은빛을 띠게 되는데, 그 까닭은 쭈그러지고 굳어져 주름이 생긴 사람의 피부가 물기를 머금으면서 생기를 되찾기 때문이다. 이로써 얼굴은 윤이 나면서 젊어 보이고, 겨울철에 앓았던 동상 같은 피부병도 낫는다. 근육 역시 다시금 긴장되어 혈량을 증가시키고, 늘어난 혈량은 피부를 붉게 물들인다.

심리 상태도 확연히 달라진다. 겨울과 달리 활기가 넘치고, 집 안에 틀어박혀 있기를 싫어하며, 기계에 매달리는 등의 단조로운 일상에 금세 권태를 느껴 동물들과 마찬가지로 봄의 기운을 만끽하고자 한다. 착실한 일보다는 화려한 일에 더 큰 매력을 느끼고, 온건한 일보다는 과격한 동작에 열광한다. 이성보다는 감정이 늘 앞서고, 근심하기보다는 기뻐하는 일에 매달리며, 일하기보다는 놀기를 더 희망하게 된다. 젊은 남녀일수록 봄기운에 더욱 적극적으로 발동하기 마련이다. 이런 것들이 바로 사람에게 미치는 봄의 기운이다.

얼굴에서 윤기가 흐르고 감정이 풀어지는 등 봄이 시작되면 사람들은 생명의 약동에 자신도 모르게 흥분한다. 그렇다면 이 같은 현상을 자의식의 발동으로 규정할 것인가, 아니면 자연적인 현상으로 치부할 것인가. 두말할 나위도 없이 이 같은 현상은 무의식적인, 다시 말해 자연적인 현상이다. 봄에 사람의 안색이 분홍빛으로 보기 좋게 변하는 까닭은 겨울철보다 혈액이 풍부해졌기 때문이다. 그렇다면 혈액 공급은 왜 겨울에는 빈약했다가 봄이 되면 다시 활발해지는 것일까?

이를 좀 더 쉽게 이해하기 위해서는 온도계의 수은을 관찰해보면 된다. 혹은 공기를 주입하는 고무공을 통해 알 수도 있다. 수은이나 공기가 열과 만나 팽창하는 것은 지극히 당연한 과학 원리다. 이

것은 수은이나 공기에만 적용되는 법칙이 아니라 혈액에서도 동일한 현상을 일으킨다. 즉 외부 온도가 높아질수록 인체의 혈액은 팽창하게 되는데, 자연히 혈량도 증가하게 된다. 이로써 인체는 겨울철 움츠렸던 자세에서 벗어나 빨라진 혈류 속도만큼 활동적으로 변하게 되는 것이다. 따뜻한 봄날, 인간의 체내에 혈액이 넘쳐 건강해 보이는 까닭은 무엇일까? 아무래도 의학적으로 여러 원인을 들 수 있겠지만, 앞에서 살펴본 대로 봄의 따스한 기운이 혈액에까지 전가되어 인체 내부에서 팽창하는 것만은 틀림없는 사실인 듯싶다.

이렇듯 혈액의 활동이 증가하면 혈압, 즉 혈관 내벽을 압박하는 힘도 증가하기 마련이다. 뇌 속의 혈량과 혈압은 심리적인 형태에 적잖은 영향을 미치는 것으로 밝혀졌다. 다시 말해 수족首足의 혈량 또는 혈압의 증가와 감소에 의해 사람의 심리가 변화될 수 있다는 말이다. 음주와 목욕, 안마 등이 심리에 끼치는 영향에 대해서는 이미 오래전부터 인정한 바이다. 적당한 혈량 증가, 다시 말해 혈압의 증가는 심리 상태를 양성적으로 만든다. 따라서 감정이 평상시보다 쉽게 흥분되고, 이성 역시 같은 양상을 띠게 된다. 감정이 지나치게 북받쳐 오르기 때문에 오히려 이성의 변화에 대해서는 약간 둔해지는 경향을 보인다.

이밖에도 계절에 따라 섭취하는 음식에 의해 사람의 활동이 변화할 수 있다. 옛사람들은 자양분을 통해 신체의 변화를 꾀할 수 있다고 생각했다. 봄이 되면 사람들은 겨울에 먹을 수 없었던 신선한 채소와 해초, 갓 돋아난 야생 초목의 이파리 등을 따먹곤 하는데, 이들 가운데 어떤 식품들은 사람에게 영향을 미치는 경우가 있다. 봄의 새싹을 뜯어먹은 날짐승과 길짐승의 행동이 겨울철에 비해 달라진 이유를 찾아보면 식품의 변화에서 유력한 답이 보인다. 이는 집에서 기르는 가축 등을 살펴보면 쉽게 알 수 있는 사실이다.

녹색의 성질을 지닌 채소류, 즉 순무 종류를 주지 않으면 집에서 기르는 닭은 기운을 차리지 못하고 비실거린다. 그러나 이런 채소류를 제때 공급해주면 금세 동작이 활발해진다. 인류도 녹색 성분이 풍부한 채소를 오랫동안 먹지 않았을 때 닭과 마찬가지로 혈색이 나빠지고 행동이 굼떠지는데, 이는 혈액에 문제가 생겼기 때문이다. 이때 채소를 집중적으로 섭취하면 혈액이 정화되어 성격은 다시 쾌활해지고, 안색은 담홍색을 띠게 된다.

약용으로 쓰이는 초목 외에 식품으로 자주 사용되는 일반 초목들도 봄이 되면 엽록소가 급격히 증가함으로써 인체에 필요한 영양분을 공급하는 데 조금도 부족함이 없다. 예를 들어 산초나무나 차茶, 꽃잎, 새싹 등에는 혈액을 맑게 하고 정기를 북돋는 기능이 모두 포함되어 있다. 따라서 봄에 우리가 조리해서 취하는 식물성 음식들은 그것이 아무리 평범한 채소일지라도 성능과 정기를 통해 우리에게 봄의 기운을 전달해줄 수 있다. 겨자채라든가 머위의 새순, 양하, 고사리, 땅두릅, 뱀밥(쇠뜨기), 드릅나무 싹, 산초나무 싹, 죽순, 시금치, 표고버섯 등은 달거나 쓰거나 매운 성질을 지녔다. 이것은 인간의 생리에 다소간의 영향을 미칠 수 있으며, 나아가서는 심리에도 그 영향을 미치게 될 소지가 크다.

차의 정기는 오래된 잎에는 적고, 새로 돋아난 잎에는 많다. 평지(유채라고도 하며 씨앗으로는 기름을 짠다)의 꽃봉오리를 많이 먹을 경우 사람을 흥분시킬 수도 있고, 감제풀(호장근)이 무성한 곳에서는 왠지 모르게 상쾌한 기분이 들 수도 있다. 새로 자란 감제풀 줄기는 비록 식용은 아니지만 입에 조금 넣고 씹으면 상쾌한 맛이 느껴진다. 머위의 새순은 그 쓴맛 때문인지는 모르겠으나, 분명 약효를 지닌 듯하다. 이 모든 사실을 종합해보건대, 봄에 꽃이 피고 싹이 트는 식물성 식품이 사람의 생리와 심리에 비교적 많은 영향을 끼치고 있음을 알 수 있다.

향기는 사람을 충동시키는 힘을 가졌다. 이 역시 결코 간과해서는 안 된다. 침향나무, 백단향, 송진(소나무 분비물) 등은 모두 독특한 향을 지녔다. 이들 나무에서 풍기는 향은 단지 인습적인 습관에 의해 비롯된 연상작용이 아니다. 불교는 침향나무와 백단향 등을 의식에 사용하며, 기독교는 송진 향을 신성하게 생각한다. 이들 향기는 동물의 생식력을 북돋아주는 사향이나 식물의 수정 시에 발산되는 장미, 백합, 제비꽃, 헬리오트로프, 재스민의 꽃향기 등과는 엄연히 다르다. 물성物性이 다르면 반응 또한 달라지는 것이 상례다.

봄의 세계는 겨울에 비해 훨씬 다채로운 향을 내뿜는다. 꽃이 향기를 사방에 퍼뜨리고, 새싹과 어린잎이 엽록소의 내음을 발산한다.

방풍나물이 자라나는 모래땅이나 민들레가 군락을 이룬 언덕 근처를 지나다 보면 갖가지 향과 더불어 만감이 교차하곤 한다. 이는 비단 식물계에서만 감지되는 변화가 아니다. 봄은 여성을 더욱 여성스럽게 가꾸고, 남성을 더욱 남성답게 가꾸는 힘을 보여준다.

따뜻한 기온에서 전해지는 물리적인 작용과 이 같은 기온을 벗삼아 생장한 식품들로부터 얻어지는 생리적 또는 양물학적인 작용, 그리고 향기를 통해 얻어지는 심리적인 작용 등은 모두 봄이 우리에게 미치는 영향력이라고 할 수 있다. 이밖에도 봄은 갖가지 모습으로 인간에게 다가와서 영향을 끼치고 있다. 그 영향은 때론 인간의 자의식을 변화시키기도 하고, 인간의 삶을 변화시키기도 한다. 이 같은 여러 가지 종류의 힘에 의해 우리는 봄이 되면 봄다운 마음을 갖게 되는 것이다.

이런 현상은 굳이 봄에만 나타나는 것이 아니다. 여름에도, 가을에도, 겨울에도 모두 나타난다. 우리의 삶은 분명 사계절의 영향을 받는다. 예컨대 초목이나 짐승처럼 계절에 따라 서로 다른 삶의 모습을 보이는 것이야말로 이 같은 논리에 대한 가장 확실한 증거일 것이다. 그러므로 사계절이 인간에게 미치는 영향에 순응하여 우리 자신의 문제를 처리하는 것이 지당하다.

이 같은 이치를 통해 우리는 봄이 우리에게 어떤 영향을 미치는지, 또 여름·가을·겨울이 우리에게 어떤 행동을 요구하는지를 고찰하여 이에 순응하는 지혜를 가꿔나가야 한다. 이는 곧 자신의 삶을 이끌어나가고 조절하는 힘이 될 수도 있다.

봄여름은 가을, 겨울에 비해 육체를 발달시키는 데 아주 적합한 시기다. 반면 가을과 겨울은 봄여름보다 사람의 심성을 한층 더 성숙시키기에 적합하다. 따라서 사람들은 봄과 여름에는 활동량을 늘리고, 가을과 겨울에는 뇌를 많이 사용한다. 다시 말해 봄과 여름에 몸을 단련시키고, 가을과 겨울에 뇌를 단련시키는 것이 온전한 사계절의 이치라고 할 수 있다.

이와 반대로 봄과 여름에 지나칠 만큼 수족을 아끼고, 대신 뇌를 많이 사용하면 가을과 겨울에 뇌질환을 앓을 염려가 크다. 이는 자연의 생리를 역행함으로써 발생하는 질환이라고 볼 수 있다. 실제로 춘분(양력 3월 21일경) 이후, 하지(양력 6월 21일경) 이전에 함부로 뇌를 사용한 사람들에게서 정신적인 질환이 발견되는 경우가 많은데, 심할 경우 발작으로 진행되기도 한다.

계절의 힘이 가장 왕성한 때에는 그 계절의 성질에 맞는 일을 하는 것이 건강을 위해서도 마땅한 도리다. 이를 거역하고 자신의 의지대로 고집할 경우 자연의 일부인 신체가 먼저 그 폐단에 노출될 수 있다. 사람마다 생김새가 모두 다르다. 이 말은 사람마다 타고난 기운이 다르다는 뜻이다. 그렇기에 사람들은 저마다 계절의 변화에 따라 자신의 삶을 알맞게 조절하는 지혜를 가져야 한다.

04

마음

○

○

○

빛에는 두 가지 종류가 있다. 하나는 정지된 빛이고, 또 하나는 활발하게 움직이는 빛이다. 정지된 빛이란, 초롱에 담겨 방 안을 환하게 비추는 등잔과 같은 빛이다. 반대로 움직이는 빛이란, 바람 부는 들판에서 홀로 제 살을 태우는 모닥불과 같은 빛이다. 따라서 정지된 빛은 고요한 빛이라고 표현할 수 있으며, 움직이는 빛은 활달한 빛에 비유할 수 있다.

빛의 가장 큰 특징은 단연 밝음이다. 이 밝음이야말로 빛의 타고난 힘이라고 할 것이다. 그러나 같은 밝음일지라도 그 형태가 등잔인가, 모닥불인가에 따라 힘과 역할이 다를 수 있다. 방 안에서 외로이 타오르는 등잔불의 역할은 사람이 책을 읽는 데 필요한 밝음을 제공하는 데 있다. 반면 바람에 맞서 불꽃을 피우는 모닥불은 비록 등잔보다 환할지라도 책을 읽기에는 불가능하다. 도심의 밤을 밝히는 가로등은 그 크기로 봐서는 전등 중 가장 크다 할 것이나, 그 밑에서는 신문의 큰 활자를 읽기에도 벅차다. 하지만 작은 촛불로는 얼마든지 책을 읽을 수 있다. 이처럼 정지된 빛과 움직이는 빛은 그 역할에 따라 같은 빛일지라도 큰 차이를 보인다.

빛의 또 한 가지 특징은 심지를 필요로 한다는 점이다. 땔감에 불을 붙이는 모닥불이든, 전기로 빛을 만드는 전구든, 생김새와 용도는 달라도 빛을 만들어내기 위해서는 심지가 필요하다. 그러나 이런 심지 역시 정지된 빛을 만들어낼 때 사용되는 심지와 움직이는 빛을 만들어낼 때 사용되는 심지가 다 제각각이다. 같은 불빛일지라도 고요한 빛으로의 쓰임새와 움직이는 빛으로의 쓰임새가 다르듯이 그 타고난 심지부터 형태와 성질의 차이를 보이는 것이다.

인간의 마음은 빛과 같다. 마음이 산란해지면 큰 뜻을 품지 못하는데, 이는 바람에 나부끼는 모닥불과 같아서 아무리 환하게 비출지언정 한 줄의 책도 밝히 읽을 수 없는 이치와 동일하다.

산란한 마음이란, 한마디로 정의해서 일정한 목표를 향해 정해지지 않은 마음을 뜻한다. 이는 다시 두 가지로 나뉘는데, 그 첫 번째는 유시성有時性이고, 두 번째는 무시성無時性이다. 마음이 유시성이라는 것은 오늘은 법률에 뜻을 두고 법전을 뒤져보더니, 또 내일은 의술의 자비에 귀를 기울이게 되어 의학을 공부하고, 또 한 달이 채 못가 이번에는 문학을 공부하고, 그러다가 결국 군대에 몸을 의탁하는 방황에 비유할 수 있다. 반대로 무시성이란, 한때 두 가지 생각 혹은 세 가지 생각이 혼동되어 잠시 동안만 갈피를 못 잡는 경우다.

산란한 마음은 인생의 적

흔히들 어떤 목표를 앞에 두고 마음이 산란하다고 말하는데, 그 감춰진 의미를 자세히 파악해보면 산란한 마음도 단기적인 무시성이 있고, 또 장기적인 유시성이 있다.

인간의 마음은 등불과 같아서 바람이 불면 불빛이 제 몸을 가누지 못하고 깜빡거리듯 인생의 전환점 내지는 목표를 앞에 두고서도 마음이 산란해져 흔들릴 수 있다. 이때 중요한 것은 산란한 자신의 심정을 무조건 탓해서는 안 된다는 점이다. 인간은 누구나 중요한 순간에 확신을 잃고 흔들릴 수 있다. 중요한 것은 이를 빠른 시간 안에 수습하는 일이다. 산란한 마음을 유시有時로 방치할 것인지, 아니면 무시無時로써 빠르게 수습할 것인지는 각자에게 달려 있다.

누구나 한 번쯤 경험한 사례들을 살펴보자. 지금 수학문제를 풀고 있다고 가정했을 때 마음의 산란함이 느껴진다면 이는 두 가지 경우일 것이다. 첫 번째는 답이 a인지, b인지, m인지, 혹은 x나 y인지 확신할 수 없는 데서 비롯되는 산란함이다.

두 번째는 눈은 수학문제를 보고, 손은 펜을 이리저리 굴리고, 머릿속은 어제 본 영화장면들을 떠올리는 경우다. 혹 이때 밖에서 개라도 짖어대면 퍼뜩 정신을 차리고 수학문제에 집중한다. 그러나 이 또한 잠시뿐이고, 결국 계속해서 짖어대는 개에게 신경을 쓰다가 자신도 모르게 작년 가을 삼촌과 함께 개를 데리고 도요새 사냥에 나섰던 기억 속으로 빠져버린다. 그리고 이따위 지겨운 수학문제에 매달릴 수밖에 없는 자신의 한심스런 청춘을 원망하며, 이번 주말에는 어디 멀리 여행이라도 떠나 이 답답한 마음을 말끔히 비워버리고 싶다는 생각에 이르게 된다. 이때의 산란함은 단순히 마음뿐 아니라 그의 정신과 인생까지도 허비하게 만든다. 이런 식으로 마음을 기울여 집중해야 할 시기에 온전히 집중하지 못하고 다른 생각에 빠져들 때, 사람들은 마음이 산란해졌다고 말한다.

마음이 산란해지는 것은 누구나 경험하는 보편적인 사례다. 인간의 심리란 애초부터 연약하고 불완전하므로 어떤 상황이 눈앞에 닥칠 경우 마음이 두 갈래, 세 갈래로 나뉠 수 있다. 앞서 산란한 마음은 누구나 겪는 보편적인 사례라고 밝혔으나, 이 보편적인 사례로 인해 많은 사람이 처음의 계획에서 빗나가거나 실패하는 경우가 발생한다.

비유하자면, 산란해진 마음은 바람에 나부끼는 모닥불과 같다. 아무리 굵고 잘 말린 참나무 땔감일지라도 거세게 휘몰아치는 바람 앞에서는 그 불꽃을 온전히 제어할 수 없다. 마찬가지로 아무리 총명한 자질을 타고난 사람일지언정 마음의 산란함을 다잡지 못한다면 어떤 분야에 종사하든 결과를 장담할 수 없게 된다.

가령 여포呂布(중국 후한 말기의 장수)처럼 뛰어난 신력神力을 타고났다 한들 전장에서 벌어지는 상황에 집중하지 못하는 이상, 칼을 들고 말에 올랐어도 목숨은 이미 자신의 것이 아니다. 또 모든 바둑 이론에 정통하고 실력이 출중해도 바둑판의 백돌과 흑돌의 형태에 집중하지 못한다면, 자신도 모르게 엄청난 실수를 저질러 상대방에게 승리를 헌납하는 졸렬한 결과를 낳을 수도 있다. 이는 단순히 전쟁이나 바둑에서만 통용되는 진리가 아니다.

앞서 예시한 수학문제로 되돌아가보자. 수학의 기본은 수數의 향방을 결정하는 공식이다. 이런 공식을 줄줄 외운다 해도 그 같은 공식이 적용되는 수의 향방에 집중할 수 없다면, 하다못해 기본적인 덧셈도 엉뚱한 오답을 내놓기 일쑤다.

이는 수학뿐 아니라 책을 읽는 자세에 대해서도 한 번쯤 생각해 봐야 할 문제다. 외국어로 집필된 원서를 줄줄 읽어내는 석학도 마음의 등불을 집중시켜 문자를 따라가지 못한다면, 예닐곱 살의 어린아이들이 읽는 동화책 한 줄도 완벽하게 이해하기 힘들다. 하물며 큰 사업을 하거나, 정치적으로 원대한 뜻을 품었거나, 예술적으로 위대한 업적을 남기기를 희망하는 사람이 여전히 마음 한 구석에 거세게 타오르는 모닥불을 피우고 있다면, 이는 다시 한 번 자신의 미래에 대한 성찰이 필요하다고 할 수 있다.

산란한 마음은 인생의 적敵이다. 능력에 비해 좋지 못한 성적을 거둔 학생들의 학업 상태를 살펴보면 열에서 여덟, 아홉은 주의가 산만했기 때문이다. 즉 성공한 사람들과 실패한 사람들로 구분되는 인생을 자세히 관찰해보면 근본적으로 타고난 운이 성패를 갈랐다거나, 성공한 사람에겐 그만한 능력이 뒤따랐다거나 하기보다는 목표에 대한 집중력의 차이가 가장 큰 원인이었음을 알 수 있다.

어떤 일이든 마음이 쉽게 흐트러지는 사람은 아무리 운이 좋고 능력이 있을지라도 인간이 감당해야 할 몫인 노력과 인내에서 차질을 빚기 때문에 사소한 일상에서도 실패를 거듭할 수밖에 없다.

지나친 몰두는 독이 된다

이처럼 인생을 실패의 나락으로 이끄는 주범인 산란한 마음의 반대는 바로 '몰두'다. 이것은 산란함과 반대되는 개념이기는 하나, 이 또한 좋다고는 할 수 없는 습관이다. 그러나 경우에 따라서는 혹은 사태에 따라서는 몰두가 산란함에 비해 훨씬 더 좋은 효과가 있는 것도 사실이다.

당구를 한번 생각해보자. 당구의 매력에 한번 빠져버리면 길거리를 걸으면서도 당구를 생각한다는 사람이 의외로 많다. 도로 위를 당구대로 착각하는가 하면, 주변 행인들의 머리를 당구공과 혼동하여 "저 사람의 왼쪽 귀밑을 세게 때리면 골목 오른쪽의 이발소 문에 부딪힌 후 앞머리를 길게 늘어뜨린 내 뒤쪽의 젊은 여자와 정면으로 부딪힐 수 있다"라고 중얼거리기 일쑤다. 이는 일종의 몰두라 할 수 있다. 이처럼 당구에 너무 몰두해 자기만의 생각에서 헤어 나오지 못하는 경우, 간혹 실제로 앞사람의 뒤통수를 후려치는 상황이 연출되기도 한다. 이것은 마음이 너무 한군데로 몰림으로써 빚어지는 결과다. 산란하여 스스로 목표를 상실하는 것과 더불어 쓸데없는 목표에 필요 이상으로 집착한 나머지 전혀 기대치 않았던 엉뚱한 결과를 양산해서도 안 될 것이다.

이와 같이 지나친 몰두는 분명 자신의 일신에 해롭다. 하지만 몰두는 분명 산란함보다는 다루기 쉽다는 장점이 있다. 또한 예술과 같은 분야처럼 그 자체로 선과 악을 구분 지을 수 없는 분야에 몰두하는 것은 뚜렷한 확신을 통해 삶의 목적을 설정하는 올바른 정신 상태와는 비교할 수 없겠으나, 방향을 잃고 헤매는 산란한 인생보다는 훨씬 많은 족적을 남길 수 있다. 그 대신 도박이라든가, 어떤 특수한 성적 취향에 몰두한다든가 할 경우에는 오히려 인생을 산란하게 허비하는 편이 사회적으로 더 도움이 된다는 사실도 기억하기 바란다. 어쨌든 상황에 따라 장점도 확인할 수 있으나, 몰두는 산란한 마음만큼이나 정상적인 인생에 해를 미칠 수 있음을 유념하자.

산란한 마음 다스리기

산란함과 몰두는 정반대되는 개념이기는 하나, 낮과 밤처럼 서로 호응되는 개념이기도 하다. "흑黑은 세월이 지나 백白이 되고, 백은 세월이 지나 흑으로 변한다"라는 옛말처럼 산란함과 몰두를 적당히 섞어 자신의 삶에 필요한 원동력으로 사용할 수만 있다면 굳이 나쁘다고 표현할 것도 아니다.

산란함과 몰두는 그 자체만으로는 선과 악으로 나뉠 수 없는 개념들이다. 산란함은 인생의 방향을 다양하게 만들 수 있을뿐더러 독선과 아집을 깨뜨릴 수도 있다. 또 몰두는 말 그대로 목표를 향한 추진력으로서 그 의의를 다할 수 있다. 산란함을 적당히 활용하여 자신에게 부합되는 목표를 설정한 후 몰두를 통해 뜻이 성취될 때까지 쉴 새 없이 정진한다면, 이는 금상첨화라 할 것이다. 그러나 대부분의 인생은 산란함과 몰두 중 하나에 깊이 빠져 아예 벗어나지 못하고 있거나, 아니면 이도 저도 아닌 범부의 일생으로 마감하는 경우가 절대다수를 차지하고 있으니 참으로 안타까운 일이다.

소년 시절의 인간은 순수했었다. 갓난아기일 때는 이보다 더 순수했을 것이다. 갓난아기들은 제때 젖을 물리거나 잠을 재우고, 몇마디 사랑스런 말로 토닥거려주는 것으로 만족한다. 소년들은 친구들과 공을 차거나, 달리기를 하거나, 연을 날리며 즐겁게 뛰노는 것으로 만족한다. 당시에는 누구를 이기고 싶다거나, 나보다 앞서 달려

가지 못하도록 방해하고 싶다는 생각이 거의 없다. 그저 자신의 즐거움으로 족하다는 순수함이 더 크다.

인간은 지휘고하를 막론하고 갓난아기 시절과 소년 시절을 체험한다. 즉 누구나 한때는 갓난아기로서 젖을 물리고, 잠을 재우고, 토닥거려주는 것만으로도 만족했다는 이야기다. 또 한때는 공을 차고, 달리기를 하고, 연을 날리는 것만으로도 인생이 그보다 더 즐거울 수 없었다는 이야기다.

그러나 성장함에 따라 이 같은 순수는 어디론가 사라지고, 물욕과 이기심과 시기만이 갈수록 비대해진다. 그 결과 물건이 눈앞에 없어도 기어이 갖고 말겠다는 욕심은 끝까지 남아 정신을 산란하게 만들고, 한 번의 즐거움으로 만족하지 못해 끝장을 보고야 말겠다는 몰두가 인생을 지배하는 상황에 이른 것이다. 내부의 욕심이 비대해져 외부의 환경이 되고, 외부의 환경에 대한 끌림이 심각해져 내부의 욕심으로 변질되는 악순환이 반복적으로 되풀이된다.

심안心眼이라는 말이 있다. 이는 마음에도 눈이 있다는 뜻이다. 인간은 물리적인 안구로만 사물과 사건을 지켜보는 것이 아니라 마음의 눈으로도 이를 지켜본다. 때로는 물리적인 시각보다 심리적인 시각이 인생에 더 큰 영향을 미칠 때가 있다. 그리고 산란함과 몰두는 심리적인 시각을 토대로 발생한다.

예를 들어 배드민턴에 대해 생각해보자. 깃털이 꽂힌 셔틀콕(배드민턴공)은 생각보다 매우 빠르다. 이것을 사람들은 눈으로 보고 친다고 생각하지만, 실은 셔틀콕의 방향에 대한 집중력, 즉 마음의 눈으로 그 방향을 미리 예상하여 준비함으로써 칠 수 있는 것이다. 이는 다시 말해 몰두의 근본이라고 할 수 있다. 손으로는 배드민턴 라켓을 쥐고, 눈으로는 셔틀콕을 바라보는 것이 전부가 아니다. 마음, 즉 심안을 통해 셔틀콕의 운동 방향에 대한 집중력이 계속적으로 가중된 덕분에 빠르게 날아오는 셔틀콕을 정확히 받아칠 수 있고, 예상치 못한 곳에 떨어지는 셔틀콕도 받아낼 수 있는 것이다. 이런 몰두는 외부의 환경이 내부에 어떤 형상을 남겼을 때 가능해진다.

이에 반해 산란이란, 수업 중에도 어제 했던 배드민턴 경기를 계속 떠올리는 경우라고 할 수 있다. 이 같은 산란은 내부의 욕심, 즉 배드민턴 경기를 다시 하고 싶다는 상념이 외부 환경, 즉 수업을 방해하는 현상으로 나타났다고 볼 수 있다.

인간의 마음을 거울로 비유했을 때 몰두란, 거울의 표면에 무언가가 묻어 있는 상태라고 할 수 있다. 쉽게 말해 있는 그대로의 모습을 비추지 못한 채 특정 부분, 즉 표면에 묻은 때에 정신을 기울이게 되는 것이다. 반대로 산란이란, 거울에 비친 자신의 모습을 전체적으로 조망하지 못하고 팔에서 얼굴, 다리, 허리, 엉덩이 등으로 시선이 계속 움직이는 것을 뜻한다고 할 수 있다.

이렇게 해서 순수했던 인간의 마음은 욕망에 잠식되어 산란함과 몰두를 반복하게 되고, 이를 지혜롭게 인도하는 이성을 상실한 채 허무하게 삶을 마감하게 된다. 그리고 이렇듯 허무하게 삶을 마감하기 전까지 거울에 비치는 자기 모습을 이리저리 뜯어보거나 표면에 묻은 검댕을 지우고자 애를 쓰는데, 이는 삶의 분노와 방황과 고민, 그리고 낙담에 비유할 수 있을 것이다. 결국 나이를 먹어감에 따라 처음의 순수했던 마음은 거울에 낙서가 하나둘씩 늘어나듯 채우지 못한 욕망으로 더러워지고, 이룩하지 못한 자신의 모습이 낙서처럼 채워진다. 그에 따라 처음과 다른 엉뚱한 형상이 거울에 비춰진 후에야 자신의 삶을 반성하며, 낙심하는 것이다. 이는 범부, 다시 말해 아무에게도 기억되지 않는 평범한 인간의 삶이라고 하겠다.

사람이 만일 무엇인가 뜻을 정했다면, 또한 거울에 비친 내 모습을 낙서와 검댕으로 더럽히는 대신 어린 시절의 순수했던 인성人性을 더욱 발전시켜 목적을 완성하는 삶으로 정리하고 싶다면, 먼저 있는 그대로 자신의 본체를 확인하는 습관부터 길러야 한다. 그렇다고 무슨 거창한 자기반성이 필요하다고 말하는 것은 아니다. 최소한 어제의 나와 오늘의 나를 구분할 수 있는, 다시 말해 자아에 대한 나름의 확고한 의식이 깃들여져야 한다는 말이다.

만일 어제 없었던 산란함이 오늘 나의 마음을 어지럽히기 시작했다면 다스려 고치는 노력이 필요하다. 마음이 산란해서는 어떤 일도 끝까지 해낼 수 없기 때문이다. 설사 조물주의 확고한 도움 아래 탁월한 능력을 갖췄다 하더라도 마음이 산란해지는 버릇이 있다면, 평생을 고민과 불만으로 허비하게 될 공산이 크다.

산란한 사람들의 몇 가지 특징

먼저 산란한 사람들의 특징에 대해 짚고 넘어가기로 하자. 마음이 산란해지는 버릇을 가진 사람들에겐 몇 가지 공통점이 있다.

첫째, 눈동자의 변화가 심하다. 눈의 가장 큰 특징은 바로 움직임이다. 인간의 눈은 잠든 시간을 빼곤 거의 하루 종일 무엇인가를 바라본다. 그런데 이 움직임이란 단순한 시신경의 변화가 아니라 마음의 변화에 해당한다. 왜냐하면 눈동자는 마음이 가리키는 곳만 보기 때문이다. 따라서 눈을 심하게 깜빡거리거나, 좌우로 많이 움직이거나, 초점이 불분명한 사람의 경우 혹은 그 눈동자에서 뭔가 불안한 것이 감지되는 경우에는 행동과 마음 씀씀이도 산란해지는 것이 보통이다.

둘째, 귀가 그 원만함을 유지하지 못한다. 귀의 특징은 원만함, 다시 말해 중용中庸에 있다. 눈이 얼굴의 정면에 달린 데 반해 귀는 양쪽 옆에 달려 있다. 이것은 눈이 앞을 바라보며 전진하는 동안 귀는 양쪽에서 들려오는 상황의 변화를 감지하라는 뜻이다. 즉 눈이 목적을 위해 존재한다면, 귀는 주변 상황을 파악하고 이해하기 위해 존재한다고 볼 수 있다. 마음이 산란한 사람들은 귀가 중용을 지키지 못하는 경우가 많다. 사방팔방에서 들려오는 모든 의견에 신경을 쏟느라 정작 자신의 내면이 외치는 비명을 무시한다. 또는 자신의 목소리에만 너무 집중하느라 타인과의 대화를 놓치기 일쑤다.

이런 상황에서 나와 타인, 내면과 외부, 자아와 사회의 원만한 관계는 불가능하다. 그리고 외부와 자신의 원만한 관계가 부족한 상황에서 목적은 그 갈피를 잊기 마련이다. 간혹 주변을 살펴보면 남이 어떤 말을 했을 때 "예?", "죄송한데 뭐라고 말씀하셨죠?", "지금 저한테 말씀하신 겁니까?"라는 말을 입에 달고 다니는 사람들이 눈에 띤다. 답답한 마음에 "대체 사람이 말을 건넬 때 무슨 생각을 하고 있었냐?"라고 다그치면, 사업이나 물가의 변동, 어제 만났던 아리따운 아가씨 등을 생각했다는 등의 엉뚱한 대답이 돌아온다. 이런 사람들은 십중팔구 마음이 산란해지는 버릇에 길들여졌다고 볼 수 있다.

마음이 귀에 있지 않으면 타인의 말을 들어도 실제로는 들리지 않는다. 반대로 타인의 말에 너무 귀 기울이면 자신의 목소리가 흐트러진다. 이는 귀의 역할을 상실했다고 표현할 수 있는데, 공자에게 붙들려 성인군자의 도리를 수십 년간 귀에 딱지가 앉을 정도로 듣는다 한들 아무것도 터득할 수 없다.

셋째, 그 성격과 태도를 통해 알 수 있다. 성격이 내성적인 사람이 심정적으로 산란해졌을 때는 마치 매미나 뱀이 허물을 벗는 듯한 인상을 준다. 반대로 활동적인 사람은 나뭇잎이 바람에 부대끼듯 혹은 물고기가 낚싯줄에 놀란 듯 가벼운 인상을 띠게 된다. 그리고 중성적인 성격의 사람은 위에서 예시한 두 가지 인상이 공존한다.

내성적인 사람은 음陰의 기운이 강한 사람이다. 이처럼 음의 기운이 강한 사람은 뜻밖의 일이 닥쳐 마음이 산란해지면 신체의 움직임을 최소화하려는 경향이 있다. 즉 매미가 껍질을 벗듯, 뱀이 허물을 벗듯 어느 한 곳에 몸을 의탁해 마음이 정리될 때까지 운신의 폭을 최소화하는 것이다. 예를 들어 하루 종일 책상에 앉아 있거나 난로 옆에서 꿈쩍도 하지 않는 식이다.

활동적인 사람은 양陽의 기운이 좀 더 우세한 사람이다. 이런 사람들일수록 실천가가 많은데, 만일 마음이 심란해진 경우 실천적인 사람들은 그 활동 폭이 평소보다 몇 배로 증가한다. 광풍에 휘날리는 광장의 깃발이나 나뭇잎처럼 좀체 그 움직임의 이유와 향방을 예상할 수 없을 만큼 행동이 난해해진다. 예를 들어 길을 걸어도 왼쪽으로 갔다가 다시 오른쪽 골목으로 빠져 돌아 나오고, 공부를 하는가 싶더니 어느새 손톱을 깎고 있고, 갑작스레 붓글씨를 쓴다며 벼루를 만지작거리다가도 몇 분이 채 안 돼 밖으로 뛰쳐나가 친구들을 만나기도 한다. 이밖에도 어떤 사물이나 현상에 대해 극도로 예민한 반응을 보인다. 문 여는 소리에 놀라 마구 화를 내거나, 우습지도 않은 일에 지나칠 정도로 크게 웃거나, 사소한 이야기에도 짜증을 내거나 할 때 그의 마음이 산란해졌음을 알게 된다.

음과 양의 기운이 어느 한쪽으로 치우치지 않는 중성적인 사람은 위의 두 가지 사례가 공존하는 경우가 많다. 다시 말해 한동안 기운 없이 지내던 사람이 며칠 뒤에 깔깔거리며 돌아다닌다든지, 아니면 하루 종일 안절부절못하던 사람이 다음 날은 아침부터 밤늦도록 난롯불을 쬐며 멍하니 앉아 있는 식이다. 이처럼 정해진 어떤 습관은 없으나, 음과 양이 한데 섞인 반응을 나타내는 경우가 대부분이다. 그러나 가장 중요한 사실은 음성·양성·중성을 떠나 자신의 용모와 거동에서 산란한 마음이 엿보인다면, 이미 그것으로 사태는 심각해 졌다는 점이다. 그리고 한시 바삐 노력을 통해 이 같은 습관에서 벗어나야 한다는 점이다.

혈행을 방해하는 산란한 마음

마음의 산란함은 단순히 용모의 변화에만 그치지 않는다. 이는 일생을 따라다니는 우환이므로 사람의 신체 조직에도 상당한 영향을 미친다. 사람의 신체 조직에서 가장 중요한 요소는 피, 즉 혈액이다. 그런데 산란해진 마음은 혈액의 운행에 방해가 될 수 있다. 혈액은 단순히 몸속에서만 활동하는 조직이 아니라 마음과도 깊은 관련이 있기 때문이다. 혈액은 마음을 거느리기도 하고, 마음의 향방을 좇기도 한다.

따라서 죽음이란, 어찌 보면 혈액과 마음이 흩어지는 데서 비롯되는 자연현상인지도 모른다. 혈색이 좋은 사람을 가리켜 "기력이 왕성해 보인다"라고 표현하는데, 여기서 기력이란 바로 마음의 힘이다. 우리가 별다른 의심 없이 사용하는 관용적 표현에도 혈액과 마음의 관계가 잘 드러나 있는 셈이다. 혈액이 활발하게 흐름으로써 기력이 왕성해 보이듯이 혈액의 흐름이 약해짐에 따라 기력이 쇠해 보이기도 한다.

이 같은 논리가 의심된다면 한번 시험해보기 바란다. 지금 당장 허리를 펴고 똑바로 앉은 다음 두 주먹을 불끈 쥐어보자. 그리고 잡생각을 떨쳐낸 상태에서 머리를 치켜든 후 정면을 바라보자. 어느 정도 준비가 되었다면 호흡을 깊게 들이마셨다가 천천히 뱉기를 반복하자. 곧 얼굴에 땀이 배고, 온몸이 따뜻해지면서 혈액의 흐름이 빨라졌음을 느낄 수 있을 것이다. 기력이 쇠약해진 사람도 이렇게 10분만 앉아 있으면 혈색이 건강한 사람 못지않게 붉어진다.

혈색이 좋아졌다는 말은 잃었던 기력을 어느 정도 되찾았다는 뜻이다. 혈액의 정상적인 움직임만으로도 기력이 왕성해지고 정신이 맑아지는 데서 알 수 있듯이 인간의 신체는 정신, 즉 마음과 깊은 관련성을 가지고 있다. 따라서 정신이 산만해진 사람은 단순히 마음만 어지러워지는 것이 아니라 피의 흐름마저 방해하여, 결과적으로 신체의 건강을 해치게 될 소지가 크다.

또 한 가지 예를 들어보자. 심신이 피곤하고 마음이 불안하여 들뜰 때, 찬물이나 더운물에 몸을 담그면 금세 피로가 사라지고 마음도 차분하게 정리되는 경험을 한 번쯤 해봤으리라 생각된다. 이처럼 목욕을 통해 몸과 마음을 안정시킬 수 있는 까닭은 목욕이라는 활동에 의해 부족했던 혈행이 증가되어 몸과 마음이 다시금 조화를 이루게 되었기 때문이다. 피가 동하면 마음도 동하고, 마음이 답답해지면 피의 운행도 답답해질 수밖에 없다. 이와 같이 혈액과 마음은 인간이 살아있는 내내 서로 영향을 주고받는다. 극단적인 논리로, 단순히 서로 영향을 주고받는 데 그치지만은 않는다. 피의 운행이 곧 마음의 운행이고, 마음의 운행이 곧 피의 운행과 동일하다. 따라서 기력이 부족한 사람, 즉 심신이 산란하여 뜻한 바를 이룰 만한 힘이 부족한 사람이라면 먼저 혈액의 흐름부터 다잡아야 한다.

혈행이 정상적인 수치에 도달하면 기가 증대하고, 모든 일에 열정을 가질 수 있으며, 원숙해지고, 강해진다. 반대로 혈행이 정상적인 수치 이하로 떨어지면 기가 부족해지고, 모든 일에 위축되며, 감정이 늘 가라앉고, 약해진다. 마음과 혈액의 관계를 단적으로 보여주는 사례가 바로 분노다. 분노한 인간은 몸속의 피가 빨라져 혈압이 상승하고, 없던 힘도 솟구치며, 때로는 그 운행이 너무 빨라 목숨을 잃기도 한다.

몸과 정신의 조화가 이와 같아서 마음이 쉽게 산란해지는 사람은 혈행이 좋지 못해 건강을 잃는 경우가 많다. 따라서 건강이 좋지 못한 사람일수록 마음이 쉽게 산란해진다. 마음이 산란해지면 우선 피가 복부로 몰려드는데, 이는 뇌에 공급되어야 할 혈액이 줄어드는 것과 같은 이치다. 그 결과 산란해진 마음을 다잡는 데 필요한 논리적인 결단이 중단되고 만다. 마음이 산란한 사람들이 흔히 병색을 드러내는 이유가 바로 이 때문이다.

사람이 어떤 일로 인해 마음이 심란해지면 얼굴빛이 창백해지거나, 연두색으로 변하거나, 심지어 주황색이 감돌기도 한다. 이는 뇌에 공급되어야 할 피가 마음의 체증에 막혀 제대로 순환되지 못했음을 드러내는 증거다. 반면 온 정신을 기울여 어떤 일에 몰두할 경우에는 피가 머리로 쏠려 복부가 허해질 수 있다. 이런 사람들이 나타내는 주된 증상은 소화불량과 두통이다. 즉 정신을 너무 집중시킨 까닭에 복부의 기능이 마비되는 것이다. 또 두뇌가 감당하기 어려울 정도로 한꺼번에 많은 피가 몰려 순간적으로 통증이 유발되기도 한다. 몰두의 습성을 가진 사람들은 종종 혈색이 붉어 건강한 사람으로 오인되기도 하는데, 눈동자를 보면 붉게 충혈된 경우가 많다.

마음은 기를 거느리고, 기는 피를 거느리고, 피는 몸을 거느리는 것이 인간의 이치다. 예를 들어 보행에 대해 생각해보자. 보행은 분명 다리를 이용한다. 그러나 다리 스스로가 판단해서 걷는 것은 아니다. 먼저 머릿속으로 보행이 필요하다는 판단을 내려야 한다. 이때 마음은 온통 다리로 향한다. 그 결과 기가 다리에 집중되고, 기를 따라 흐르는 혈액 역시 다리로 몰린다. 이렇게 피가 몰린 다리는 증가된 혈류를 감소시키기 위해 근육을 이동시키고, 그 결과가 바로 보행이 되는 것이다. 사람이 이와 같은 신체의 세부적인 이치를 다 파악할 수는 없으므로 단순히 '걷는다'고 표현하지만, 실제로는 생각과 마음과 기와 피와 몸이 서로 관계를 주고받으며 움직이는 것이다.

만일 누군가가 건강한 신체를 만들고자 운동을 시작했다고 가정하자. 위의 논리에 따라 몸을 단련시킨다면 단순히 건강해지겠다는 신념에 몰두했을 때보다 또는 어떤 식으로 운동을 해야 남보다 더 빨리, 더 쉽게 건강해질 수 있을지에 연연할 때보다 훨씬 더 효과적으로 몸을 단련시킬 수 있다. 같은 걷기 운동이라도 마음가짐에 따라 그 효과를 달리할 수 있다는 이야기다.

처음 운동을 시작하면 다리가 아프기 마련이다. 평소에 공급되던 피의 양보다 훨씬 증가된 혈류가 장딴지 근육의 신경을 압박하기 때문이다. 이때 잠시의 고통을 참지 못해 다른 방법을 강구한다면 그 즉시 산만해질 테고, 정해진 휴식을 무시한 채 무리하게 운동한다면 반대로 몰두가 된다. 그러나 고통을 최소화하기 위해 일정한 휴식을 취하면서도 매일 같이 동일한 운동량을 반복한다면 산만함과 몰두를 적절히 배합시킨 지혜로운 삶이 되는 것이다. 앞서 밝혔듯이 산만함이나, 몰두 그 자체가 악은 아니다. 이를 마음에 새겨 기를 이동시키고, 피의 운행을 통해 몸을 움직여 인생을 살아가는 사람의 선택이 선과 악으로 구별될 뿐이다.

씨름꾼이 보통사람보다 탁월한 체력을 갖게 된 것은 결코 선천적인 요인이 작용해서만은 아니다. 반복적인 훈련을 통해 마음으로 기를 다스리고, 기로써 혈행을 이끌고, 피로 다시 몸을 통솔하는 신체의 이치를 깨달았기에 가능한 것이다. 실제로 씨름꾼이 이와 같은 논리를 체득하지 못했다 하더라도 그의 몸과 마음은 앞서 살펴본 조화를 받아들여 삶에 적용하고 있다. 물론 씨름꾼의 경우 천부적인 힘을 타고난 바도 없진 않을 것이다. 그러나 후천적인 수행이 뒤따르지 않았다면 제아무리 기개를 타고났을지언정 씨름판을 휘어잡는 역사力士가 될 수는 없다. 바꿔 말해 타고난 기력이 조금 부족할지라도 꾸준한 노력과 분발을 통해 자신의 한계를 뛰어넘을 수 있다는 말이다.

청나라의 염백시閻百詩는 당대의 큰 선비였다. 그러나 어린 시절의 그는 매우 아둔해서 아버지와 어머니의 근심거리였다. 스스로도 말했지만 한 권의 책을 수백, 수천 번씩 읽어야 겨우 몇 줄이 이해될 만큼 지능이 모자란 인물이었다. 게다가 말을 더듬고 몸까지 병약해 수시로 몸져눕곤 하였다. 한마디로 신체와 정신, 모두가 열등했다고 할 수 있다. 백시의 어머니는 제 앞가림조차 제대로 하지 못하는 아들을 볼 때마다 눈물을 흘린 탓에 늘 눈가가 부르트곤 했었다. 특히 어린 백시가 더듬거리며 밤새도록 책을 읽을 때면 아들의 방문 곁에 쭈그리고 앉아 눈물로 지새울 만큼 모정이 갸륵했다고 전해진다. 이를 안타까워한 백시의 아버지는 아들이 책을 읽을 때마다 장사나 배우라고 다그치며 밖으로 내쫓았다고 한다.

이런 백시가 어느덧 열다섯 살이 되었을 무렵의 일이다. 어느 추운 겨울밤, 여느 때와 마찬가지로 백시는 더듬더듬 책을 읽어나갔다. 그런데 어느 한 구절에서 뜻이 막혀 도저히 이해되지 않는 것이었다. 그날따라 자신의 어리석음에 마음이 크게 동요된 백시는 날이 환하게 샐 때까지 뜻이 통하지 않는 그 문자만 노려보았다. 그런데 동틀 무렵 신기하게도 마음이 밝아지면서 추운 겨울임에도 온몸이 후끈하게 달아오르더니 여태껏 단 한 번도 이해하지 못했던 글월들이 줄

줄 외워지기 시작하였다. 그는 추위에 얼어붙은 벼루를 갈아 그동안 읽었던 책들을 모조리 적어냈다. 그 뒤로 백시는 나라의 신동神童으로 불리기에 이르렀다.

염백시는 훗날 자신의 서재에 "사람으로 태어나 아무것도 모른다면 그로써 수치가 아니겠는가. 길을 걷는 이들에게 물어보라. 사람의 일생에 단 하루라도 헛되이 보내어야 할 날들이 있는지"라고 써 놓았다. 살면서 단 하루도 헛되이 보내고 싶지 않다는 열망이 담긴 문장이다. 그 정도로 염백시는 학문에 정성을 다했던 사람이다. 천성적인 아둔함을 천재성으로 뒤바꿔놓은 힘은 마음과 기와 피와 신체를 하나로 묶어낸 그의 정신력에 있을 것이다.

후천적인 노력의 결과물

신체가 쇠약한 사람도 운동을 통해 건강해질 수 있고, 기운이 부족한 사람도 노력을 통해 씨름꾼이 될 수 있으며, 염백시처럼 어리석은 사람도 각고의 정진을 통해 천하제일의 문장가가 될 수 있다.

마음이 기를 거느리고, 기가 피를 거느리며, 피가 몸을 거느릴 때 마음이 뜻한 바는 기로 전달되어 피를 만들고, 피는 신체를 통해 뜻을 이룬다. 따라서 타고난 두뇌와 타고난 다리와 타고난 힘은 후천적인 노력에 의해 얼마든지 새롭게 변화시킬 수 있는 것이다. 천부적인 능력만큼은 각자 주어진 몫이 다르겠으나, 노력을 통한 가능성만큼은 모든 인간이 동일하게 부여받았다. 이를 어디까지 발전시킬 수 있느냐는 각 사람의 인생이 결정할 문제다.

나폴레옹의 야망을 무참히 짓밟았던 넬슨 제독 같은 사람도 체격 미달로 해군학교 입학시험에서 낙제한 경험이 있다. 위인들의 경우는 예외로 치더라도, 사람이 한평생을 살다 보면 도저히 해낼 수 없을 것 같던 일들도 이루어내는 경우가 심심찮게 생긴다. 이는 그저 운이 좋아서 생긴 횡재가 아니다. 그의 마음이 간절히 소망하여 기와 피를 움직였기에 얻어낸 결과물이다. 그렇다면 평생에 단 한 번 사소한 일에서 이와 같은 성취를 맛볼 것이 아니라 일평생을 노력하여 인생을 성공으로 이끄는 것이 당연하지 않겠는가.

이처럼 마음으로 그 뜻을 확고히 다지는 것만으로도 사람은 염백시처럼 천하의 재사才士가 될 수도 있고, 넬슨과 같은 제독이 될 수도 있으며, 씨름꾼이 되어 모래판을 휘어잡을 수도 있다. 따라서 산란함으로 인해 마음의 뜻이 흐트러지지 않도록 항상 주의를 기울여야 한다. 단순히 마음만 산란해지는 것이 아니라 기의 소통과 혈액의 운행, 나아가 몸의 실천까지 산란하게 만들 수 있기 때문이다.

또한 마음이 뜻에만 너무 몰두해도 기의 흐름이 원활해지지 못할 수 있다. 이런 경우 울혈이 발생할 공산이 크다. 마찬가지로 마음의 뜻이 천 갈래, 만 갈래로 흩어지면 기의 흐름이 분산되어 빈혈이 발생할 확률이 높아진다. 이때 가장 위험한 것은 마음에 생긴 울혈로 인해 또 한 번 마음이 산란해지는 경우다. 이는 몰두로 인해 산만이 발생하고, 그 같은 산만으로 인해 몰두가 더욱 심해지는 악순환의 연속이다. 마치 야생에서 생포된 원숭이가 사람이 만든 우리에 갇힌 후 고향인 숲으로 돌아가고 싶다는 생각에 병적으로 몰두한 나머지 우리에서의 생활에 적응하지 못하는 것과 같다.

물론 사람은 원숭이가 아니며, 이 세계는 동물원의 우리가 아니다. 그러나 마음의 뜻을 상실한 인간은 원숭이보다 더한 어리석음에 빠질 수 있고, 이 사회는 동물원의 우리보다 훨씬 더 냉혹하다는 점에서 차라리 원숭이의 입장이 훨씬 낫다고도 볼 수 있다.

마음이 쉽게 산란해지는 사람들은 피의 순환이 하강성인 경우가 많다. 즉 피가 아래로 내려가려는 경향이 강해 빈혈이 생기는 것이다. 만일 이런 사람이 어떤 문제에 조금이라도 집중할 경우, 빈혈에 익숙해진 뇌가 평소보다 조금 더 공급된 혈류를 감당치 못해 뇌출혈이나 두통을 일으킬 수도 있다. 따라서 산만해진 마음을 다잡겠다는 욕심에 함부로 몰두해서도 곤란하다. 마음의 산만함과 몰두는 후천적인 질병이다. 따라서 병을 겪은 시간만큼 천천히 공을 들여 바로잡아야 한다. 많은 빚을 갚아나가야 할 때 그 이자부터 줄여나가는 것이 원칙이듯, 산만함과 몰두를 고치기 위해서는 그 폐단부터 줄여나가는 방법을 택하는 것이 마땅하다. 그중 가장 좋은 방법은 어린아이들의 삶으로 되돌아가는 것이다.

아직 마음이 훼손되지 않은 어린 소년들의 활동을 보고 배우는 것이야말로 어른들이 겪는 마음의 질병을 고치는 최고의 방법이다. 소년들의 경우, 낮 동안 아주 적은 양의 피가 알맞게 뇌로 올라간다. 활동이 많은 낮 시간에도 뇌에 일정한 여분이 늘 비치되어 있다는 뜻이다. 해가 저물면 사람의 피도 약간 하강하게 되는데, 대부분의 소년들이 이때 미미한 빈혈을 겪는다. 그래서 아이들이 일찍 잠자리에 드는 것이다. 시험 삼아 집에 열 살 미만의 어린 자녀가 있다면 잠든 후에 이마를 한 번 만져보기 바란다. 신체보다 오히려 약간 서늘한 기운이 느껴질 것이다.

천지를 분별할 때 낮에는 정기가 상승하고, 밤에는 하강하는 것이 정석이다. 마찬가지로 소년들은 낮에는 신체의 혈액이 위로 올라가고, 밤에는 혈액이 심장 부분으로 내려온다. 즉 낮에는 양기가 동하고, 밤에는 음기가 동하면서 천지의 순환과 더불어 생장하는 것이다. 또 대낮에 활동할 때도 뇌에 약간의 여분이 늘 남겨져 있어 어떤 놀이를 하든 지나침이 발생하지 않는다. 여남은 살의 어린아이가 아닐지라도 이 같은 천지의 기운과 섭리를 받아들여 낮에는 기운을 머리에 집중시키되 만일을 위해 빈 공간을 마련해두고, 밤에는 다시 심장 부위로 흩어놓을 수 있다면 세상풍파에 휩쓸리지 않고도 자신의 일신을 온전히 보존할 수 있을 것이다.

다만 한 가지 문제는 어린 시절에는 성장을 위해 이와 같은 천지의 조화를 쉽게 받아들일 수 있지만, 나이를 먹어 성장이 끝나면 천지의 조화가 아닌 자신의 조화로 살고자 하는 욕망이 생기기 마련이고, 이때부터 마음과 정신은 산만함과 몰두를 반복하게 된다는 점이다. 그래서 낮에 머리로 올라간 기가 밤이 되어도 내려오지 않아서 우환과 근심으로 잠을 설치게 되고, 또 밤에 내려간 기가 한낮이 되어도 올라오지를 못해 피로와 심란함이 인생을 허무하게 만들곤 한다. 천지의 조화를 통해 만들어진 성장의 결과는 문자 그대로 동날 때까지 써버려서는 곤란하다. 오히려 성장이 멈춘 후 이를 유지하는 것이 더 중요하다.

하지만 대부분의 사람들이 유아기와 소년기를 거쳐 사춘기와 청년기에 이른 후 성인이 되기까지 약 20여 년 동안 쌓아놓은 천지의 기운을 모조리 써버리기에만 급급하다. 소년 시절의 순수했던 마음가짐은 거만과 광포로 뒤바뀌고, 절제할 줄 알았던 인내는 공명을 이루기 위해 또는 물욕을 채우기 위해 옛 추억으로 팽개쳐버리기 일쑤다. 그 결과 밤이 되어도 어린 시절처럼 숙면하지 못하고, 낮이 되어도 소년 시절처럼 활발하게 움직일 수 없게 된다. 낮과 밤의 순환에 따라 움직이던 기운은 어느새 감정에 따라 좌우되어 산만함과 몰두를 반복하고, 그때마다 인생은 날로 피곤해지며, 마침내 삶에 대한 회의로 좌절되기에 이른다.

삶이 이 같은 지경에 이르면 비록 살아있다고는 하나, 남은 것은 오직 죽음뿐이다. 그리하여 연로한 노인들의 입에서, 혹은 더 이상 생에 대한 기대로 흥분할 수 없는 사람들의 입에서 '죽음'이라는 단어가 떠나지 않게 된다. 이쯤 되면 산란함과 몰두는 단순한 악습이 아니라 한 번 빠지면 벗어날 수 없는 인생의 거대한 구덩이에 비유해도 무방할 것이다. 순수했던 인간의 마음이 성장해나갈수록 어수선해지고, 혈행은 더 이상 작용을 다하지 못해 밤과 낮의 구분이 무의미해지고, 그 결과 발달이 정지되어 결국 백발의 야윈 얼굴로 일생을 마감하는 과정이 우리의 인생이다. 이 같은 과정을 본능적으로 감지했기에 중년 이후에 이러한 과정에서 벗어나고자 하는 산만함과 몰두가 더욱 극심해지는지도 모르겠다. 어찌 보면 인간이 자신의 마음을 산만하게 만든 것이 아니라 순환하는 자연의 이치가 사람의 마음을 어지럽혔다고 할 수 있다. 사람은 태어나면서 죽는 순간까지 자신의 뜻대로 생로병사生老病死의 과정을 변화시킬 수 없다. 물론 후천적인 실천으로 늙음과 병듦을 조절할 수는 있겠으나, 불시에 찾아오는 죽음을 미리 파악하고 대비한다는 것은 불가능한 일이다.

소우주로서의 임무

이처럼 사람의 일생은 자연의 순환에 불과하다. 새, 짐승, 벌레, 물고기와 마찬가지로 자연계의 조화를 이루는 극히 일부분에 지나지 않는다. 그러나 조물주는 인간에게 특별한 권리를 허락하셨다. 까마귀는 그 검은 깃털이 아무리 원망스러워도 벗어날 수 없고, 백로는 순백의 흰 깃에서 자유로울 수 없다. 그러나 우리들 인간만큼은 자연이 이룩하려는 조화의 의지에 순응하면서도 한편으로는 자신이 원하는 모습을 가꿔나가는 데 필요한 능력을 가지고 있다.

그러나 이 같은 진리를 외면한 채 금수와 다름없이 자연의 명령에 복종한 결과, 산만해진 신체와 정신적인 아집에 사로잡혀 일생을 허비하는 무의미한 시도로 삶에 종지부를 찍는 경우가 허다하다. 물론 자연의 이치가 인간과 반목되어야 한다는 뜻은 아니다. 다만 늙고 병듦을 당연시 여기고, 이에 순응하여 삶이란 그저 고단함의 연속일 뿐이라고 생각한다면, 들판에서 나고 자라 사라지는 원숭이나 산양 같은 들짐승과 다름없는 존재로 사멸하는 결과 외에는 아무런 수확도 기대할 수 없다.

대체 산양의 삶에서 기대할 수 있는 것이 무엇이란 말인가. 먹고 자는 데 필요한 식욕과 발정이 도진 하복부를 다스리는 음욕 외엔 그 어떤 것도 필요치 않을 것이다. 혹여 이런 것으로 만족하는 사람이 세상에 어디 있느냐고 반문할지도 모르겠다. 그러나 많은 사람이 먹고 자고, 자식을 낳아 기르는 데 삶의 많은 시간을 허비하고 있다. 그렇다면 대관절 산양의 생활과 사람의 인생이 어떤 면에서 다르다는 말인가. 인간은 어떤 경우에도 산양의 생활로 만족을 느껴서는 안 된다. 혹시 이런 삶에 만족하고 있다면 스스로의 고귀한 정체성을 훼손하고 있다는 반증이므로 지나간 시간들을 반성함이 마땅하다.

인류의 역사에 대해 다시금 떠올려보자. 생물학자들은 인간도 한때 원숭이의 아류에 지나지 않았다고 주장한다. 그 말의 진위 여부를 떠나 먼 석기시대에는 인간도 짐승의 삶과 크게 다르지는 않았을 것이다. 그러나 오늘날 인간과 원숭이의 삶은 천양지차다. 이 같은 결론은 우리에게 무엇을 말하고 있는가. 즉 인류의 역사란 원숭이와 산양의 삶, 즉 식욕과 물욕과 색욕에만 머물던 생활에서 탈피하고자 노력해온 투쟁의 세월임을 알 수 있다. 예수도 이 때문에 십자가에 못 박혔고, 공자는 이로 인해 굶주렸으며, 수많은 위인과 천재들이 오해와 편견에 휘말려 그 짧은 생을 마감해야 했다.

사람은 까마귀가 자신의 검은 깃을 체념하듯, 백로가 흰 깃이 어울릴 만한 곳을 찾아 방랑하듯 외부적 환경에 휘둘리며 생존해선 안된다. 인간은 초월해야 한다. 동물적인 본능에서 초월해야 하고, 지나간 문명들로부터 초월해야 하고, 자신의 산만한 정신과 독선에 몰두하는 이기심으로부터 초월해야 한다.

'소우주小宇宙'라는 말이 있다. 이는 곧 인간을 가리키는 명사인데, 인간의 삶이 생성과 소멸을 반복하는 우주의 흐름과 같기에 붙여진 비유다. 인간이 소우주로서의 맡은 바 임무를 다하기 위해서는 스스로 작은 조물주가 되어야 한다. 천지를 창조한 조물주로부터 부여받은 기본적인 여건 외에도 스스로의 삶에서 필요하다고 느껴지는 무수한 여건들을 만들어내야 한다는 뜻이다.

비유컨대 조물주는 입법자이며, 입법의 실천가였다. 그런 조물주가 만든 우주는 일종의 거대한 법칙이다. 태양도, 달도, 별도, 지구도 결코 우주의 법칙 아래서 자유로울 수 없다. 그 거대한 법칙을 거역했을 때 어떤 행성을 막론하고 멸망이라는 형벌을 피하지 못한다. 짐승과 인간도 이 같은 법칙에서 자유롭지 못하기는 매한가지다. 다만, 금수의 경우에는 사리를 분별하지 못하는 가운데 마냥 따를 뿐이다. 만일 인간들 중 누군가 이런 법칙을 깨닫지 못한 채 자신의 탄생은 아버지와 어머니의 색욕에서 비롯되었고, 인생은 먹고살기 위한 몸부림이며, 죽음은 한탄할 만한 일이라고 생각한다면, 이는 금수와 다를 바 없다. 두 발로 걸음을 내딛고, 학업을 쌓고, 사회에서 칭송받는 위치에 있을지언정 그 내면의 사고방식이 이로부터 한 치의 발전이 없는 이상 그는 금수라 해야 할 것이다.

반면에 인간이 우주의 법칙을 깨달아 자신의 삶에 적용시킬 수 있다면, 그 장단점을 파악한 후 인생에 적절히 배합시키는 데 이르렀다면, 그의 지위는 원숭이로부터 시작된 영장류의 일종이 아니라 우주를 창조한 조물주에 비견될 것이다. 철학의 목적이 바로 여기에 있으며, 과학이 깨달아야 할 단 하나의 논리가 바로 이것이고, 수학이 증명해야 할 유일한 공식이 바로 이와 같다. 인간이 짐승의 개체로부터 벗어나게 된 까닭도 다른 짐승들과 달리 이 같은 우주의 질서에 대해 의심을 품었기 때문이다.

그래서 어떤 사람들은 색욕을 피하고, 또 어떤 사람들은 배고픔을 참고, 또 어떤 사람들은 죽기를 마다하지 않고, 또 어떤 사람들은 분노와 투쟁과 욕망을 내던져버렸던 것이다. 이 모든 과정은 짐승의 본능으로는 결코 해낼 수 없는 인간만의 고유한 특권이었다. 고금古今

의 역사를 화려하게 수놓은 위인들과 철학자, 현인 혹은 군자로 불린 이들의 삶이 이에서 크게 벗어나지 않음은 좋은 예일 것이다. 그들의 삶은 비록 고단하고 힘겨웠을지 몰라도 그들이 이룩한 삶의 의의만큼은 모든 인간들이 마땅히 취해야 할 가르침이었다. 그렇기 때문에 땅에 묻혀 흙이 된 지 수백에서 수천 년이 지났음에도 불구하고 여전히 우리는 그들의 삶을 기리는 데 주저함이 없는 것이다.

산만함과 몰두를 버리는 길

성인군자란 혹은 현인이란, 찬이슬을 마시고 나뭇잎으로 끼니를 해결하는 삶이 아니다. 그들이 깨우친 도道는 결코 이런 의식주의 문제가 아니다. 그들이 깨우친 도는 평범한 사람들이 겪는 마음의 어지러움과 아집이다. 이런 무가치한 것들을 삶에서 내보내는 길, 즉 도를 깨달았을 때 비로소 성인이 되고, 군자가 되며, 현인으로 추앙받을 수 있다.

그렇다면 성인군자가 되지 못했고, 현인은 감히 꿈도 꿀 수 없는 일반인들은 어떻게 해야 우주의 법칙을 조금이나마 삶에 적용시킬 수 있을까? 먼저 마음의 어지러움, 즉 산만함을 버리고 아집, 다시 말해 몰두부터 버리는 길을 닦아야 한다. 큰길만 도가 될 수 있는 것은 아니다. 아무리 하찮고 보잘것없더라도 자신이 원하는 방향으로 갈 수만 있다면 그 또한 도라고 할 수 있다.

몸에 난 멍도 이틀에서 닷새는 지나야 낫는다. 감기 같은 흔한 질병도 짧게는 일주일에서 길게는 보름, 폐렴으로 확산되면 최소한 20일에서 한 달도 갈 수 있다. 하물며 마음에 자리 잡은 질병이 하루아침의 노력으로 개선된다는 것은 말이 안 된다. 물론 엊저녁에 마음의 병이 들었다면 이틀간의 노력으로 치유될 수도 있겠으나, 적게는 5~6년에서 길게는 수십 년에 걸쳐 뿌리를 내린 경우가 많으므로 치유 기간 또한 이와 비슷한 시일이 걸릴 확률이 높다. 그나마 나이가 젊은 편이라면 좀 더 빠른 시일 안에 바로잡을 수 있지만, 마흔 살이 지난 후에는 말 그대로 일생의 사업이라 해야 할 것이다.

마음의 질병을 바로잡기 위해서는 자신의 노력이 가장 필요하다. 산만함과 몰두는 동물적인 욕구를 지나치게 과인한 데서 비롯되었으므로 먼저 자신의 욕구를 절제하려는 노력부터 시작해야 한다. 인간은 동물과 달리 스스로 기운과 능력을 조절해서 사용할 수 있는 특권을 부여받았음에도 이를 함부로 누설해 화를 자초하는 경우가 많다.

불경佛經에서는 이 세계를 욕망이 가득 찬 '육계肉界'라고 부르는데, 육계를 살아가는 중생들은 자신의 기를 누설하여 즐거움을 삼는다고 가르친다. 여기서 기를 누설한다는 말은 인내하지 못한다는 뜻이다. 즉 목숨이 다하기도 전에 기를 낭비하는 수가 있다는 가르침이다. 이를 바꿔 말하면 마흔 살 이후에는 그릇된 기의 운행을 바로

잡고 싶어도 이미 기운이 낭비되어 남아 있지 않은 경우가 있으므로 유념해야 한다는 의미다.

예컨대 재물을 근검절약하는 습관을 기르기 위해서는 자신의 수중에 재물이 있어야 한다. 모조리 탕진한 연유에는 절약하고 싶어도 절약할 수가 없다. 따라서 마음의 질병을 고치려면 나이가 젊을수록 좋다. 그러나 나이가 젊다고 반드시 마음의 질병을 고칠 수 있는 것은 아니다. 요즘은 채 서른 살도 안 된 젊은이들이 생기 부족으로 뜻을 피워보기도 전에 사그라지는 경우가 많다. 이는 천부적인 체질에서도 그 원인을 찾을 수 있겠으나, 대부분은 젊은 나이임에도 기를 방만하게 운영하여 누설은 많고 축적은 계속 줄어들었기 때문이다.

그래도 젊은 사람들은 경과된 시간이 짧으므로 언제든 자신의 삶을 반성하는 것만으로도 충분히 마음의 질병을 고칠 수 있다. 이에 반해 살아온 시간이 남은 날보다 많은 중년 이상의 사람들은 웬만한 노력을 해서는 마음의 질병을 쉽게 다잡을 수 없다. 그러나 중년들도 실망하기에는 아직 이르다. 실망은 그 자체만으로도 마음의 기를 흐트러뜨린다.

산란한 마음이나 몰두 외에도 마음의 질병은 그 종류가 무궁하다. 이 같은 마음의 질병을 치유하기 위해서는 먼저 심신의 조화를 회복시키는 것이 무엇보다 중요하다. 아무리 마음을 바로잡으려 해도 몸이 이를 받쳐주지 못하면 성사시킬 수 없다.

쉽게 지치는 버릇, 무엇이든 곧 싫증내는 버릇, 조급히 서두르는 버릇 등은 마음의 질병에만 국한되지 않는다. 이러한 버릇 등은 신체에도 상당한 영향을 미치기 마련이다. 즉 마음의 습관이면서 곧 신체의 습관이기도 하다. 이 같은 질병들의 원인은 대개 기의 방만한 누설에서 비롯된다. 다시 말해 절제하지 못하고, 인내하지 못하고, 받아들이지 못함으로써 발생하는 것이다. 그러므로 질병의 근원인 기의 누설부터 차단하는 것이 바람직하다.

인간은 이성보다 감정이 앞서는 감정의 동물이다. 일반인이 자신의 감정을 억제한다는 것은 말처럼 쉬운 일이 아니다. 기의 누설을 막는다고 표현했으나, 이는 상당한 자기 수양과 절제를 필요로 하는 고도의 지적 행위다. 엄격한 자기 절제로 기를 아낀다면 이보다 더 좋을 수는 없겠으나, 일반인에겐 결코 쉬운 일이 아니다. 그러므로 과도하게 누설되는 기의 양만 조금 축소시켜도 평소와 다른 상당한 효과를 기대할 수 있다.

결국 심신의 조화가 중요하다

사람은 스무 살이 될 때까지 날마다 성장하고 있다. 성장이란, 다시 말해 생기의 축적이라고 할 수 있다. 스무 살 이후로는 성장이 멈추고 성숙이 시작되는데, 성숙이란 축적된 생기의 활용이라고 할 수 있다. 즉 스무 살 이후로는 더 이상 생기의 축적이 불가능한 것이다.

따라서 성숙, 다시 말해 생기의 활용을 통해 축적된 생기를 가꾸고 발전시켜 필요한 순간에 사용하는 지혜가 중요하다.

이는 천지의 기운 또한 다르지 않다. 우주만물은 단순한 영원불멸의 존재가 아니다. 끊임없이 성장과 성숙을 반복하고, 이것이 일정한 한계에 도달했을 때 다시금 소멸과 생성을 준비한다. 인간의 삶도 이와 같아서 천지의 순환에 자신의 순환을 올바르게 접목했을 때 뜻한 목표를 이룰 수 있고, 무병장수도 가능해진다. 그렇다면 천지의 순환이란 무엇인가. 이는 앞서 설명했듯이 성장과 성숙의 굴레에서 자신의 기를 적절하게 관리하는 심신의 조화를 말한다.

육체는 생물학적인 활동이 이루어지는 단백질 덩어리가 아닌 거대한 그릇이다. 피와 내장과 뼈와 살로 구성된 신체는 각 기관마다 정해진 분량의 기운을 담는 그릇이다. 그릇이 파손되면 기운을 온전히 담을 수 없다. 마찬가지로 기운이 그릇을 채우지 못하면 결국 그릇은 녹슬어 훼손되고 만다. 신체가 그릇이라면 기운은 마음이라고 할 수 있다. 다시 말해 신체가 타고난 강골強骨일지라도 그 마음의 순환이 온전치 못했을 때 신체의 건강은 훼손되고, 오랜 수련을 통해 기운이 충만해도 신체를 함부로 다룬다면 그 기운 또한 얼마 못 되어 사라지고 만다. 이것이 바로 심신의 조화다.

이처럼 생기를 함부로 다루면 마음뿐 아니라 몸에도 질병이 생긴다. 몸과 마음이 병든 인생은 인간으로서의 의미를 상실한 시간에 지나지 않는다. 시간은 짐승에게도 주어지고, 초목에게도 주어진다.

자신의 삶을 단순히 시간으로 규정지을 것인지, 아니면 매순간 인간으로서의 의미를 확인하는 성숙의 기회로 삼을 것인지는 각자의 뜻에 달려 있다. 만일 이 순간 자신의 삶이 기가 누설되는 원인이었다면 빠른 시일 안에 고치고 회복시켜야 한다. 그렇다고 갑자기 그동안의 삶에 큰 변화를 줘서도 곤란하다. 이는 자칫 삶의 균열로 이어질 가능성이 높다. 이런 갑작스런 변화는 그 취지가 아무리 좋다 해도 일종의 조급함이다. 그리고 조급함 또한 기의 누설에 해당된다.

예를 들어보자. 운동이 몸에 좋다는 것은 누구나 아는 진리다. 하지만 중병에 걸린 환자가 운동이 몸에 좋다는 이유로 다음 날 아침부터 몇 시간씩 달음박질을 하고 냉수를 몸에 끼얹는다면, 이는 차라리 누워 있는 것만 못하다. 마음의 질병을 다스릴 때도 이와 같은 상식을 지켜야 한다. 눈에 보이지 않고, 느껴지지 않는다고 해서 마음을 함부로 다뤄서는 안 된다.

마음이 산란해지거나 몰두되는 원인을 살펴보면, 그 자신이 원인이라기보다는 외부적 환경과의 마찰에서 비롯되는 경우가 많다. 예를 들어 바둑을 몹시 좋아하는 한 상인이 있다고 가정하자. 알다시피 바둑은 정신의 산란과는 거리가 멀다. 자칫하면 지나치게 몰두되는 경향이 있으나, 정신 수양에 좋고 심신을 안정시키는 데도 효과가 탁월하다.

어느 날 이 상인이 중요한 고객과 바둑을 두고 있을 때 어디선가 전보 한 통이 날아왔다. 전보란 원래 긴급한 상황에서 이뤄지는 통신이므로 상인에게 전보가 왔다는 것은 분명 긴급한 사태가 발생했다는 뜻이다. 그러나 한편으로는 현재 바둑을 두고 있는 고객을 염두에 두지 않을 수 없다. 혹시라도 바둑에 집중하지 않고 자신의 일에 열중하는 듯한 인상이 고객에게 비춰진다면 그의 기분이 상할 수도 있기 때문이다. 그렇다고 긴급함을 알리는 전보가 왔는데, 이를 뜯어보지 않을 수도 없다. 대체 무슨 일인지 궁금해서 바둑에 도저히 집중할 수가 없을 것이다. 따라서 상인은 현재 바둑에도 집중할 수가 없고, 전보를 뜯어볼 수도 없는 진퇴양난에 처해 있다. 이로써 사람의 마음이 분산되고, 기가 흩어지고, 정신이 아득해지는 것이다.

이는 비단 상인의 경우에만 해당되는 이야기가 아니다. 사람의 생활이 대부분 이와 비슷하다. 인생은 홀로 살아갈 수 없기에 자신의 마음을 바로잡는 것도 중요하지만, 때로는 고객의 마음, 직장 상사의 마음, 부하직원의 마음, 자녀의 마음, 부모의 마음도 헤아려가며 살아야 한다. 이는 일종의 기와 기의 마찰이라고 표현할 수 있으며, 이 같은 마찰로 인해 몰두와 산만함이라는 정신의 가장 흔한 두 가지 질병이 나타나게 된다. 사람의 마음은 일시에 두 가지 생각을 할 수 없는데, 생각은 기의 흐름을 필요로 하기 때문이다. 기는 일정한 방향으로만 움직이려는 성질이 있어 생각이 분산되면 기의 흐름도 일정치 못하게 된다. 여기서 마음의 질병이 싹트는 것이다.

인간의 마음이 분산되는 사례는 앞서 살펴본 상인의 예에서 볼 수 있듯이 외부적 요인에 대한 자신의 반응이 확실치 못한 데서 비롯되는 양상을 보인다. 다시 말해 어떤 외부적 요인에 대한 자신의 반응을 확신하지 못하기 때문인데, 자신의 반응을 확신하지 못하는 까닭은 기가 흐트러져 집중할 수가 없기 때문이다. 기는 여러 차례 언급한 것처럼 산만함과 몰두를 통해 약해진다. 그리고 약해진 기운으로 인해 또다시 자신의 판단을 확신하지 못하게 되고, 이 같은 불신은 필연적으로 기를 소모시키기 마련이다. 한마디로 악순환의 되풀이라고 할 수 있다.

앞에서 예로 든 상인의 경우 눈은 바둑판을 따라가고, 마음은 온통 손에 들린 전보에 닿아 있으며, 감정은 상대방의 기분에 맞춰져 있다. 이 경우 전보를 살펴볼 용기도 생기지 않고, 바둑에 집중할 수도 없으며, 정신은 오락가락하고, 등에서는 식은땀이 난다. 이는 외부의 환경에 의해 심란해진 마음이 신체의 훼손으로 연결되는 전형적인 사례다. 단순한 바둑일 뿐이며, 하필 그 와중에 전보가 왔을 뿐이라고 폄하할 수도 있다.

그러나 이렇게 한 번 산만해진 마음을 바로잡지 못하면, 즉 흐트러진 기의 순환을 회복시키지 못하면, 그 후에는 전보가 오지 않아도 혹은 고객이 눈앞에 없어도 바둑에 집중하지 못한 채 사업상의 일들이나 내일 들여놓을 물건 등을 생각하는 나쁜 버릇이 몸에 익숙해진다. 이로써 마음의 질병이 고착화되는 것이다. 마음의 질병은 어떤 큰 충격이나 사건에 의해 생기는 폐단이 아니다. 잘못된 하루의 생활들이 몇 년씩 쌓여 고질화되는 일종의 만성질환에 가깝다.

마음의 질병을 다스리는 방법

그렇다면 이 같은 마음의 질병은 어떻게 다스려야 하는가. 인간의 삶이 사회라는 테두리 안에서 서로 반목하고, 갈등하고, 마찰할 수밖에 없는 현실에서 어떻게 해야 굳건한 마음을 지켜낼 수 있을 것인가. 기가 산란해지는 까닭은 생각이 산란해지기 때문이다. 생각이 산란해지는 까닭은 생각해야 할 것은 생각하지 않고, 생각하지 말아야 할 것은 생각하기 때문이다. 따라서 산란해진 기를 바로잡기 위해서는 먼저 무엇을 생각하고, 무엇을 생각하지 않을 것인지를 결정해야 한다.

앞서 예로 든 상인의 경우를 다시 한 번 살펴보자. 바둑을 두고 있을 때 전보가 왔다면, 상인은 먼저 두 가지 중 하나를 선택해야 한다. 계속 바둑을 두든지, 아니면 잠시 양해를 구하고 전보 내용부터 살피는 것이다. 바둑을 두기로 마음먹었다면 전보는 잠시 책상 위에 올려놓은 후 바둑판에 전력을 기울여 상대방을 물리쳐야 한다. 반대로 전보를 살펴보고 싶다면 상대방인 고객에게 양해를 구한 후 전보를 살펴보고, 그에 따른 합당한 조치를 취하고 돌아오는 것이 타당하다. 이 경우에는 바둑을 계속 두는 것도 손해요, 손님에게 양해를 구하고 전보를 살펴보는 것도 손해일 수 있다. 바둑을 계속 둠으로써 중요한 사업상의 문제가 지연될 수 있고, 또 전보를 살펴봄으로써 고객을 언짢게 할 수도 있기 때문이다. 만에 하나 성정이 까다로운 고

286

객이라면 이 상황을 불쾌하게 받아들일 가능성이 크다. 그래서 대부분의 사람들은 이러지도 저러지도 못한 채 혼란스러워하기 일쑤다.

그러나 이런 경우 바둑을 물릴 수도 없고, 도착한 전보를 돌려보낼 수도 없다. 나의 의지와 상관없이 발생한 외부 환경이기 때문이다. 어차피 둘 다 만족시킬 수 없다면 결단을 통해 한 가지를 취하고, 나머지 한 가지를 버려야 한다. 이때 명심할 것은 둘 중 하나를 선택하는 결단, 즉 둘 중 하나를 취하고 나머지 하나를 버릴 수 있는 결단도 기운의 순환이 온전히 뒤따라야만 가능하다는 점이다. 마음의 질병이 고착화된 사람들은 결단에 필요한 기운이 결여되어 있다.

사회라는 외부 환경은 구성원인 인간에게 끊임없이 결단을 요구한다. 인간에게 무조건적인 만족을 제공하는 것이 아니라 오히려 늘 무엇인가를 버리라고 요구한다는 뜻이다. 따라서 이런 사회의 성격을 제대로 파악하여 늘 결단하는 삶을 살고자 노력하지 않는 한 산만함과 몰두에서 자유로울 수 없다. 인생에서 실패한 사람들은 단순한 산만함과 몰두가 아닌, 산만함에 몰두하는 경향을 보인다. 이는 더 이상 회복 불가능한 단계라고 볼 수 있다.

결단이란, 한마디로 정의해서 '결연한 의지'다. 앞서 마음이 기를 움직이고, 기가 피를 움직이고, 피가 신체를 움직인다는 이치를 강구한 바 있다. 이것이 소우주로 불리는 인간의 자연스런 법칙이라면 결연한 의지는 기로써 마음을 움직이고, 생각을 움직이고, 삶을 움직이는 형태를 말한다. 사회라는 외부 환경에 노출되어 살아가는 인간이 외부의 강압적인 요인에 굴복했을 때 마음은 질병을 얻는다. 그 이유는 삶이 자신의 뜻대로 순환되지 아니하고, 외부의 흐름을 따라가기 때문이다. 따라서 마음의 질병은 순전히 자신의 탓만은 아니다. 이는 사회에도 일정 부분 책임이 있다.

그러나 거대한 사회가 구성원인 각 개인의 의사를 존중할 수 없는 만큼 인간은 스스로 조물주가 되어 자신의 형태를 구성해나가야 한다. 이때 필요한 것이 바로 결단, 즉 결연한 의지다. 다시 말해 마음으로 기를 만드는 것이 아니라 기로써 마음을 만드는 것이다.

스무 살 이후에 멈춰버린 성장을 대체하기 위해서는 성숙이 필요하다고 하였다. 정신의 성숙이란 이를 두고 하는 말이다. 20년간 만들어진 기운으로 남은 50~60년을 살아간다는 것은 불가능하다. 이 사실은 수학의 기본 개념만 깨우쳐도 알 수 있다. 따라서 인간에겐 성장을 대신할 만한 성숙이 필요하고, 이 성숙의 결과가 곧 의지라고 할 수 있다. 의지가 상실된 인간, 다시 말해 성숙에 도달하지 못한 인간은 축적된 기운을 허비하며 하루하루를 살아갈 수밖에 없다. 그 결과 기운은 세월이 흐를수록 부족해지고, 심신은 안정되지 못해 작은 일에도 인생이 요동치기에 이르는 것이다.

사소한 계획부터 실천하라

산만함과 몰두는 병의 증세일 뿐이고 병의 본질은 아니다. 본질은 의지의 부족이다. 영양이 부족해지면 내성이 약해져 병균에 쉽게 노출되듯, 정신 또한 의지가 부족해지면 자기 삶의 주인이 '나'라는 확신이 부족해진다. 이는 곧 정체성의 혼동으로 이어지며, 이 같은 혼동의 증세가 산만함과 몰두로 나타나는 것이다.

무슨 일이든 해야 할 일이 있다면 주저하지 말고 실천에 옮겨야 한다. 생각해야 할 일이 있다면 열 가지 일을 제쳐두고 생각해야 한다. 이룩해야 할 목표가 있다면 모든 수단과 방법을 강구해 이룩하면 그만이다. 내 삶의 주인이 나라는 확고한 의지가 있다면 인생에 거칠 것이 없어진다. 그리고 의지는 하늘에서 떨어지는 조물주의 선물이 아니라 스스로를 끊임없이 반성하고, 계획하고, 채찍질함으로써 얻어지는 노력의 결실이다.

이 같은 노력은 그리 어렵지 않다. 작은 일에서부터 실천하다 보면 내 안의 흐름이 이에 조화되어 자신도 모르는 사이에 익숙해진다. 아침에 일어나 옷부터 깨끗이 갈아입고, 침구를 정리하고, 덧문을 열어 환기를 시키고, 등불을 끄고, 방을 청소하고, 세수를 하듯이 실천이 가능한 작은 계획부터 하나씩 몸에 익히다 보면 흐트러진 기의 흐름도 바로잡히고, 산만했던 마음도 안정을 되찾고, 쓸데없는 일에 몰두하던 정신의 소모도 그치고, 사리가 밝아져 세상과 자신을 혼동했던 과거의 잘못을 만회할 수 있게 될 것이다.

사소한 일이라고 해서 마음까지 사소하게 만들어서는 안 된다. 이는 자신의 마음을 스스로 사소하게 만드는 원인이다. 하찮은 것들은 비뚤어져도 상관없다는 생각은 스스로를 비뚤어지게 만드는 과정이다. 비록 하찮은 실천이라도 그 마음만큼은 존귀하게 만들어야 한다. 공자는 하다못해 밥을 지을 때도 정성을 다 쏟았다는 말이 있다. 다자이 오사무太宰治(일본의 유명한 소설가)의 소설 한 대목에도 공자에 관한 이야기가 나온다.

다자이는 자신의 소설을 빌려 공자에게 묻는다. "사람이 어찌 이렇게 살 수 있습니까? 무슨 수로 그 모든 일들에 열심일 수 있습니까?" 그러자 공자는 "젊은 시절 내 처지가 미천하여 천한 일도 마다할 수 없었기에 요즘도 천한 일을 마다하지 않을 뿐이오"라고 대답한다. 다자이가 모든 일에 최선을 다하는 공자의 삶에 감동하여 이같은 대목을 소설 속에 삽입한 것인지, 아니면 공자의 우직한 삶을 은연중에 비웃고자 했는지는 알 수 없다. 어쨌든 성인이라 할 수 있는 공자도 그러하였거늘 범부에 지나지 않는 우리들이 일의 중량을 따져 마음 씀씀이도 경중으로 나눈다면, 그 자체로 벌써 마음의 질병이 시작되었다고 봐야 할 것이다.

청소처럼 하찮은 일은 그 결과가 어찌되었든 내 인생과는 아무런 상관이 없다고 믿어버리는 것이 범부의 일생이고, 청소일지라도 최선을 다한다면 겉만 닦이는 게 아니라 자신의 마음까지 닦여져 인생이 더욱 풍요로워진다고 믿었던 것이 성현들의 일생이다.

이를 뒤집어 생각했을 때 하찮은 일에도 최선을 다한다는 것은 일종의 연습이다. 큰일이 닥치기를 기다려 힘을 비축하는 것은 말이 좋아 비축이지, 방만한 인생에 불과하다. 성현들은 하찮은 일이라도 최선을 다했기에 큰일이 닥쳐도 이룰 두려워하지 않고 뜻한 바를 이룰 수 있었지만, 범부들은 하찮은 일을 대수롭지 않게 생각하는 습성이 몸에 붙어 큰일이 눈앞에 벌어져도 하찮게만 여기다가 일생을 하찮게 보냈다고 할 수 있다.

공자는 전심전력으로 주어진 인생을 살아가고자 노력하는 것이 곧 '공경恭敬'의 참뜻이라고 설파했다. 자질구레한 일상들을 그저 쓸데없는 순간들로 치부할 게 아니라 내 삶의 수행이자 연습이라고 생각한다면, 삶에서 하찮은 시간들이란 감히 상상도 할 수 없을 것이다. 이것이야말로 자신의 삶에 대한 공경이 아니고 무엇이겠는가. 그러나 이와 같은 공경의 경지는 세대를 아우른 성현들의 깨달음으로서 일반인이 엄두를 내기에는 무리가 있다. 그러므로 아주 작은 일상에서부터 공경의 도리를 실천해나가는 것이 필요하다.

청소하기 위해 빗자루를 집으면 처음에는 귀찮고 짜증나기 마련이다. 이 시간에 수학문제를 하나 더 풀고, 책을 한 줄 더 읽고, 물건을 하나 더 파는 것이 인생에 덕이 되지 않겠는가, 라는 생각이 머릿속을 떠나지 않는다. 만에 하나 이 같은 생각에 공감한다면 이미 그의 마음은 산만해질 대로 산만해졌다는 증거다. 청소를 하든, 공부를 하든, 물건을 팔든 그 순간에 최선을 다하는 것이 바로 성현의 가르침이며, 마음의 질병을 치유할 수 있는 유일한 방법이다. 아침에 눈을 떠 늦은 밤 잠들기까지 책상 앞을 한시도 떠나지 않고 일심으로 공부한다거나 온 정성을 기울여 물건을 팔 수 있다면, 이보다 더 좋은 일은 없을 것이다. 하지만 공자와 같은 성현이 아니고서야 사람이 이렇듯 의지로써 산다는 것은 불가능하다.

그렇다면 기(氣)를 의지로 승화시켜 내 삶을 인도할 수 있게 하려면 어떻게 해야 되겠는가. 먼저 생각부터 새로워져야 한다. 책상 앞에 앉아 어려운 문제에 골몰하는 것만이 수행은 아니다. 의지를 키우는 수행은 머리가 아닌 마음과 기로써 행해야 한다. 마음만 있다면 담배 한 대를 피워도 수행이 될 수 있다. 누구든 이렇게 사소한 평소의 습관을 자신의 의지를 키우는 연습으로 생각한다면, 일주일 후에는 반드시 어떤 경지에 도달했음이 느껴질 것이다.

예를 들어 현관 앞에 신발 한 켤레를 무심코 벗어놓을 때 가지런히 벗어놓는 습관을 들인다면, 한밤중에 불을 켜지 않고도 쉽게 신발을 찾아 신을 수 있다. 반대로 신발을 아무렇게나 벗어놓는다면, 불을 켜도 눈에 쉽게 띄지 않는다. 이와 마찬가지로 자리에 앉을 때도 정신을 기울여 이에 집중한다면, 굳이 의복의 단추를 여미고 옷깃을 잡지 않아도 그 품새가 단정해질 수 있다. 마찬가지로 책상 앞에서 공부할 때 앉는 자세와 마음가짐부터 바로잡는 습관을 기른다면, 굳이 집중하고자 노력하지 않아도 절로 공부가 진행될 것이다.

일상의 모든 순간에 이와 같이 정신을 기울이고 마음을 쏟는 습관을 들인다면, 산만함과 몰두가 심신을 괴롭힌다는 것은 꿈과 같은 이야기가 된다. 이런 습관이 삶에 배일 경우, 그가 무엇을 목표로 삼든 반드시 성공한다고는 보장할 수 없으나, 최소한 나름의 성과는 거두리라 확신한다. 삶의 조화가 이와 같은데 어찌 청소를 하찮다고 할 수 있으며, 자신의 몸을 단정히 가꾸는 수고가 어찌 무의미하다고 말할 수 있겠는가.

만일 해서는 안 될 일이라고 생각된다면 하지 않으면 그만이다. 이를 염려하여 고민하는 것은 스스로 자신의 기운을 방해하는 짓밖에 되지 않는다. 사람의 생각은 끝이 있을 수 없으나, 때로는 생각을 줄임으로써 자신을 보호할 수도 있다. 이런 경우 생각을 중지하려는 결단이 필요한데, 단순히 결단하는 것만으로도 기의 흐름이 순수해지는 효과를 기대할 수 있다. 기가 순수해진다는 말은 곧 산만함과 몰두에서 벗어난다는 뜻이다. 해서는 안 될 일 또는 생각해봤자 소용없는 일과 맞닥뜨렸다면 과감히 이를 포기하는 것이 좋다.

그러나 대부분의 사람들은 포기라는 단어를 부정적으로만 생각하려는 경향이 있다. 따라서 해선 안 될 일을 선택하여 실천과 포기 중 하나를 결단하기보다는 해야 할 일부터 착수하는 편이 수월하다. 이렇듯 한 가지씩 정신을 집중시켜 일을 진행시키다 보면 자연스레 습관이 몸에 익어 평소에는 도저히 엄두도 내지 못했던 일을 큰 어려움 없이 해낼 수 있는 경지에 도달하게 된다.

중국 수隋나라 속담에 "사람은 하나인데 기가 둘이면 곧 병이 찾아온다"는 명언이 있다. 이 명언이야말로 이번 단락의 핵심을 그대로 드러내는 구절이다. 여기서 기가 둘이라는 말은 마음이 산만해져 둘로 나뉘어졌다는 뜻이다. 즉 산란해진 기운은 마음만 병들게 할 뿐아니라 신체도 병들게 한다는 가르침이다.

현대인들은 모두 건강한 삶을 꿈꾼다. 굳이 현대인들이 아니더라도 사람은 예로부터 무병장수를 꿈꿔왔다. 그런데 무병장수를 이룩한 사람들을 살펴보면 깨달음이 큰 선승禪僧들에 뒤지지 않는다. 살기 편안한 곳에서 넉넉한 생활을 누리기는커녕 동굴과 바위틈을 찾아 수도에 매진하는 선승들이 장수하는 것을 보면 신체가 편해야 건강하게 오래 살 수 있다는 시중의 속설俗說은 말 그대로 속설에 불과하다는 생각이 든다.

취미에 순종하라

산란해진 기를 바로잡는 방법은 취미에 순종하는 길이다. 사람은 태어나는 순간부터 각기 다른 인연과 성상性相과 체력을 부여받는다. 그 뒤에 펼쳐지는 삶은 이 같은 성질들이 작용하여 만들어내는 것이므로 어느 정도 선천적인 부분이 있다고 해도 과언은 아니다. 각자 한 번에 마실 수 있는 양과 한 번에 먹을 수 있는 양이 정해져 있다는 옛말처럼 타고난 운명을 지나치게 믿어도 곤란하지만, 타고난 성질을 무시하는 것도 곤란하기는 마찬가지다.

예를 들어 그림을 좋아하는 아이는 부모가 아무리 붓을 빼앗고 야단을 쳐도 여전히 흰 종이만 보이면 무언가를 그린다. 또 의사라는 직종이 사회적으로 명망이 있다 하여 아무리 이를 강권해도 체질적으로 피를 무서워하는 성격이라면 불가능하다. 이와 같이 사람마다 각기 타고난 성질이 달라서 승려가 되어 힘든 수행을 하고 싶어하는 사람도 있을 수 있고, 때로는 군인을 천민보다 더 업신여기는 사람도 있다. 그것은 각자의 인연과 성상과 체력과 관계된 문제이기 때문에 이를 강요할 수 없을 뿐만 아니라, 하고자 하는 그의 마음을 꺾을 수도 없다.

그렇다면 지금 여기에 그림 그리기를 몹시 좋아하는 사람이 있다고 가정하자. 그는 그림을 그리고 싶어하나, 형제와 부모의 권유에 따라 단 한 번도 마음속에 품은 적이 없는 승려의 길로 들어서고자 한다. 이 경우 그가 마지못해 머리를 깎는다 한들, 그의 기운이 전폭적으로 종교에 귀의할 수는 없을 것이다. 오히려 그림을 그리고 싶다는 욕망을 억누르고자 스스로를 괴롭히게 될 확률이 높다.

불교는 결코 나쁜 것이 아니다. 승려의 삶 역시 험한 세파에 물들지 않고, 자신의 인생을 아름답게 꾸미는 한 방법이라 할 수 있다. 그러나 자신의 타고난 본성이 붓과 물감을 추구하는 이상, 세상 어느 것을 대신 적용시켜도 불만이 쌓일 수밖에 없다. 그에겐 이미 그림을 좋아하는 유전적인 인연이 있고, 그림에 강렬한 취미를 갖게 된 어린 시절의 사연이 있고, 사물을 묘사하는 데 적합한 기운이 있어 다른 직업은 도저히 어울리지 않는다. 오직 화가가 되기에만 적합할 뿐이다. 체질이나 근육의 조직이 정교한 선을 그리는 데 필요한 힘과 미묘한 색채를 감별할 수 있는 운명을 지니고 있다고 할 수 있다.

이런 사람이 억지로 종교의 길을 걷는다고 해도 기는 세월이 지날수록 산란해져 어느 한 군데도 마음을 둘 수 없는 착잡한 심정이 되기 일쑤다. 이와 같은 사람을 억지로 종교 같은 심신수양의 길로 들어서게 해봤자 종교적인 내공을 쌓을 수 없을뿐더러 오히려 적성에 맞는 화가의 길도 사라지게 만들 수 있다. 한마디로 매우 어리석은 일이다. 만일 종교에 귀의할수록 자신의 기가 산란해진다고 느껴진다면, 자신을 위해서라도 종교를 버리고 천부적인 적성을 좇아 과감하게 그림을 그리는 것이 현명한 선택이다. 이렇게 함으로써 산란해진 기운은 그 즉시 바로잡히게 될 것이다.

위에서 예시한 경우가 아니더라도 사람의 도리는 이와 다를 것이 없다. 종교와 예술은 어느 한쪽이 더 나쁘거나 좋다고 말할 수 없을 만큼 인류에게 도움이 되는 분야다. 따라서 굳이 적성에도 맞지 않는 종교를 선택하느니 취미에 순응해 그림을 그리는 편이 자신의 기운을 흥하게 하고, 이를 더욱 번성시킬 수 있는 매우 유력한 길이 된다.

이처럼 단순한 기호에 불과하다고 여겨지는 취미가 실은 기의 흐름과 상당한 연관성이 있다. 연극을 좋아하는 사람은 연극을 봄으로써, 씨름을 좋아하는 사람은 씨름을 봄으로써, 원예를 좋아하는 사람은 원예를 함으로써 흩어진 자신의 기운을 다시 집중시킬 수 있다.

취미는 쉽게 말해 자신이 타고난 기운의 특색이다. 따라서 취미를 발전시키면 생기가 더욱 활발해지고, 필요한 순간 순조롭게 발동시킬 수 있다. 이를 비유하자면 유황을 좋아하는 가지에겐 유황을 더 뿌려주고, 맑은 물을 좋아하는 고추냉이에겐 맑은 물을 더 공급해주는 것이 자연스러운 이치다. 가지는 가지의 맛있는 기를 유황에서 얻고, 고추냉이는 고추냉이의 매운 맛의 기를 맑은 물에서 얻는 성질이 있기 때문이다.

식물이 이러하건대 사람의 취미에 대해서는 더 이상 언급할 것이 없다. 취미에 순응하는 것은 기의 활력을 돕는 매우 유리한 작용이다. 만일 이에 순응하지 않고, 가지에 맑은 물을 대거나 고추냉이에 유황을 뿌린다면 유황과 맑은 물에는 비록 죄가 없을지라도 가지와 고추냉이는 시들고 말 것이다.

원래 취미란 후천적인 결과가 아니라 천부적인 약속이라고 할 수 있다. 따라서 이에 순응하는 것은 매우 중요한 일이다. 산을 좋아하는 사람, 미술을 감상하여 즐기는 사람, 사냥하기를 유쾌하다고 생각하는 사람 등 사람마다 취미는 제각각이지만, 이를 따름으로써 얻어지는 결과는 기의 원활한 소통이라는 점에서 매우 유사하다.

다만, 같은 취미일지라도 음란한 것이나 도박 등은 피해야 한다.

물론 사람의 성격에 따라서는 이를 좋아하는 사람도 있을 수 있다. 그러나 아무리 본바탕이 음란하고 도박을 즐긴다 해도 이는 사람의 기운을 방종하게 만드는 악습이므로 이를 대체할 만한 다른 취미를 찾는 것이 타당하다.

산란해진 기를 바로잡는 세 번째 방법은 혈행을 정리하는 데 있다. 이는 결코 함부로 사용해서는 안 되는 조항이므로 이 책에서는 혈행과 관련된 내용은 다루지 않기로 한다. 자칫 어설프게 이해하여 혈행을 억지로 인도했다가는 더 큰 화를 자초할 수도 있기 때문이다. 다만, 초보자들도 쉽게 따라할 수 있는 몇 가지 내용이 있어 소개한다. 비록 술이 체내에 유입되어 혈류를 증가시킬 수는 있으나 과음은 오히려 혈행을 흐트러뜨릴 수 있기에 되도록 쓰지 않는 편이 좋다는 것, 또 호흡은 깊을수록 좋다는 것, 간혹 기가 막히는 듯한 느낌이 들 때 노래를 부르면 한결 나아진다는 것 등이다.

요컨대 피로써 기를 통솔하는 것이 아니라 기로써 피를 통솔해야 하고, 기로써 마음을 통솔하는 것이 아니라 마음으로써 기를 통솔해야 하며, 마음으로써 신체를 통솔하는 것이 아니라 신체를 통해 마음을 통솔하라는 이야기다. 피의 흐름을 알맞게 조절해 기의 소통에 이바지하고, 기를 단련하여 마음에 이바지하고, 마음을 맑게 하여 신체를 이롭게 해야 한다는 뜻이다. 피가 곧 기이고, 기가 곧 마음이며, 마음이 곧 신체라는 이치를 결코 잊어서는 안 될 것이다.

05

질병

○

○

○

모든 생물은 질병의 고통을 피해갈 수 없다. 물론 매우 드물기는 하나, 태어나서 죽을 때까지 단 한 차례도 질병에 걸리지 않고 이 세상을 떠나는 사람도 개중에는 있을 수 있다. 식물과 최하등동물은 예외로 치더라도, 조금이라도 신경감각이 구비된 생물들은 질병의 고통에서 자유롭지 못하다. 그중에서도 인류는 남녀를 불문하고 병치레 없이 인생을 마감한다는 것은 사실상 전무하다고 해도 과언은 아니다.

따라서 이번 장에서는 질병이 인류에게 어떤 영향을 미쳤는지에 대해 고찰해보기로 한다. 질병 때문에 인류가 겪은 손실들을 생각한다면 결코 하찮게 넘길 일만은 아닐 것이다.

질병의 정의를 내리는 일은 결코 쉽지만은 않다. 어디까지가 평상시의 신체 상태이며, 어디서부터 질병의 시작인지에 관한 전문적인 지식이 상당하더라도 이를 일상생활에서 증명해내기란 쉬운 일이 아니다. 여기서는 생리학·병리학·해부학적으로 접근하는 의학적인 논의는 되도록 피하고, 대신 일반적인 지식을 바탕으로 질병에 대해 알아보고자 한다. 이 경우 오히려 일반인에게는 더 큰 이익이 될 수 있을 것이다.

그리고 이번 장의 목표는 병리학적인 질병에서 벗어나는 방법을 논하고자 하는 것이 아니라, 질병이 인체에 침투하기까지의 과정에 대해 고찰하는 것이므로 보다 철학적으로 접근하고자 한다.

불행을 가져오는 질병

일반적으로 질병은 사람의 기질에 어떤 이상 현상이 초래된 경우를 뜻한다. 이로 인해 기능은 불완전해지고, 생리적인 상태 또한 나빠진다.

어찌되었든 질병만큼 사람에게 불행을 가져다주는 존재는 없다. 자신의 질병 혹은 친척과 친구들의 질병, 하다못해 일면식조차 없는 사람의 질병도 직간접적으로 불행을 야기할 수 있다. 건강을 잃은 사람은 불행하다. 사랑하는 자녀가 병을 앓아도 마찬가지로 불행하다.

내가 사는 동네에 이질 환자가 나타났다거나 내가 사는 도시에 페스트 환자가 나타났다면 이는 결코 남의 이야기가 아니다.

이런 점을 미루어 짐작해봤을 때, 북극이나 아프리카에 사는 사람 또는 태평양의 어느 한 미개한 섬에서 살아가는 사람이 병을 앓고 있다면 이는 인류의 슬픔이라고 말할 수 있다. 이기주의와 박애주의는 비록 성격도 다르고 바라는 일도 다르지만, 이 세상에서 질병이 사라지기를 바라는 마음만은 공통적이다.

그런데 안타깝게도 모순으로 가득 찬 인간의 세상에서 잠시잠깐이라도 질병이 완전히 사라졌던 시절은 존재하지 않는다. 인류의 역사는 항상 질병에 의해 훼손당했고, 인류가 겪은 불행의 대부분은 질병이 원인이었다. 지혜와 용기를 갖춘 선량한 천재들은 항상 질병으로 인해 뜻을 펴보지도 못한 채 사라졌고, 이는 사회의 큰 손실이 아닐 수 없었다.

이런 점만 보더라도 인류의 가장 큰 재앙이 질병임을 알 수 있다. 세월이 흐를수록 의술은 점차 진보하고 있으며, 위생시설도 과학과 기술의 발달에 힘입어 급속도로 발전하고 있다. 그러나 질병 또한 더욱 그악스럽게 진화하는 까닭에 인류는 여전히 질병으로부터 벗어나지 못하고 있다.

질병의 근절은 애초부터 불가능했을지도 모른다. 그러나 이번 장에서는 질병의 추방이 가능하다는 전제 아래, 질병으로부터 해방되는 방법을 모색하고자 한다. 생각건대, 질병을 근절시키는 방법은 크게 두 가지로 나눌 수 있다. 첫 번째는 사회적인 방법이고, 두 번째는 개인적인 방법이다.

질병을 이겨내는 방법

먼저 사회적으로 질병에 대항할 수 있는 체계가 갖춰지지 않는 이상, 개인이 아무리 노력해도 사회적인 불행은 계속될 것이며, 이 같은 사회적인 불행이 언제 다시 개인에게 전가될지 알 수 없다. 따라서 사회가 먼저 질병과 맞서 싸울 힘을 가지고 있어야 한다. 사회적인 방법 중 가장 간편하고 효과적인 것은 환자를 격리시키는 방법이다. 이는 오랜 옛날부터 인류가 즐겨 애용해왔다.

근래 들어서는 강제적인 예방 접종과 검역, 소독 및 하수처리시설의 관리, 깨끗한 식수, 도시의 자연 보존, 공기 정화를 통한 온도와 습도의 조절 등 질병을 대비하는 각종 수단들이 일일이 열거할 수 없을 정도로 무궁무진해졌다.

그러나 이런 방법들은 사회적인 비용도 만만찮을뿐더러 주로 전염병처럼 불량한 위생 상태에서 야기되는 질병에 대한 근절이 초점이므로 오늘날에는 그 중요성이 여러모로 퇴색되었다. 우리가 반드시 짚고 넘어가야 할 부분은 이런 사회적인 전염병이 아닌 개인의 삶에서 야기되는 모든 질병이다.

질병이란, 정확히 말한다면 개인의 책임이다. 그러나 어떤 면에서는 사회의 책임이기도 하다. 사회적·개인적인 노력만 기울인다고 해서 질병이 근절되지는 않는다. 사회는 한 사람의 개인을 전 사회처럼 생각해야 되고, 개인은 사회를 거대한 자신으로 생각해야 한다. 이 같은 인식의 변화가 있을 때 비로소 질병의 뿌리는 영원히 근절될 수 있다.

예를 들어 사회가 범죄인 한 명을 우습게 생각해서 그냥 방치했다고 가정하자. 이 범죄인이 또다시 어떤 큰 잘못을 저지를지는 아무도 알 수 없다. 마찬가지로 아무리 하찮은 질병이라도 우습게 생각한다면 병원균이 민들레 씨앗처럼 바람을 타고 날아다니며 사회 전체에 퍼질 수 있다. 개인이 자신의 아픔이 아니라는 이유로 사회에 만연한 질병을 가볍게 여긴다면, 결국 그 사회의 일부인 자신의 삶에까지 사회적인 병폐가 미칠 수 있음을 명심해야 할 것이다.

어떤 환자가 소독한 항아리에 가래침을 뱉는 것과 길거리에 함부로 가래침을 뱉는 것은 그 자체로는 아무런 차이가 없어 보이지만, 이로 인해 어떤 결과가 도래하게 될지는 아무도 예측할 수 없다. 그러므로 의식과 감정에서 개인과 사회의 원만한 일치는 질병을 근절하기 위해 반드시 성취되어야 할 중요한 요소이며, 이것이 성취되지 않는 한 질병은 결코 뿌리 뽑히지 않는다. 개인은 사회에 대해, 사회는 개인에 대해 타자로서의 구별이 아닌 내 안의 일부로 의식할 때 비로소 자애로운 감정이 싹터 서로의 아픔을 공유하게 될 것이다. 빈대는 물건이 갈라진 틈새에서 살아간다. 질병은 개인과 사회의 갈라진 틈새에서 생존과 번식을 시도한다.

첫 번째는 사회적으로, 두 번째는 개인과 사회의 원만한 관계정립을 통해, 세 번째는 개인적인 노력을 통해 질병과 맞서 싸운다면 오랜 세월이 지난 후 인류는 질병의 원인이 될 수 있는 모든 과정을 뿌리 뽑게 될지도 모른다. 어디까지나 이런 성공은 이상적인 상상일 뿐 그 실효성에 대해서는 여전히 의문이다.

질병 근절은 모두가 바라는 바이지만, 그것은 인류가 봉착한 영원한 문제이기도 하다. 하루아침에 해결할 수 있는 문제가 아니다. 그렇기 때문에 우리는 이 같은 질병에 대해 어떤 판단을 내리고, 또 어떻게 대처해나갈 것인가에 대해 고민해봐야 한다.

질병이 생기는 이유

어느 누구를 막론하고 질병을 사랑하는 사람은 없다. 그러나 냉철하게 관찰했을 때 질병에도 두 가지 종류가 있다. 하나는 불러들이지 않았는데도 찾아오는 질병이고, 다른 하나는 스스로 불러들인 질병이다. 품행이 단정치 못해 생긴 성병性病이나 폭음을 통해 얻은 심장병, 무리한 행동으로 인한 골절 등은 자초해서 얻은 질병이다. 반면에 자신도 모르는 사이에 공기 중에 떠다니는 결핵균에 감염되거나, 물 또는 채소를 잘못 섭취해 십이지장충에 감염되는 것은 자초하지 않았음에도 질병이 생긴 경우다.

그러나 성병이나 심장병처럼 자신이 병의 원인이었던 경우에도 스스로 그 병에 걸리려고 문란한 생활을 유지한 것은 아닐 것이다. 결국 모든 질병은 환자가 불러들이지 않았음에도 발병했다고 봐야 한다. 여기서 한 가지 명심해야 할 것은 결핵이나 십이지장충 같은 질병 역시 모든 면에서 단지 우연히 감염됐다고 이야기해서는 안 된다는 점이다. 왜냐하면 이 질병들은 개인의 생활습관과는 전혀 무관하게 발병했으며, 질병의 또 다른 주체인 사회적인 관점에서 봤을 때도 전염성이 강한 병균들을 방치한 결과로 사회 구성원이 감염됐다고 이야기할 수 있기 때문이다. 즉 이 말은 사회가 자초한 질병이라는 의미다.

축축한 땅에서 자주 놀다가 학질(말라리아)에 걸리거나, 관절에 무리를 줄 수 있는 행동을 반복해 류머티즘에 걸리는 것 등은 분명 자초해서 질병에 걸린 경우다. 반면 우연히 어떤 지역을 여행하게 되었는데, 하필 그곳이 십이지장충의 소굴이어서 채소나 우물물에 기생충이 들끓는다면 사정이 달라진다. 이때는 십중팔구 십이지장충에 전염될 수밖에 없다. 이는 분명 질병이 스스로 찾아온 경우다.

이처럼 병이 스스로 찾아온 경우에도 의학적인 지식이 조금이라도 있다면 피해갈 수 있다. 그 지역 사람들의 얼굴이나 행색을 통해 십이지장충이 기생한다는 사실을 알아냈다면 물과 채소를 조심할 것이기 때문이다. 이 말은 곧 어떤 경우라도 질병은 말없이 사람을 기습하지는 않는다는 뜻이다. 따라서 낯선 지역에서 십이지장충에 감염되었어도 일정 부분은 의학적인 지식에 소홀했던 자신의 책임이라는 결론에 도달한다.

독일 출신으로 노벨 생리·의학상을 수상한 로버트 코흐Robert Koch(독일의 세균학자이자 의학자로, 1905년 결핵균을 발견한 공로로 노벨 생리·의학상을 수상하였다)가 교토를 방문했을 당시 이야기다.

코흐는 자신이 머물던 호텔 근처에서 아침마다 수레들이 지나가는 것을 보았다. 이를 수상하게 여긴 그가 호텔 직원에게 "저 수레에 무엇이 실려 있느냐"라고 물었다. 직원은 "각 가정에서 수거한 배설물이 실려 있다"라고 대답했다. 그러자 코흐는 독일로 돌아갈 때까지 채소는 일절 입에 대지도 않았고, 물도 반드시 끓여서 식힌 후에 마셨다고 한다. 노벨 생리·의학상 수상자답게 병의 원인이 될 수 있는 소지를 미리 차단함으로써 혹시라도 생길지 모르는 질병을 사전에 예방한 것이다.

이런 점을 고찰해봤을 때, 지식의 부족으로 인해 겪지 않아도 될 질병을 겪는 경우가 적지 않음을 알게 된다. 음식과 옷에 대한 부주의만으로도 인간의 나약한 면역 체계는 얼마든지 질병에 노출될 수 있다. 노동·휴식·수면·공기·햇빛 등은 거저 주어지는 환경 같아도 이를 잘못 파악하고, 그 영향력을 무시한다면 언제, 어느 때 인간의 생명을 위협하는 적대자로 돌변할지 알 수 없다.

질병을 자초하지 않았음에도 병에 걸린 사람들은 대부분 선천적으로 강건하지 못한 체질인 경우가 많다. 영국 역사상 가장 위대한 해군 영웅인 넬슨 제독은 신체검사를 통과하지 못할 정도로 심신의 균형이 어그러졌던 사람이었으나, 후천적인 노력을 통해 신체적 약점을 극복하고 마침내 대업을 달성하였다.

실제로 역사에서 넬슨과 같은 사람이 과연 몇이나 될 것인가. 또 현실에서 선천적인 나약함을 후천적인 노력으로 극복해낼 만큼 정신적으로 강인한 사람이 과연 몇이나 될 것인가. 현실에서는 넬슨처럼 타고난 체질이 병약한 사람들의 절대다수가 주어진 운명에 굴복하여 평생토록 병마와 싸우며 힘겹게 하루하루를 연명하고 있다. 이런 사람들은 말 그대로 자신의 허약한 신체가 곧 질병이기 때문에 자초하지 않았음에도 질병에 시달리는 경우라고 할 수 있다.

병을 자초한 사람과 자초하지 않았음에도 병을 얻은 사람의 경우를 요약해보자. 먼저 자초해서 병을 얻은 사람의 경우, 반복적인 성찰을 통해 같은 질병이 되풀이되지 않도록 주의를 기울이는 생활의 변화가 요구된다. 인생에서 스스로 병을 불러들이는 것보다 더 어리석은 행동은 없다. 이는 자식으로서는 부모에 대한 불효이며, 부모로서는 자녀에 대한 방임이다. 또 상황에 따라 경중의 차이는 있겠으나, 사회적으로 판단했을 때도 구성원으로서의 책무를 소홀히 여긴 일종의 범죄라고 할 수 있다.

물론 자초하지 않았음에도 불구하고 질병에 시달리는 사람을 범죄자로 취급해서는 안 된다. 이런 사람들은 범죄자라기보다는 오히려 피해자이며, 가장 불행한 인생이라고 생각된다. 이런 자녀를 둔 부모는 스스로의 삶을 원망하고, 이런 부모를 둔 자녀는 근심으로 밤을 지새우며, 사회는 이들에 대한 책무로 부담을 떠안는다. 시중에 숙명론이 진리인 양 전염병처럼 떠도는 이유도 바로 이들과 같은 사람들이 세상에 존재하기 때문이다.

자신의 잘못된 생활습관이 원인이 되어 병마가 찾아온 것이 아니라, 단순히 부모로부터 물려받은 체질이 허약하다는 이유만으로 1년 내내 약을 곁에 두고 살아야 하는 현실은 참으로 안타깝다. 이들의 삶은 스스로 그 방향을 결정할 수 없을 정도로 피폐한 경우가 많기에 사회 정의의 실현을 위해서라도 이들에게 편안한 안식처와 충분한 요양시설 및 의료 혜택을 제공하는 것이 마땅하다.

질병은 사회의 책임이다

그런데 어찌된 영문인지 오늘날 사회는 선천적인 병마로 인해 불행한 삶을 살아가는 사람들을 위한 지출보다 사회적으로 물의를 일으키거나 재앙에 가까운 인재人災를 자초한 범죄자를 수용하는 데 더 많은 지출을 할애하고 있다. 이는 지구상에 존재하는 거의 대부분의 국가에서 발견되는 공통점이다.

국가는 국민들로부터 혈세를 쥐어짜낸 후 사회에 불행을 야기할 수 있다는 이유로 범죄자들을 감옥에 수감한 후 의식주와 편안한 휴식을 제공하고 있다. 반면에 어떤 의미에서는 진정으로 사회의 불행이라고 할 수 있는 선천적인 병자들에겐 이들 범죄자를 사회로부터 격리시키는 데 필요한 세금을 부과하고 있다. 마치 작은 풀잎이 키가 큰 나무들 사이에 가려져서 태양과 신선한 공기를 맘껏 누리지 못한 채 위축되어 고사해버리는 경우와 비슷한 광경이다.

인류 문명의 발달을 한마디로 축약하자면 인권의 신장일 것이다. 인권이란 문자 그대로 인간의 권리를 말한다. 인간의 가장 큰 권리는 결국 자신이 겪고 싶지 않은 일을 타인에게 강요하지 않는 것이며, 자신이 기뻐하는 일을 스스로 실천하는 데 있다.

인권의 유린이 당연시되던 시절에는 범죄에 대한 정화의 기능으로 사형이 통용되었다. 그러나 문명이 발달한 오늘날에는 범죄자에 대한 사회적 시선이 사형이라는 극단적인 처방보다는 사회와의 격리를 통한 범죄자의 계도에 초점이 맞춰지고 있다. 그 결과 인류는 많은 시설과 비용을 들여 곳곳에 교도소를 세웠다. 그런 의미에서 교도소는 인류 문명의 발달상을 가장 혁신적으로 드러내는 모범 사례라고 할 수 있다.

인류가 진정으로 문명권에 진입했다고 자부하기 위해서는 범죄자에 대한 인권만을 기억해서는 안 된다. 선천적인 질병으로 힘겹게 살아가는 환자들에 대해서도 사회적 의무를 인식하여 포용할 수 있는 능력을 보여줘야 한다. 이것이 현실적으로 불가능하다면 최소한 조세의 의무에서 해방시켜주거나, 사회적 부담을 덜어주거나, 국가적·사회적인 중압을 부과하지 않는 조치가 실행되어야 할 것이다.

문명을 자랑하는 오늘날의 사회가 범죄자들의 인권을 위해 베푸는 희생은 결코 적지 않다. 규정된 식사와 의복, 개인 공간을 제공하는 것은 물론이고 이발부터 목욕까지 하게 해준다. 또한 교도관들을 통해 혹시라도 어떤 문제는 없는지 감시하고, 의사로 하여금 건강을 돌보게 하며, 종교인을 파견해 심성을 가다듬어주고, 각자의 생산력을 고취시키고자 직업 훈련까지 베풀어주고 있다. 범죄자를 위한 사회의 헌신은 분명 공짜가 아니다. 하나에서 열까지 모두 선량한 시민들이 낸 세금에 의해 이뤄지고 있다. 선량한 시민들의 삶을 위협했던 범죄자들을 위해 우리 사회가 선량한 시민들의 돈을 거둬가고 있는 것이다.

물론 범죄자를 위한 이 같은 사회적 실천이 결코 나쁘다는 말은 아니다. 다만, 범죄자를 위해서도 이처럼 많은 혜택을 주는 사회가 아무 죄도 없는 사람들, 즉 타고난 질병 때문에 괴로워하는 병자들에 대해서는 사실상 아무런 혜택도 제공하지 않고 있음을 지적하고 싶은 것이다.

의사나 간호사, 혹은 종교인들은 정상인이 아닌 심신이 상처받은 자들을 위해 존재한다. 이들은 먹고 입고 자는 데 필요한 것, 그리고 자녀의 교육과 부모를 봉양하는 데 필요한 모든 것들을 환자 개인으로부터 얻고 있다. 이는 분명 잘못이다. 물론 의사와 간호사와 종교인이 의술과 간호와 신앙을 통해 피폐해진 환자의 삶을 치유하는 것이 잘못일 수는 없다. 다만, 이 같은 과정에서 소요되는 모든 비용과 고통을 전적으로 환자에게 떠맡기는 사회적 안일함이 잘못이라는 이야기다. 사회에 잘못을 저지른 범죄자에 대해서는 당연하게 배려하면서도 사회 구성원의 고통에 대해서는 아무런 책임도 느끼지 못한다면 분명 문제가 있다. 그런 사회야말로 돌이킬 수 없는 질병에 감염된 사회라고 해야 할 것이다.

자초한 질병이든, 자초하지 않은 질병이든 간에 모든 질병은 환자의 현재와 미래를 암울하게 만든다는 공통점을 지니고 있다. 희망을 잃은 사람들은 자신의 삶을 포기하는 데 그치지 않고 흉악한 사상이나 거동에 쉽게 빠져드는 경향이 있다. 이는 개인의 고통이 사회의 고통으로 발전될 수 있음을 나타낸다.

특히 청년기에 발생한 질병은 그의 인생을 고뇌와 비애로 점철시키기에 충분하다. 남보다 공명심이 강하거나 선천적으로 총명한 기질을 타고난 사람일수록 청년기에 발생한 질병으로 인해 더 큰 좌절과 고통을 겪는다. 이런 사람들은 병 자체만이 아니라 병으로 인해 얻어진 인생의 결과에 대해서도 비탄하는 것이므로 이중의 고통이라고 할 수 있다. 또한 육체적 질병이 마음으로까지 확산될 소지가 다분하다. 충분히 치료될 수 있는 병도 심각해지고, 가벼운 병도 무거운 병으로 진전될 가능성이 높은 것이다.

병자에 대한 동정은 뼈가 부러진 사람에게 깁스나 붕대를 감아 주는 것과 같다. 비록 수술을 통한 근본적인 치유의 베풂은 될 수 없을지언정 병자에게 이익이 될 수는 있다. 우리가 병을 앓는 사람들에게 가져야 할 마음가짐도 이와 같다.

하지만 공연히 그들의 삶에 간섭하거나 관여해서는 안 된다. 아픈 사람들은 항상 자신의 병 때문에 비관적이고 의기소침한 태도를 보인다. 만일 이들에게 사회가 지나치게 관심을 보인다면, 오히려 그들을 더 깊은 고뇌 속으로 빠져들게 만들 수도 있다. 따라서 힘든 병마와 싸우는 환자일지라도 정상인과 다름없게 대해야 한다. 그들이 이 사회의 구성원 중 한 명이라는 자긍심을 가질 수 있게끔 마음을 안정시키는 것이 가장 절실하다.

노력으로 충분히 예방 가능한 질병

질병은 어떤 사람도 피해갈 수 없다. 그러므로 뜻하지 않게 병에 걸렸더라도 놀라거나 수치스럽게 여길 일이 아니다. 생명이 존재하는 이상, 언젠가는 질병에 걸릴 수밖에 없다.

따라서 늘 언젠가는 질병이 찾아올 것이라는 마음의 준비를 하고 있어야 한다. 이 같은 마음자세를 확고히 다진 후 첫 번째로는 병에 걸리지 않도록 노력하고, 두 번째로는 질병에 걸렸을 때 어떻게 대처할 것인지를 미리 생각해둬야 한다.

병에 걸리지 않도록 노력한다는 것은 자신의 신체가 늘 건강한 상태를 유지하도록 힘을 기울이는 것을 뜻한다. 이때 단순히 자기 혼자만의 건강을 고집해서는 안 되며 가족이나 가까운 친구들, 다시 말해 일상생활에서 늘 접촉하는 사람들도 자신과 마찬가지로 건강한 상태를 유지하게끔 돌보는 이타심利他心을 발휘해야 한다. 병에 걸리지 않도록 혼자 애쓰는 것보다는 주변의 여러 사람들과 함께 노력해야만 원하는 목적을 달성할 수 있다.

부부를 예로 들면, 남편 혼자 병에 걸리지 않도록 조심할 것이 아니라 아내 역시 남편의 건강이 유지될 수 있도록 충분한 노력을 기울여야 한다. 반대의 경우도 마찬가지다. 사람의 눈이 아무리 밝아도 눈 속까지 들여다볼 수는 없다. 즉 배우자가 나를 대신해 내가 볼 수 없는 곳을 바라보고 관리해줘야 하는 것이다.

그래서인지 사이가 좋은 부부일수록 함께 장수하는 경우가 많다. 반대로 부부 중 어느 한쪽이 건강을 해쳐 먼저 세상을 뜨는 경우, 남은 사람도 타고난 수명을 다 누리지 못하고 일찍 세상을 등지는 경우가 있다. 이는 배우자의 갑작스런 죽음으로 인해 심신이 허약해져 병마의 기습에 속절없이 당했다고 볼 수 있다. 이처럼 건강이란 혼자서는 유지할 수 없으며, 부부 사이의 애정처럼 여러 사람들과 함께 공유했을 때 비로소 참된 건강을 회복할 수 있다. 그렇기에 사회의 역할이 개인의 생활습관 못지않게 중요하다.

세상에는 타고난 체질이 좋은 덕분에 건강을 쉽게 유지하고 행복하게 생활하는 사람도 있지만, 좋은 아내, 좋은 남편, 극진한 부모, 다정한 형제, 효성스런 자녀처럼 다른 사람에 의해 건강한 행복을 얻는 경우도 많다.

장수하는 사람들을 관찰해보면 자녀의 효성이 지극한 경우가 많다. 반면 체질이 강건함에도 건강한 삶을 누리지 못하는 사람들을 살펴보면 자신의 탓도 있겠으나, 그보다는 원만하지 못한 부부관계, 불량한 친구들, 혹은 자녀의 불효가 큰 비중을 차지하는 경우가 많다. 이처럼 질병은 상호적인 노력을 통해 예방해야 미리 차단할 수 있다. 한 가족이 서로 조심하면서 병마의 침입을 미연에 방지했을 때 비로소 가족의 건강을 확보할 수 있다.

전쟁을 치르다 보면 병졸 한 명의 태만으로 적의 습격을 막아내지 못하는 경우가 종종 발생하는데, 건강도 마찬가지다. 그런 의미에서 자녀에게 지나칠 정도로 공부를 강요하거나, 남편에게 생업의 과중한 책임을 떠맡기는 것은 매우 위험하다. 이는 단순히 자녀나 남편의 건강을 해치는 데서 그치지 않고, 한 집안의 화목과 미래마저 위협하는 원인이 될 수도 있기 때문이다.

무더위나 추위, 비, 눈, 직사광선 등의 자연환경에 의해 병이 생길 수도 있고, 심각한 폭식이나 음주, 이상한 음식물을 섭취하거나 목욕 후 얇은 옷을 입거나 씻기를 싫어하는 습관 등으로 인해 병이 생길 수도 있다. 이 점을 명심하여 자신뿐 아니라 가족, 친구, 직장동

료들과 더불어 질병의 위협에서 벗어나도록 노력해야 한다. 다만, 이 것은 평소의 습관에 대한 주의사항일 뿐이고 이미 건강이 나빠진 사람에게는 전문적인 의술이 필요하다. 이때 비전문가인 일반인이 치료와 관련된 지적이나 간섭을 하는 것은 오히려 상태를 더욱 악화시킬 수 있으므로 주의해야 한다.

평소에 건강 관리를 잘하는 것 또한 질병을 미리 차단한다는 점에서 질병의 퇴치와 동일한 의미를 가진다. 병에 걸리지 않도록 애쓰기보다는 건강한 상태를 유지하도록 노력하는 것이 오히려 더 효과적이다. 비유컨대, 일반인보다 월등한 체력을 유지하겠다는 목표를 세운 사람은 일반인과 동일한 수준의 체력 향상을 기대하는 사람보다 더 빨리, 그리고 더 쉽게 일반인의 수준에 도달할 수 있는 것과 마찬가지다. 보통 수준의 체력에 만족할 경우에는 보통 체력에도 못 미칠 수도 간혹 있지만, 평균 이상을 원할 경우에는 평균 수준에 쉽게 도달한다.

예를 들어 양치질을 한번 생각해보자. 매일 하루 한 번씩 이를 닦기로 작정했을 때는 간혹 잊어버려 양치질을 건너뛸 수가 있으나, 세 끼 식사 후 이를 닦기로 작정했을 때는 하루 세 번 양치질하는 데 실패하더라도 최소한 한 번 내지는 두 번은 양치질을 하게 된다. 이러한 결과는 분명 실생활에서 커다란 차이점으로 나타난다.

또 다른 예를 들어보자. 위장이 약하다고 탄식하며 아침저녁으로 속이 쓰린 기운이라도 없어지기를 바란다면, 그 소망이 이루어지더라도 쓰린 기운만 사라지는 데 그친다. 반면에 쓰린 기운만 사라지는 것이 아니라 무엇을 먹어도 능히 소화해낼 수 있는 강한 위장을 바라는 마음으로 식사에 주의를 기울이고 규칙적인 운동으로 신체를 가꾼다면, 비록 그 결과가 기대에 한참 못 미치더라도 최소한 쓰린 기운은 고쳐질 것이다.

건강 유지에 꼭 필요한 지식

자신의 신체에 평소 주의를 기울이지 않는 사람처럼 어리석은 이는 없다. 위장병을 앓는 사람들은 소화제나 펩신(위액 속의 단백질을 분해하는 효소)을 처방받아 복용하거나, 죽을 끓여먹다 못해 프랑스제 빵까지 비싼 돈을 주고 사먹는 경우가 많다. 개중에는 산에 가서 효능이 검증되지 않은 풀뿌리를 함부로 캐먹기도 하는데, 이런 외부적인 요인보다는 음식을 천천히 오래 씹어 먹는 것이 자신의 흐트러진 소화기능을 바로잡는 데 더 필요하다는 사실을 간과하고 있다.

단순히 약제에 의지해서 부드러운 음식만 먹으려 하지 말고, 합리적인 방법을 통해 약해진 위장을 일반인의 수준으로 끌어올리려는 노력을 기울여야 한다. 그런 다음 튼튼한 위장을 만들기 위해 최선을 다한다면, 설령 처음에 기대했던 대로 튼튼한 위장을 만드는 데 실패할지라도 최소한 현재의 위장장애로부터는 탈출할 수 있을 것이다.

약물과 의술에만 의지하거나, 엉뚱한 신앙 또는 검증되지 않은 치료법에 대한 맹신만으로 잘못된 신체 기능을 바로잡을 수 있을 거라 기대하는 것은 사람의 생활을 퇴보시키는 일종의 병폐다. 이 같은 병폐를 통해 대다수의 병마가 사람의 몸속으로 흘러들어간다.

냄비로 죽을 끓여먹는다고 해서 약해진 위장이 호전될 리 없다. 오히려 죽을 끓이듯 입에 들어온 음식을 천천히 오래 씹어 먹는 것이 더 효과적이다. 약국에서 소화제를 구하는 것은 임시방편일 뿐, 언제까지나 그 효과를 기대할 수는 없다. 근본적으로는 몸속에서 소화제가 만들어져야 한다.

식사하기 전에 눈으로 먼저 반찬들을 살펴보는 습관도 버려야 한다. 눈으로 식사할 경우, 꺼리는 반찬은 손도 대질 않을 확률이 크기 때문이다. 또한 코로 음식 냄새를 맡아서도 안 된다. 코로 식사할 경우, 눈과 마찬가지로 평소 꺼리는 음식물에 대해 거부반응을 나타낼 것이 뻔하기 때문이다. 혀를 너무 믿어서도 안 된다. 혀로 식사할 경우, 입맛에 맞지 않는 음식들을 뱉어낼지도 모르기 때문이다.

위장병으로 고생하는 사람들은 치아로 식사하는 것이 가장 좋다. 치아는 눈이나 코, 혀와 달리 감각이 여리다. 감각이 여리다는 말은 그만큼 다루기 쉽다는 뜻이기도 하다. 치아를 통해 음식물이 씹히는 감각을 즐기면서 식사를 한다면, 타액의 순환이 원활하게 진행되어 음식물을 삼키기도 전에 어느 정도 소화 작용이 끝마쳐질 것이다. 당연히 위장도 편안해진다.

이처럼 건강을 위해서는 지식이 필요하다. 그렇다고 박식할 정도로 전문적인 의료 지식을 갖춰야 한다는 말은 아니다. 내 몸에 필요한, 혹은 내 몸의 가장 약한 부분에 대한 지식만큼은 등한시하지 말라는 이야기다.

지식은 건강을 유지하는 데 필수적인 요소다. 왜냐하면 가장 건전한 판단이야말로 건강을 유지하는 절대적인 기준이기 때문이다. 이 같은 판단을 위해서는 지식이 뒷받침되어야만 한다.

내 몸은 분명 내 것이긴 하나, 내 뜻대로 움직여지는 것은 아무것도 없다. 비록 그 주인은 '나'일지 몰라도 실천은 내 의지와는 무관하다. 즉 몸속의 오장육부五臟六腑가 서로 고유한 질서대로 움직이는 것이다. 이 점에 유념해서 내 몸일지라도 나와 다른 존재를 대하듯 어렵고 귀하게 다룬다면, 절대 나를 실망시킬 리가 없다.

만일 지금까지 어떤 병에도 걸린 적이 없고, 늘 건강한 신체를 유지해왔다면 참으로 축복받은 인생일 것이다. 이런 사람일수록 미래의 건강을 대비하는 데 신경 써야 하는데, 천지만물이 자신에게 허락한 육신의 모든 부분을 적당히 사용하는 지혜를 갖추려는 노력이 뒤따라야 한다.

질병은 참으로 인생의 가장 큰 근심거리다. 현재 자신의 처지가 병중에 있을지라도 결코 낙심해서는 안 된다. 예로부터 병을 가진 사람들 중에서 큰일을 이룬 이들이 많았다. 그들은 비록 나약한 체질을 타고났으나, 이를 극복하기 위해 모든 일에 최선을 다하는 습관을 길렀고, 그 결과 남들이 할 수 없는 분야에서 큰 업적을 이루었다.

환자들은 이러한 역사를 마음속 깊이 새겨 자신의 처지를 비관만 할 것이 아니라 건강한 사람들이 미처 보지 못하는 삶의 궁극적인 이치를 밝히는 데 힘써야 할 것이다.

내 안의 잠재력을 깨워야 할 때

노력론

초판 1쇄 발행 2014년 4월 23일
개정판 1쇄 발행 2017년 6월 9일

지은이 고다 로한
옮긴이 김욱
펴낸이 이범상
펴낸곳 (주)비전비엔피 · 비전코리아

기획 편집 이경원 박월 김승희 김다혜 배윤주
디자인 김혜림 이미숙
마케팅 한상철 이준건
전자책 김성화 김희정
관리 이성호 이다정

주소 121-894 서울특별시 마포구 잔다리로7길 12 (서교동)
전화 02) 338-2411 | **팩스** 02) 338-2413
홈페이지 www.visionbp.co.kr
이메일 visioncorea@naver.com
원고투고 editor@visionbp.co.kr

등록번호 제313-2005-224호

ISBN 978-89-6322-118-2 03320

이 도서의 국립중앙도서관 출판시도서목록(CIP)은 서지정보유통지원시스템 홈페이지(http://seoji.nl.go.kr)와 국가자료공동목록시스템(http://www.nl.go.kr/kolisnet)에서 이용하실 수 있습니다.(CIP제어번호: CIP2017012003)